KB265704

저항, 새로운 연대, 다문화주의

라틴아메리카의 인권을 말하다

저항,
새로운
연대,
다문화
주의
라틴아메리카의 인권을 말하다
박종철출판사

책을 내며

20세기 들어와 두 번의 세계대전을 겪으면서 인류는 기본적 인권에 대한 광범위하고 가공할 침해를 경험했다. 1948년 12월 10일 늦은 밤 유엔 총회에서 반대 없이 채택된 「세계인권선언」은 그에 대한 반성이었고, 또한 역사에 존재해 온 온갖 형태의 불의에 대항해서 인권을 수호해야 한다는 소망의 결집이었다. 인권이 성, 인종, 국적, 경제적 배경과 관계없이 인간이라는 종種에 속한다는 이유만으로 인간이 갖게 되는 권리를 뜻하는 것이라면, 인권 개념의 이러한 보편성이 선언을 지탱하는 토대이다. 이런 이유 때문에 보편적 인권 개념에 대한 연구는 인권의 기원으로 거슬러 올라가는 과정을 통해 인권 이론의 보편성을 찾아내려고 노력했고, 이러한 노력을 통해 문화적 한계를 뛰어넘을 수 있는 가능성을 모색해 왔다.

그러나 현재까지의 각종 인권 선언은 유럽 중심적이고 다른 지역의 문화적 현실에 맞지 않거나 일부만 적절하다는 이유로 그 보편성에 의문이 제기되기도 했다. 그리하여 지금까지 포함되지 않은 인권이 제2세대 인권, 제3세대 인권이라는 식으로 보완되고 점증적으로 구체화되면서 추상성이 극복되어 왔다. 이런 과정을 거쳐 「세계인권선언」 60주년을 넘긴 오늘날 인권은 인간 사회가 추구해야 할 가치의 마지노선이 되었다.

제1세대 인권이 정치적 권리와 시민권을 포괄하는 '자유권'을 지칭한다는 것에는 별다른 이견이 없다. 서구의 정치적 전통에서 자유주의는 인권의 실천은 물론 그 이론과 커다란 충돌 없이 공존해 왔기 때문이다. 그러나 제2세대 인권인 경제적 권리의 사회적 보장과 관련해서는 시각의 차이가 컸다. 자본주의진영과 사회주의진영 사이에 '사회권'에 대한 갈등이 불거졌으며, 국제정치의 현실적 차원에서 이러한 갈등은 냉전에 이용되기도 했다.

68혁명을 기점으로 주목받기 시작한 제3세대 인권에 대한 요구는 사회주의 붕괴와 세계화의 진전으로 가속화되었다. 사회주의의 붕괴는 인권의 문제를 계급-생산-경제 패러다임에서 바라보는 관점에서 벗어나 비非계급관계로 확장시키는 계기가 되었기 때문이다. 따라서 성性적이고 인종적인 차별 및 억압과 환경의 착취 및 파괴를 방치한 계급해방이 과연 가능한 것인지 의문이 제기되었다. 여기에 사회주의의 붕괴와 더불어 추동된 신자유주의 세계화는 인권의 문제를 국민국가라는 일국적 차원에서 전 지구적 차원으로 확장했다. 다시 말해 세계화는 국민국가를 하나의 중요한 구성 요소로 하는 근대성 자체가 갖는 억압성에 주목하게 만든다. 이러한 인식의 변화는 국민국가적 차원에 의해 억압되고 주변화되었던 다양한 소수집단과 하위집단의 운동이 제기하는 인권의 문제를 부각시키고 있다. 이런 맥락에서 '문화권'이라 일컬을 수 있는 제3세대 인권은 '자유권'과 '사회권'으로 해결되지 않는 복합적이고 중층적인 미시적 생활 세계의 인권이며, 동시에 문화적 한계를 가로지르는 보편적 인권에 대한 자각이라고 말할 수 있다.

8

이 책의 목표는 정치적 민주화 이후의 라틴아메리카 인권 상황에 대한 연구이다. 최근 30여 년간 라틴아메리카는 정치, 경제, 사회의 모든 분야에서 대변혁이라 표현할 수 있을 정도로 근본적인 변화를 경험했다. 경제적으로는 제2차 세계대전 뒤부터 외채 위기가 발생하기 전까지 높은 경제성장을 가져다주었던 '수입 대체 산업화' 모델이 폐기되고, 신자유주의 경제 모델이 대륙 전체에 강제되었다. 정치적으로는 대부분의 나라에서 사회정의를 가로막았던 권위주의 독재 정권이 붕괴되고 정치적 민주화가 이룩되었다. 아르헨티나, 칠레, 브라질 등 다수의 국가들이 권위주의 시대에 저질러진 인권 탄압으로부터 벗어나 민주주의로 이행하는 과정에서 "진실, 정의, 화해"라는 슬로건을 내세워 과거 청산 작업을 진행했고, 집회, 결사, 표현의 자유를 보장하는 입법화 과정을 통해 민주주의 체제의 공고화 단계로 접어들었다.

그러나 1989년 베네수엘라 카라카스 봉기를 시작으로, 1994년 멕시코 치아파스주州의 사빠띠스따zapatista 봉기를 거쳐, 아르헨티나의 피켓 시위자piqueteros 운동으로 이어진 사회운동은 2000년대 이후 라틴아메리카의 정치 지형을 급격하게 바꿔놓기에 이르렀다. 국내 언론들은 이러한 변화의 조류를 '좌파 도미노' 또는 '좌파 휘몰이' 등의 용어를 사용해 요란스레 보도했다.

특히 북미자유무역협정NAFTA이 발효되던 1994년 1월 1일 무장봉기를 일으킨 멕시코의 사빠띠스따들은 전쟁 선언문 첫 구절에서 이렇게 외쳤다. "우리는 500년 투쟁의 산물이다." 사빠띠스따들의 이러한 절규는 아메리카의 발견/정복으로 시작된 식민지 지배와 억압과 착취와 차별이 식민주의가 종식된 뒤에도 국제 자본의 필요성에 따라 인종과 노동, 공간과 사람들을 결합시키는 구조로 견고히 지속되고 있는 현실에 대한 고발인 것이다.

이 책은 이런 문제의식을 공유하는 라틴아메리카 전공자들이 관련 주제를 연구하여 학술논문으로 발표한 글을 모아 놓은 것이다. 따라서 이 책에 글 가운데에는 관련 학회지에 게재한 논문을 수정한 정도의 것도 있고, 많은 내용이 추가되거나 완전히 새롭게 쓴 것도 있다. 필자 각각의 전공이 정치학, 역사학, 고고학, 문학 등으로 다양한 것처럼 이 책에서 다루는 라틴아메리카 인권의 분야와 계층도 다양하다. 이 책은 크게 2부로 되어 있으며 모두 여덟 편의 글을 담고 있다. 각각의 내용을 간략하게 소개하면 다음과 같다.

제1부의 첫 글 「정치적 민주화 이후 라틴아메리카 인권 정치와 대안사회운동」은 책 전체의 도론導論의 성격을 띠고 있다. 이 글은 1980년대 정치적 민주화 이후 라틴아메리카의 민주주의와 인권 정치는 신자유주의 경제 모델을 대륙 전체에 뿌리 내리기 위한 '선제 개혁'이었으며 그 결과로 드러난 것은 심각한 사회적 양극화였다는 것과 1990년대 이후 격화되기 시작한 사회적 저항은 저강도 민주주의를 고강도 민주주의로 대체하기 위한 시도였다는 것을 대안사회운동의 시각에서 분석한다. 또한 라틴아메리카 사회의 유럽 중심적 근대성을 탈식민성 decoloniality을 통한 트랜스모더니티trans-modernity로 전환할 수 있는 가능성을 모색한다.

이어지는 「라틴아메리카 하위주체 연구와 문화적 권리」는 다문화 사회인 라틴아메리카에서 문화적 인권에 대한 논의가 어떤 의미를 갖는지 고찰한다. 넓은 의미에서 문화를 하나의 삶의 방식이라고 이해한다면, 중심부에서 이식된 헤게모니 문화가 전통문화들을 배제하고 주변화시켜 온 라틴아메리카에서 문화적 인권의 옹호는 생존권을 지키는 문제와 직결된다. 따라서 다양한 차이를 동일성으로 환원시키려는 근대성의 억압을 비판하고 신자유주의 세계화에 반대하는 과정에서 라틴아메리카 서발턴(하위주체) 연구가 문화적 권리와 어떻게 연관되며, 라틴아메리카 하위주체가 어떻게 스스로를 대변하고 재현하려고 시도하는지 살펴보는 것은 매우 중요하다 하겠다.

제2부의 첫 글 「라틴아메리카 원주민 인권 : 다문화주의를 향해」는 라틴아메리카의 새로운 사회 변혁의 주체로 등장한 원주민의 문화적 정체성에 대해 논한다. 21세기 라틴아메리카의 정치 변동과 사회변동에서 가장 주목해야 할 대상이 바로 원주민과 흑인과 같은 인종 요소임은 유엔 등에서 이미 여러 차례 지적된 바 있다. 원주민의 등장은 '라틴아메리카에는 인종 갈등이 없다'는 프로파간다의 실체적 진실과 맑스주의 패러다임으로는 파악할 수 없는 '역사-구조적 종속historic-structural dependency'을 드러내는 계기가 되고 있다. 김기현의 이 글에서는 원주민은 누구이며, 라틴아메리카에 거주하는 원주민의 실태는 어떤지 살펴보고, 역사·사회적 맥락에서 원주민 인권의 다문화적 지향이 의미하는 바가 무엇인지를 토지의 집단적 소유권, 정치적 자치권, 전통적 가치 등의 인정과 연관하여 살펴본다.

이어지는 글 「라틴아메리카의 십자가를 통하여 본 원주민의 문화적 권리의 이해」에서는 오늘날 라틴아메리카 원주민의 삶에 강요된 종교가 라틴아메리카 사회에 뿌리를 내리는 과정을 살펴본다. 유럽 사람들이 신대륙을 '발견'하고 정복하고 통치하면서 원주민의 '사회적 상상성 social imaginary'은 가톨릭 복음 전파, 문명화 사명, 발전주의 등에 밀려 미개하거나 쓸모없는 것으로 취급되어 버려지거나 은폐되었다. 따라서 원주민 문화에 대한 연구는 현재의 라틴아메리카 사회를 총체적으로 이해하기 위해 필수 불가결한 과제이다. 그중에서도 스페인 사람들이 강요한 가톨릭이 라틴아메리카 원주민들에게 어떻게 수용되고 오늘날에 이르고 있는지 살펴보는 것은 매우 흥미로운 일이다.

제2부의 세 번째 글인 「라틴아메리카의 다문화주의와 흑인 인권」은 인권침해를 역사적으로 가장 많이 경험한 인종 집단인 흑인의 문제를

다룬다. 오늘날 흑인 인권은 인종 민주주의를 앞세워 혼종성hibridity을 문화적 특성으로 부각시키는 과정에서 억압과 차별의 사회적 구조가 상당 부분 사라진 것으로 인식되고 있다. 이런 상황에서 미흡하지만 다문화주의의 관점에서 흑인 인권에 주목하는 것은 라틴아메리카의 역사성과 영토성 일부를 재발견한다는 점에서 매우 중요하다. 이 글에서는 흑인이 많이 분포하고 있는 브라질과 콜롬비아의 인권 실태를 개괄적으로 살펴보고 민주화 뒤 다문화주의적 인권이 흑인들의 삶을 구체적으로 어떻게 변화시키고 있는지 살펴보고 있다.

그 다음 글 「민주화, 신자유주의 그리고 여성 인권」의 주제는 라틴아메리카 여성이 겪는 복합적인 인권침해의 사례들이다. 라틴아메리카 여성들은 여성으로서 공통적으로 경험하는 인권침해와 함께 자신이 속한 계급, 직업, 인종, 연령 등에 따른 다양한 현실에서 이중, 삼중의 고통을 겪고 있다. 이 글에서는 멕시코와 엘살바도르의 마낄라도라 (maquiladora, 신흥 산업단지)를 중심으로 신자유주의 이후의 여성 인권을 다룬다. 양 국가의 법과 제도의 차원에서 여성 인권의 보장이 어떻게 변화해 왔는지를 고찰하고, 그러한 변화와 현실과의 괴리를 사회적 권리와 경제적 권리의 측면에서 집중적으로 설명하려고 노력했다.

제2부 다섯 번째 「라틴아메리카의 이민과 인권 : 제노포비아를 중심으로」에서는 라틴아메리카의 인권을 이민과의 관계에서 다룬다. 라틴아메리카는 '라틴'이 '아메리카'를 발견/정복하면서 탄생했고 그 후로 이 땅은 이주와 이민의 공간이었다. 따라서 라틴아메리카는 지구상의 다른 어느 지역보다 더 '이민적'인 곳이라고 할 수 있다. 그러나 최근 들어 라틴아메리카에서는 역내 이민과 역외 이민이 늘어나면서 반反이민주의와 외국인 혐오xenophobia가 중요한 사회문제로 부상하고 있다. 이 글에서는 이민을 반대하고 외국인을 거부하는 라틴아메리카의 역사적, 사회적 조건을 분석함으로써 라틴아메리카의 이민과 인권의

관계를 조망하였다. 아울러 칠레와 코스타리카의 사례를 중심으로 라틴아메리카의 '반이민-외국인 혐오' 경향을 분석하고 이 점이 '외국인 백만 시대'에 진입한 한국 사회에 주는 의미를 고찰하였다.

마지막 글인 곽재성의 「피노체트는 왜 체포되었을까? - 남미의 과거 청산과 인권의 국제성」에서는 인권의 국제성을 라틴아메리카의 민주화와 연관하여 그 확장과 경계를 정치하게 고찰하였다. 개별 국가의 법원이 전직 국가원수가 저지른 국제적인 인권 범죄에 대해 초국적 사법권을 행사한 최초의 사례인 피노체트 사건은, 앞으로 각국의 독재자들은 재임 중에 인권유린 등 반反인권적인 행위를 했을 때 세계 어느 곳에서든지 체포될 수 있고 법의 심판을 받을 수 있다는 선례를 만들었다는 점에서 중요한 의미를 갖는다. 과거 청산이 비단 국내에서뿐만 아니라 국제적인 압력 또는 공조를 통해서도 이슈가 될 수 있고 해결점을 찾을 수 있다는 가능성을 제시했기 때문이다. 이 글은 과거 청산의 국제적 공조의 중요한 선례가 된 '피노체트 사건'을 스페인, 영국, 칠레 등의 여러 행위자 중심으로 재구성하였다.

많은 분의 관심과 도움이 없었다면 이 책은 만들어지지 못했을 것이다. 우선 이 책의 주인공이자 연구 대상인 라틴아메리카와 라틴아메리카 사람은 첫 번째 공로자이다. 멘추재단Fundación Rigoberta Menchú Tum과 미주인권재판소Corte Interamericana de Derechos Humanos 등 인권 NGO와 GO로부터 귀중한 연구 자료를 구할 수 있었다. 또 인터뷰이interviewee로서 그리고 저자로서 이 연구에 기여해 준 라틴아메리카의 많은 학문 동업자들에게도 고마운 마음을 전하고 싶다. 학술진흥재단의 도움도 빼놓을 수 없다. 학술진흥재단은 2004년부터 2년간 이 책의 토대가 된 <문화적 저항과 새로운 연대 — 민주화 이후 라틴아메리카 인권> 연구 프로젝트를 지원해 주었다. 덕분에 연구자들은 자료 구입과 현지

조사를 통해 연구의 깊이를 더할 수 있었다. 마지막으로 박종철출판사의 '무모함'을 언급하지 않을 수 없다. '빤한 계산'임에도 불구하고, 이 책의 필요성과 가치를 인정해 준 사장님의 우직함에 감사드리고, 과거의 인연을 털어 버리지 못하고 편집자 이상의 관심을 보여 준 신미경 씨에게 고마운 마음을 전하고 싶다.

이 책은 인권이라는 렌즈를 통해 들여다본 라틴아메리카의 모습을 담고 있다. 이 책에 참여한 연구진은 다양한 전공의 지역 연구자로서의 시각을 가지고 인권의 보편성과 지역성을 동시에 개괄하고자 노력했다. 따라서 분과 학문에서 보는 인권, 즉 인권학의 측면에서 볼 때 이론적 엄격성에서 한계를 가질 수도 있다. 예견되었던 부족함에도 불구하고 이 책이 라틴아메리카, 라틴아메리카 사람, 라틴아메리카 인권을 이해하는 데 조금이나마 도움이 된다면 저자 모두는 더 이상 바랄 게 없다.

2009년 11월
필자 일동

제1부

정치적 민주화 이후
라틴아메리카 인권 정치와 대안사회운동

김은중

정의는 뱀과 같아서 맨발로 다니는 사람들만 무는 법이다.
– 오스까르 아르눌포 로메로(Msgr. Oscar Arnulfo Romero),
산살바도르 대주교, 1980년 암살당함

I. 앙겔루스 노부스 : 거꾸로 된 세상의 인권

에두아르도 갈레아노는 「세계인권선언」이 선포된 지 반세기가 지난 1998년에 출판한 책 『거꾸로 된 세상의 학교』에서 라틴아메리카를 중심으로 전 세계의 인권 실태를 고발하고 있다. 갈레아노가 풍자하는 거꾸로 된 세상의 학교의 교과과정은 "불의"와 "인종차별주의와 남성우월주의"라는 기본 과정을 거쳐, 본 과정에서는 "공포에 대한 강의"를 통해 공포를 가르치고 학생들을 길들인다. 실용 과정인 "윤리학 강의"에서는 "친구 사귀기와 성공하기"를, 상급 과정에서는 죄를 짓고도 처벌받지 않는 "불처벌"을 가르친다. 거꾸로 된 세상의 학교의 마지막 과정은 집중 과정으로 "소통 불능"을 배움으로써 "고독의 교육학"으로 완결된다.

갈레아노가 묘사하는 거꾸로 된 세상에서 우리는 그저 창밖을 내다보는 것만으로 이상한 나라의 엘리스가 될 수 있다. 비유하자면 「세계인권선언」이 공포된 지 50년이 지난 뒤에 거꾸로 된 세상의 인권은 앙겔루스 노부스의 모습을 닮았다.

파울 클레Paul Klee의 그림이 있다. 앙겔루스 노부스Angelus Novus라고
하는, 천사 하나가 그려져 있다. 마치 그의 시선이 응시하는 곳으로부터
떨어지려고 하는 듯한 모습으로. 그의 눈은 찢어졌고, 입은 벌어져 있으며,
그의 날개는 활짝 펼쳐져 있다. 역사의 천사는 아마 이런 모습이리라.
그의 몸은 과거를 향하고 있다. 거기에서 일련의 사건들이 우리 눈앞에
제 모습을 드러내고, 그 속에서 그는 단 하나의 파국만을 본다. 끊임없이
폐허 위에 폐허를 쌓아 가며 그 폐허들을 천사의 발 앞에 내던지며 펼쳐지는
파국을.
아마 그는 그 자리에 머물러 죽은 자를 깨우고, 패배한 자들을 한데 모으고
싶은 모양이다. 하지만 한 줄기 난폭한 바람이 파라다이스로부터 불어
와 그의 날개에 부딪치고, 이 바람이 너무나 강하여 천사는 날개를 접을
수가 없다. 이 난폭한 바람이 천사를 끊임없이 그가 등을 돌린 미래로
날려 보내고, 그동안 그의 눈앞에서 폐허는 하늘을 찌를 듯 높아만 간다.
우리가 '진보'라 부르는 것이 바로 이 폭풍이리라. (Benjamin 1968, 257~258.
진중권 2003, 196에서 재인용.)

클레의 그림에서 역사의 천사 앙겔루스 노부스는 폐허 위에 폐허를
쌓아 가는 파국의 현실 앞에서 자신의 몸을 과거로 향한 채 미래에
등을 돌리고 있다. 그리고 날개를 펼친 채 "죽은 자를 깨우고, 패배한
자들을 한데 모아" 파라다이스를 향해 날아가려고 한다. 그러나 하늘을
향해 솟아오르는 것은 폐허 더미이고, 앙겔루스 노부스는 입을 벌리고
째진 눈으로 파국의 현실을 응시한 채, 알 수 없는 등 뒤의 미래로
밀려 갈 뿐이다. 날아오르지도 못하는 날개를 활짝 펼친 채. 죽은 자들과
패배한 자들로 가득 차 있는 현실이 바로 갈레아노가 고발하는 거꾸로
된 세상이다. 그리고 그들에게 "거꾸로 된 세상은 현실을 바꾸지 말고

참으라 하고, 과거의 소리를 듣지 말고 잊으라 하며, 상상력으로 미래를 그리지 말고 받아들이라 한다. 그렇게 죄를 범하고, 또 그렇게 죄를 권한다. 거꾸로 된 세상의 범죄학교에서는 무능함, 기억상실, 체념이 수강해야 할 필수과목이다.”(갈레아노 2004, 19.)

역사의 천사 앙겔루스 노부스가 목도하는 것은 두 세계의 탄생이다. 하나는 제국이고 다른 하나는 제4세계이다. 제국이 영토적 경계에 좌우되지 않는 새로운 세계 질서, 즉 탈영토화/재영토화를 원리로 지구 전체를 지배하는 새로운 세계 질서라면, 제4세계는 그들이 어디에 있건, 배제되고 주변화된 삶으로 내몰리는 빈곤층의 세계이다(조정환 2002, 61~62). 제국은 어디에나 있고 제4세계 역시 어디에나 있다. 제국의 질서는 빈곤한 제4세계를 끊임없이 창출하면서 유지되는 질서이기 때문이고, 양극화는 제1세계에서도 진행되고 있기 때문이다.

국가별 불평등은 제2차 세계대전 뒤 1970년대까지 감소세를 보였지만 그 후로는 증가했다. 신자유주의로의 방향 전환이 가장 먼저 일어난 경제개발협력기구의 선진국들도 예외가 아니다. 이들 국가에서 1979년과 2001년 사이에 극빈층 20%의 소득은 8% 증가하는 데 그쳤지만, 중산층 20%의 소득은 17%, 부유층 10%의 소득은 69%, 최상위 1%의 소득은 139%나 늘어났다. 그런가 하면 1980년과 2000년 사이에 20개국 가운데 19개국에서 빈곤이 심화되었다. 또 빈곤 한계선 이하에 놓인 가정이 영국에서는 60%, 네덜란드에서는 40% 증가했다. 세계 체제의 주변부로 밀려날수록 불평등 격차는 심해지고, 국가 간 격차도 커지게 된다. (르몽드 세계사 2008, 53.)

「세계인권선언」의 초안을 작성하는 데 기여한 위원들은 인권 개념의 철학적이고 법률적인 기초에 대해 논쟁을 벌였고, 그 논쟁의 중심은 인권 개념의 보편성이었다. 그러나 중요한 것은 철학적·법률적 토대

위에 세워진 선언의 내용보다 쓰임이었고, 쓰임의 방법론을 결정하는 권력 구조에 대한 통찰이었다. 그런 의미에서 선언의 초안을 작성한 사람들 가운데 옳았던 사람은 철학이나 법학에 조예가 깊지 않았지만 인권의 쓰임에 대해서 고뇌한 엘리노어 루스벨트 여사였다.

> 도대체 어디에서부터 보편적인 인권이 시작되는가? 작은 지역에서 가정으로 좁혀져 마침내 세계 지도 위의 어느 곳에도 보이지 않는 아주 작은 곳으로 좁혀져야 한다. 이런 곳은 모든 남성과 여성 그리고 아동이 차별 없이 동등한 정의, 동등한 기회, 동등한 존엄을 추구하는 곳이다. 이러한 곳에서 권리가 의미를 갖지 못한다면 어느 곳에서도 이러한 권리는 별다른 의미를 갖지 못할 것이다. (존슨 2002, 84에서 재인용.)

「세계인권선언」이 선포된 지 반세기가 지난 지금 단언할 수 있는 것은 인권의 발전과 역사적 계기가 세대 개념으로 순차적으로 진화하지 않았다는 사실이고, 보편적 인권 개념의 유럽 기원설도 옳지 않다는 것이다. 제1세대 인권인 자유권은 지극히 개인적인 세계에 갇혀 제2세대 인권인 평등권을 억압하고 제3세대 인권인 문화권과 단절되고 있다.[1]

---

1) 정치조직의 관점에서 볼 때, 명시적이건 암묵적이건 간에 사회는 세 부분으로 연결되어 있다. 첫 번째는 그리스인들이 오이코스Oikos라 불렀던 가정이나 사생활이다. 두 번째는 아고라Agora, 즉 개인들이 만나서 이야기를 나누고 교제하며 단체나 기업을 형성하기도 하고 개인이나 정부의 보조를 받는 극단이 공연을 하기도 하는 사적이고 공적인 장소이다. 이것은 18세기 이래 시민사회라고 부르는 것이다. 마지막은 에클레시아Ecclesia, 즉 공공의 장소이다. 이곳은 정치권력이 행사되고 존재하고 또 물러나는 곳이다. 위의 세 가지 영역의 관계는 고정적이고 경직된 방식으로 형성되어서는 안 되며, 유동적이고 유기적으로 연결되어야 한다. 그러나 현재의 자유주의는 공적인 분야와 사적인 분야를 완전히 구분 지으려고 한다. 그러나 그것은 불가능하다. (카스토리아디스 2001, 36.)

신자유주의 세계화가 가속화되기 시작한 1990년대 이후 이러한 현상은
더욱 확실해졌다.

Ⅱ. 정치적 민주화 이후 라틴아메리카 인권 정치의 실상

제2차 세계대전이 끝나고 외채 위기가 발발하기 전까지 라틴아메리카의
대부분의 나라들은 수입 대체 산업화Import Substitution Industriali-
zation를 통해 경제성장을 이루었다. 그러나 1960년대에 이르러 수입
대체 산업화가 발전 모델로서 한계를 드러내면서 세계경제와 더 긴밀한
통합을 꾀하기 시작했다.

근대화를 국가 목표로 내세우며 이루어진 경제구조의 변화는 대부분
권위주의 독재 정권을 통해 추진되었다. 중심부와 주변부의 경제적,
사회적 상황을 구분하지 않고 당시 휩쓸었던 '발전주의 신화'는 1960년
대 중반부터 균열을 일으키기 시작했다(허쉬버그/로젠 2008; 뒤메닐/레비
2006; 백승욱 2006).

저금리의 차관을 초국적 은행으로부터 빌려 산업화를 추진한 라틴아
메리카 국가들은 국제 소비자 가격의 전체적인 하락과 국제 이자율
상승으로 외채 규모가 급상승하게 되면서 큰 타격을 받았다. 수출 시장은
위축되었고 금리 인상은 외채 위기의 도화선이 되었다. 그러나 라틴아메
리카 경제 위기는 역설적으로 정치적 민주화를 앞당기는 계기가 되었다.
그리고 여기에는 미국이 주도한 자본 권력의 의도가 깔려 있었다. 독재
정권에서 민주주의로 이행되는 과정에서 주목해야 할 점은 정치적 민주
화가 신자유주의적 경제개혁과 함께 진행되었다는 것이다(로빈슨 2008,
142; 빌라스 2008, 325). 여기에 덧붙여 '시장 민주주의'로 대변되는 신자유
주의 경제개혁과 정치적 민주화가 병행된 것은 경제 세계화의 기능적

요청 사항이었음을 주목해야 한다.

'자유 시장과 민주주의의 촉진'은 새로운 세계적 생산·금융 체계의 자유로운 작동을 위한 최적의 조건을 형성하여 세계 자본주의를 위해 전 세계를 이용 가능하고도 안전하게 만드는 것을 뜻한다. (중략) 이 다국적 계획은 분명히 정치적 요소를 지니고 있다. 남반구의 권위주의와 독재를 지지하던 미국 정치, 그리고 여타 자본주의 권력이 민주주의를 촉진하는 것으로 변화한 것이 이러한 정치적 요소에 해당한다. 경제적 요소가 세계를 자본이 이용 가능하도록 만드는 것이라면, 정치적 요소는 자본을 위해 세계를 더욱 안전하게 만드는 것이다. 지배의 새로운 수단, 새로운 정치 제도, 더욱 안정적이고 예측 가능한 세계적 환경을 달성하기 위한 다국적 사회 통제 형태를 개발하는 것이 여기에 포함된다. (로빈슨 2008, 144~145.)

자유 시장을 안정적이고 예측 가능하게 만들기 위한 '민주주의의 촉진'은 실상은 엘리트에 의한 다두제polyarchy의 촉진을 의미하는 것이었으며, 민중이 주인이 되는 고전적 의미의 민주주의를 뜻하는 것이 아니었다. 앞에서 언급한 것처럼, 미국이 냉전 시기에 자유주의 이념을 확장하기 위해 독재 정권을 지원했다면, 1970년대 이후 자본주의의 위기를 해결하기 위한 자본의 반격은 국제적으로 신자유주의 세계화를 확산시키기 위해 독재 정권에서 민주정권으로 대리인을 바꾼 것이다. 이것은 대륙 내의 자본가계급과 초국적 자본의 투자 환경을 보호하기 위한 것이었다. 이때 대리인을 바꾸는 구실로 사용된 것이 '민주주의 촉진과 인권 신장'이었다. 이것은 개발독재를 통한 근대화에서 정치적 민주화를 통한 신자유주의 경제개혁으로 이행하는 과정에서 라틴아메리카 국가들이 경험한 공통된 현상이었다.

예를 들어, 1970년 칠레의 아옌데가 민주적 선거를 통해 대통령에 당선되었을 때 미국은 아일원이 이끌던 기독민주당과 중도 및 우파

세력들과 결탁하여 아옌데 정권을 흔들어댔고 그 끝은 피노체트가 이끈 군사 쿠데타였다. 그러나 1980년대 중반 돌연히 경로를 변경하여 군사 쿠데타에 공공연하게 참여한 아일윈을 다시 저항 세력으로 등장시켜 피노체트를 실각시키고 대통령이 되도록 지원했을 때 미국이 사용한 것이 인권 정책이었다.

> 많은 이들에게 오늘날 세계는 선한 세력과 악한 세력 간의 싸움이다. 그리고 우리 모두는 선한 편에 서기를 원한다. 우리는 악과 싸우기 위한 현명한 비책들을 고심하기는 해도, 악과 싸워야만 한다는 점은 의심하지 않는 경향이 있고, 누가 그리고 무엇이 악을 구현하는지에 관해서도 그다지 의심하지 않을 때가 많다.
> 미국과 영국이 유난히 심하지만 비단 두 나라에 국한되지 않는 범유럽세계 지도자들과 주류 미디어 및 기성 지식인들의 수사학은 자기네 정책을 옹호하기 위한 기본적인 명분으로서 보편주의에 호소하는 언사들로 가득 차 있다. 그들이 '타자들' 곧 비유럽세계의 국가 및 더 가난하고 '발전이 덜 된' 국가의 국민들과 관련된 정책에 관해 말할 때 특히나 그러하다. 어조는 종종 독선적이며 허세로 가득 차 있고 오만하지만, 정책들은 항상 보편적인 가치와 진실을 반영하는 것처럼 제시된다.
> 이러한 보편주의에 대한 호소는 세 가지 주된 형태를 띤다. 첫 번째는 범유럽세계의 지도자들이 추구하는 정책들이 '인권'을 옹호하고 '민주주의' 라 불리는 어떤 것을 증진한다는 주장이다. 두 번째는 문명의 충돌이라는 전문용어로 나타나는데, 여기서 항상 '서구' 문명이 보편적 가치와 진리에 기반한 유일한 것이기 때문에 '다른' 문명보다 우월하다고 전제된다. 그리고 세 번째는 시장에 관한 엄정한 사실을 강조하는 것인데, 이는 신자유주의적 경제법칙을 수용하고 그에 따라 행동하는 것 외에 '대안이 없다'라는 논리다. (월러스틴 2008, 7~8.)

제2차 세계대전 이후 냉전의 기류 속에서 경제 발전을 강조한 강한 국가에서 신자유주의 경제정책에 따라 조직되는 국가로 이행하는 시기에 민주주의와 인권은 자본 권력에 복무하는 프로크루스테스Procrustes의 침대였다.

갈레아노가 고발하듯이, 미국이 미국에서 훈련받은 콘트라 반군을 침투시켜 산디니스따 정권의 니카라과를 공격한 것은 니카라과가 민주국가가 아니었기 때문이 아니라 민주국가가 되지 않게 하기 위해서였다. 또한 쿠바가 50년 동안 철저히 경제봉쇄를 당하면서 미국에게 '문둥이' 취급을 당하는 것도 쿠바가 라틴아메리카에서 가장 잘 단결되고 가장 덜 부패한 사회를 건설한 죄 때문이었다(갈레아노 2004, 329~332).[2]

민주주의와 인권을 앞세운 신자유주의 개혁과 이행은 사회적, 경제적 조직 변화에 개입하여 사회 계급 및 여타 사회적 행위자들 사이의 권력관계를 실질적으로 변화시켰다. 이러한 변화는 특정한 사회집단, 즉 자본가 계급의 복귀를 의미하며, 이들의 이익에 따라 위기를 관리하는 것을 뜻한다.

"다른 사회집단이나 국가에 미치는 영향이 무엇이든 특정 사회집단의 수입을 유지하기 위해 가능한 모든 것을 다하는 것 …… 위기의

---

2) 라틴아메리카 혁명 정권에 대한 평가는 왜곡된 경우가 많다. 중첩된 원인들을 외면하고 결과만 보기 때문이다. "산디니스따 혁명은 전쟁의 와중에서 50만 명의 국민을 문맹에서 벗어나게 했고, 유아사망률을 3분의 1로 낮추었으며 수많은 사람들의 가슴 속에 연대의 힘과 정의의 소명 의식을 불어넣었다. 그것이 바로 니카라과의 도전이었고, 그것이 바로 저주였다. …… 쿠바가 처한 어려움에도 불구하고 혁명이 이룬 일부 과업은 아직도 건재해서 쿠바의 가장 철천지원수조차도 인정할 정도인데, 특히 교육과 보건 부문이 튼실하다. 유아사망률을 예로 들어 보면, 워싱턴에서 사망하는 아이들의 평균 절반에 달하는 아이들만 쿠바 전체에서 사망할 정도다. …… 쿠바에서 방금 도착한 친구가 이렇게 말했다. '모자라지 않는 게 없어. 그건 맞아. 그래도 자존심만은 차고도 넘쳐, 수혈을 할 정도라니까.'" (같은 책, 329~331.)

기간 동안이나 그 뒤에 나타나는 실업 문제에는 무관심하며, 심지어
위기에 대응하기 위해 임금요구의 억제, 사회적 보호 수준의 저하, 그리고
일자리 보장의 축소에 의존하는 것을 뜻한다. 전 세계에 신자유주의
질서를 전면화하려는 이러한 시도는 파괴적이었으며 현재도 그렇다.”
(뒤메닐/레비 2006, 32~33.)

　　대의 민주주의가 재구축되는 과정에서 “불만족스러운 민주주의자”
가 증가하고 있는 것은 민주주의가 단순히 제도와 절차의 문제로 끝나는
것이 아니라 실질적인 내용이 중요하다는 사실을 보여 준다. 신자유주의
경제개혁 이후의 라틴아메리카에 대한 연구와 보고서들은 대의 민주주
의의 향상과 경제적 빈곤 및 불평등의 증가라는 역설적 결과를 보여
준다. 이러한 역설적 결과는 “불가피한 구조조정”임을 내세운 “개혁이
최소한 단기적으로 아래로부터 위로 소득을 재분배하고, 근근이 생계를
유지하는 이들의 생활수준을 더욱 힘들게 하는가 하면, 민중과 통치자
사이에 체결된 모든 협약을 파기한다는 사실”(허쉬버그/로젠 2008, 18)이
드러난 것이다. 다시 말해, 경제성장의 과실을 “흘러넘치게trickle down
effect” 한다는 신자유주의의 약속은 “밑바닥을 향한 경주”였을 뿐이다.

〈표 1〉

개혁과 현실			
연도	1981~90	1991~97	1998~03
경제개혁 지표(1)	0.58	0.79	0.83
선거 민주주의 지표(1)	0.64	0.87	0.92
1인당 국내총생산 질성장률(3)	0.7%	0.6%	1.2%
빈곤(2)	46.0	42.8	42.8

극빈(2)	20.4	18.3	17.7
지니 계수(2)	0.554	0.574	0.577
도시 실업(1)	8.4	8.8	10.4

(1) 단순평균 (2) 전체 인구 대비 백분율 (3) 해당 기간 평균

※ 경제개혁 지표는 다섯 개의 구성 요소(대외무역정책, 세금정책, 금융정책, 민영화, 자본계정 자유화)를 기준으로 한 것이다. 지표는 0에서 1의 수로 표시하며, 1에 가까울수록 시장 친화적 개혁이 강한 것을 뜻한다.

〈표 2〉

민주주의, 빈곤, 불평등			
지 역	선거 참여(1)	불평등(2)	빈곤	1인당 국내총생산
라틴아메리카	62.7	0.552(3)	42.8(6)	3,792(9)
유럽	73.6	0.290(4)	15.0(7)	22,600(10)
미국	43.3	0.344(5)	11.7(8)	36,100
동유럽		0.328(11)		
아시아		0.412(12)		
아프리카		0.450(13)		

(1) 1990~2000년 유권자 대비 투표자의 비율

(2) 지니계수 수치가 높을수록 불평등 정도가 높음

(3) 1990년대 단순평균, Perry et. al (2004), p. 57

(4) 2002년 12월, Eurostat, PCM-BDU

(5) 경제개발협력기구(OECD)의 사회지표 및 표

(6) 라틴아메리카경제개발위원회(CEPAL), 2002b. 전체 인구 대비 비율

(7) 2002년 12월, Eurostat, PCM-BDU

(8) 미국 센서스국 2001년

(9) 2003년 CEPAL 자료를 바탕으로 자체 작성(통용달러 기준)

(10) 서유럽(EU15)과 미국의 2001년 1인당 국내총생산, OECD(통용달러 기준)

(11~13) 1990년대 단순평균, Perry et. al(2004), p. 1

표(UNDP 2004)에서 볼 수 있듯이, 1980년대 이후 라틴아메리카에서
경제개혁 지표와 1인당 국내총생산의 실질 상승률은 꾸준히 상승했고
선거 민주주의 지표도 상승했지만 빈곤층과 극빈층은 거의 감소하지
않았다. 오히려 지니계수와 도시 실업은 증가하였다. 여기에 한 가지
더 주목해야 할 사항을 덧붙여야 한다. "라틴아메리카의 고유한 특징은
전 세계 어떤 나라와 비교해보더라도 인구 가운데 최상위 10%가 전체
소득 가운데 차지하는 비율이 가장 높다는 점이다. 전체 소득 가운데
최상위 10%가 거의 절반인 48%를 차지하는데, 선진국의 경우 29.1%이
다. 실제로 지니계수 계측에서 최상위 10%를 제외한다면, 라틴아메리카
와 미국의 소득 불평등은 각각 0.353과 0.386으로 거의 비슷한 수준이
된다." (레이가다스 2008, 173.)[3]

　　냉전 시기에 국가권력을 통해 개인의 자유를 억압하는 사회주의진영
을 공격하는 무기로 쓰던 민주주의와 인권은[4] 경제개혁의 과정에서
자본 권력을 보호하는 안전판 기능으로 전락했다. 바꿔 말하면, 정치적
시민권 부문에 주어진 민주주의와 인권은 경제적 평등을 포기하는 대가
로 주어진 '저강도 민주주의'일 뿐이다. 저강도 민주주의란 앞서 언급한
국내외 엘리트 동맹에 의한 다두제를 뜻하는 것이며, 대중이 주도하는

---

3) 또 다른 보고서는 라틴아메리카의 심각한 소득 불평등에 대해 다음과 같은
　　결과를 보여 준다. "1998년 라틴아메리카 소득이 최상위인 5% 인구는 다
　　른 OECD 국가와 비교할 때 소득이 2배나 많은 반면, 최하위 30%는 전체
　　소득의 7.5%로 연명하는데, 이는 선진국의 하위 30%의 소득 비율인 60%
　　와 비교할 때 턱없이 낮다." (Portes and Hoffman 2003, 41~82. 빌라스
　　2008, 326에서 재인용.)

4) 라틴아메리카를 예로 든다면, 미국의 중앙정보국(CIA)는 무장 혁명을 통해
　　정권을 잡은 니카라과의 산디니스따가 대서양 연안 지역에서 사회주의적
　　발전을 계획하면서 메스끼또 원주민들을 다루는 과정에서 발생한 갈등을
　　계기로 민주주의와 인권을 앞세워 산디니스따를 역공했다.

민주화 요구를 흡수하고 무력화하려는 '선제 개혁'이었다.[5] 선제 개혁은 각국의 정치 체계를 신자유주의 경제구조에 맞게 고쳐 일정 부분 대중의 요구와 불만을 흡수함으로써 직접적이고 강압적인 방식이 아니라 합의를 통한 지배를 강화하기 위한 것이다.

> 1970년대 말까지 권위주의 체제는 라틴아메리카에서 엄청난 위기를 맞이했다. 민주화와 인권을 요구하는 다수 대중의 운동은 독재와 엘리트 기반 사회 질서를 위협하여 붕괴시켰다. 1979년 니카라과가 그랬고, 아이티, 엘살바도르, 과테말라 등지에서도 유사한 사태가 발생했다. …… '선제 개혁'은 반독재 투쟁을 통한 더 큰 변화를 막기 위해 사전에 독재 정권을 제거하는 것이었다. 미국의 개입은 정책적 원조 프로그램과 은밀한 혹은 직접적인 군사작전, 경제적 원조 또는 제재, 공식 외교, 정부 간 프로그램 등을 종합한 것이었다. 이 프로그램은 여러 나라를 휩쓸며 권력을 장악한, 그리고 각 민족 국가를 새로운 세계 질서에 통합시킨 다국적 엘리트의 지역적 분파와 연계를 맺거나 이들이 권력을 장악하도록 도왔다. 자본주의적 세계화로 이익을 얻은 엘리트 집단이 이런 방식으로 다시 핵심 정치 기구를 통제하게 되었다(로빈슨 2008, 157).

신자유주의 세계화의 선제 개혁은 라틴아메리카를 지배하던 야만적이고 부조리한 구조에 대항하는 대중운동을 약화시킴으로써 근본적으로 불평등한 사회구조와 경제구조를 그대로 놔둔 채 대의정치 체계만 변화

---

5) '선제 개혁'은 미국의 국무부 장관이었던 키신저와 사이러스 밴스가 대중적인 운동을 억누르기 위해 얼마간 실제로 정치를 개혁하는 것을 지칭한 말이다(Kissinger and Vance 1988). 키신저는 1970년 민주적 선거를 통해 살바도르 아옌데가 칠레 대통령에 당선되었을 때 "나는 자국민들의 무책임 때문에 공산주의가 되려는 국가 앞에서 우리가 팔짱 끼고 수수방관해야 할 이유가 없다고 생각한다"는 유명한 말도 남겼다(Hersh 1982, 35. 로빈슨 2008, 141에서 재인용).

시키는 '저강도의 민주주의'를 선물했다. 그러나 저강도 민주주의는 사회정의라는 측면에서 심각한 문제를 발생시켰다.

갈레아노가 지적하듯이, "라틴아메리카의 민주주의는 외채 상환과 범죄 망각이라는 선고를 받고 소생했다. 마치 민선 정부가 군부의 노력에 고마워하는 것 같았다. 군부의 공포정치는 유리한 해외투자 환경을 조성했고6), 이어 뻔뻔스럽게도 나라를 헐값에 팔아먹을 수 있는 길을 잘 닦아 놓았다. 국가 주권을 완전히 포기하고, 노동권을 유린하고, 공익사업이 무너진 것은 바로 민주주의 체제하에서였다. 1980년대에 민권을 회복한 사회는 최상의 기력을 이미 상실한 상태였고, 거짓과 공포에서 살아남는 데 익숙해져 있었으며, 너무도 낙담하고 쇠약해져서

---

6) 정치적 민주화 과정에 자유 시장 개혁을 도입하기 위해 사용된 방법이 '인 권 독트린'이라면 군부 독재 정권 시기에 사용된 방법은 '쇼크 독트린'이 다. 나오미 클라인은 최근에 출판된 책 『쇼크 독트린』에서 자유 시장의 역사는 쇼크 속에서 쓰였다고 말한다. 자본주의 세계-체제가 사회적 저항 을 무력화시키기 위해 의도적으로 충격 요법을 사용한다는 것이다. 나오미 클라인은 1973년 피노체트 쿠데타가 첫 번째 충격 요법이었으며 그 조언자 가 밀턴 프리드먼이었다고 말한다. 피노체트의 과격한 쿠데타의 충격과 하 이퍼인플레이션에 의한 정신적 충격을 이용해 프리드먼은 피노체트에게 세 금 감면, 자유무역, 서비스 분야의 민영화, 사회 지출 삭감, 탈규제화 등의 신속한 경제 변혁을 조언했다는 것이다. 나오미 클라인은 이를 '재난 자본 주의disaster capitalism'라고 부른다(클라인 2008, 15). "쇼크 독트린의 시각에 서 보면 지난 30년은 우리가 알던 것과는 전혀 다르다. 흔히 우리는 악명 높은 인권유린은 반민주적인 체제가 저지른 가학적 행위로만 알고 있다. 그 러나 사실은 대중에게 공포심을 주기 위해 고의적으로 사용되거나, 과격한 자유 시장 개혁의 도입 기반을 마련하기 위해 적극적으로 사용되었다. 1970년대 아르헨티나 군부체제에서 일어난 3만 명의 실종은 시카고학파 실 험의 핵심이었다. 칠레에서도 마찬가지로 공포는 경제 변혁의 파트너였다. 1989년 중국은 천안문 광장 학살과 뒤 수만 명의 체포를 통해 수출자유지 대를 마음껏 확대할 수 있었다. …… 영국의 마가렛 대처는 1982년 포클랜 드 전쟁을 통해 그 같은 목적을 달성했다."(같은 책, 19~20.)

창조적 활력을 필요로 했다. 창조적 활력은 민주주의가 약속한 것이긴 하지만, 줄 수도 없었고 줄 방법도 몰랐다.”(갈레아노 2004, 219.)

Ⅲ. ‘고강도 민주주의’와 라틴아메리카 대안사회운동

냉전이 진행되는 과정에서 「세계인권선언」에 포함된 인간의 권리는 이데올로기에 의해 유린당했고, 신자유주의 세계화 시대에는 시장 민주주의에 의해 유린당하고 있다. 카생이 「세계인권선언」을 네 개의 기둥이 지탱하는 지붕으로 이루어진 유기적 구조라는 비유적 표현을 통해 그토록 역설한 인권의 불가분성indivisibility은 시민·정치적 권리와 경제·사회적 권리로 찢겨졌고 공동체적 유대를 지향하는 제3세대 인권은 무시되었다. 자본주의가 자유의 이름으로 평등을 희생시켰다면 사회주의는 평등의 이름으로 자유를 희생시켰다. 그리고 1980년대 이후 신자유주의 세계화가 강화되는 과정에서 베를린 장벽이 붕괴되었고 공산주의 체제도 무너졌다. 그 결과, 그나마 유지되던 자유와 평등 사이의 균형이 급격히 상실되었다.

새로운 세계경제로의 통합을 의미하는 신자유주의 세계화는 탈규제, 자유화, 민영화, 긴축 재정, 노동의 유연화 등, 이제는 누구나 알고 있는 이야기에 의해 이루어졌다. 그러나 그 결과는 빈부 격차 혹은 사회적 양극화라는 공통된 현상으로 나타나고 있다. 사회적 양극화는 공적 영역의 부문에서 국가가 수행해야 할 역할을 시장에 떠넘기면서 국가, 사회, 개인의 영역을 가리지 않고 지배하고 있는 우승열패의 원리에서 비롯되고 있기 때문이다.

“20년 혹은 30년 전만 하더라도 빈곤은 불의의 산물이었다. 좌파는 그것을 고발했고, 중도파는 인정했으며, 우파는 아주 드물게 부정했다.

신자유주의 세계화는 너무도 짧은 시간에 너무 많은 것을 바꿔 놓았다. 지금 빈곤은 무능력에 대한 정당한 벌이다.”(갈레아노 2004, 43.) 따라서 평등권을 이야기한다는 것은 무능력한 인간에 대한 자선을 의미하는 것으로 변질되었다. 최근 들어 부쩍 자주 접하게 되는 ‘소수자’라는 용어가 민중이라는 용어를 대신하는 것도 이와 무관하지 않다. 여성, 장애인, 아동, 이주 노동자, 동성애자 등과 같은 사회적 약자를 의미하는 소수자는 숫자가 적은 집단을 의미하는 것이 아니라 사회적 권력관계에 따라 결정된다. 따라서 다수자와 소수자의 문제는 개인에 대한 본질적 접근이 아니라 사회적 관계로 접근해야 한다. 더구나 세계화가 가속화되는 과정에서 사회적인 문제가 ‘케인스주의–베스트팔렌적인 틀 Keynesian-Westphalian frame’[7]을 벗어나 탈영토화가 빈번해지고 있는 반면에, 국가의 역할은 갈수록 축소되는 상황에서 빈곤의 문제를 개인적 능력의 문제로 돌리는 것은 잘못된 것이다.

　　1990년대 이후 라틴아메리카의 사회운동이 ‘고강도 민주주의’를 요구하는 투쟁으로 변화한 것은 이런 맥락이다. 2000년에 라틴아메리카 사회과학협회Consejo Latinoamericano de Ciencias Sociales(CLACSO)’의 하부 기관으로 설립된 라틴아메리카사회전망대Observatorio Social de América Latina(OSAL)의 조사에 따르면, 2000년 5~8월의 기간 동안에 709건이던 사회적 소요와 분쟁은 2002년 같은 기간 동안에 180% 증가하여 2,232건

---

7) ‘케인스주의-베스트팔렌적인 틀’이란 전후 민주주의적인 복지국가가 한창이던 시기(대략 1945년에서 1970년까지)에 이루어진 정의 논쟁의 민족국가적– 영토적 토대를 가리킨다. 제1세계 국가들이 베스트팔렌조약을 주권적 영토 국가들을 상호 인정하는 체계인 양 세계를 지도화했다는 비판이 존재하는 것을 염두에 둔다면, 제3세계의 시각에서는 베스트팔렌적 전제들이 명백히 사실에 반하는 것으로 여겨졌을 것이라고 추정할 수 있다. 그러나 반식민주의들 대다수가 그들 자신의 독립적인 베스트팔렌적 국가를 성취하려고 노력했다는 사실도 상기할 필요가 있다. (프레이저 2009, 437~438.)

에 이르렀으며 그 뒤로 비슷한 추세를 유지하고 있다. 북미자유무역협정 NAFTA이 발효된 1994년 새해 첫 날 발발한 멕시코 사빠띠스따zapatista 봉기는 이러한 사회적 저항의 시작을 알리는 상징적인 사건이었다.

　개발독재와 정치적 민주화를 거치는 과정에서 라틴아메리카 사회운동의 목표는 국가에 민중들의 권리를 요구하거나, 정당이나 다른 사회 분야와 동맹을 수립하거나, 사회운동의 범위를 전국적인 규모로 확대하는 것 등이었다. 따라서 사회운동의 밑바닥에는 '케인스주의-베스트팔렌적인 틀'에서 형성된 국민국가가 자리 잡고 있었다. 그러나 신자유주의 세계화는 사회운동을 구성하는 저항의 주체와 저항의 대상 모두에 커다란 변화를 가져왔다.8) 저항의 주체 쪽에서 바라보면, 근대화를 최상의 가치로 내세운 개발독재 시대에는 국가가 주도한 "시민도 주체도 없는 해방(emancipación sin subjetividad ni ciudadanía)"을 전면에 내세웠고, 정치적 민주화 시기에는 "주체 없는 시민의 해방(emancipación con ciudadanía y sin subjetividad)"이 우세했다면, 1990년대 이후 새롭게 등장한 사회운동은 "주체의 해방(emancipación con subjetividad)"을 요구한다(Santos 2001). 이런 맥락에서, 무기력한 국가와 강력한 초국적 기업 사이에서 사회운동은 자율주의적 반反자본주의의 양상을 보인다. 이와 함께 저항의 대상도 국민국가에서 그 뒤편의 민간 자본이나 초국적 자본으로 바뀌고 있다.

　산체스 데 로사다 대통령의 사임으로 귀결된 볼리비아의 '가스 전쟁'(2003년)은 꼬차밤바시市의 '물 전쟁'(2000년)으로 시작된 사회운동의 연장선상에 있으며 차빠레 지역의 '코카 재배 운동'으로 연결되었다. 새 대통령 까를로스 메사는 신자유주의 정책의 폐기를 원하는 국민들의

---

8) 20세기 사회운동은 민족국가라는 일국一國의 틀을 벗어나서 생각하기가 어려웠다. 따라서 사회운동이 국가 간 체계와 맞물려 있는 세계경제와 어떤 관련이 있는지 파악하기 어려웠다. 이러한 난제를 해결하는 데 기여한 것이 세계-체제 분석이며, 이는 가시화되고 있는 초국가적 현상으로 더 뚜렷해지고 있다.

기대를 저버렸고 그 때문에 2005년 6월 역시 자리에서 물러났으며, 그 뒤 치러진 선거에서 새로운 경제정책과 석유와 가스의 국유화를 공약으로 내건 원주민 출신 에보 모랄레스가 대통령으로 선출되었다. 또한 자밀 마우아드 정권을 붕괴시킨 에콰도르의 민중 봉기(2000년)는 신자유주의 정책에 저항하는 사회운동의 결과였으며 운동의 거점은 에콰도르전국원주민연맹CONAIE이었다. 그 뒤 대통령으로 선출된 루시오 구띠에레스 역시 다시 민중의 저항으로 2005년 4월 정권에서 물러났다.

아르헨티나 반군사독재 저항운동의 시발점이었던 5월 광장

아르헨티나에서는 2001년 12월 경제 위기 이후 해고 노동자들이 공공 분야의 노동자들과 연대하여 거리 시위, 공장 검거, 민중의회 수립 등 강력한 민중운동을 통해 델 라 루아 대통령을 권좌에서 끌어내렸다. 그리고 브라질 대선에서 노동당 출신의 룰라 다 실바를 대통령으로 선출한 지지 세력의 밑바탕에는 무토지 농민운동MST을 중심으로 한 다양한 민중운동이 있다. 또한 꾸바스 그라우 대통령의 실각(1999년)에 중요한 역할을 담당한 파라과이의 농민운동은 후임 정권의 신자유주의 정책에 대해 계속 저항했으며 마침내 2008년 전직 가톨릭 사제이자 중도좌파 정치인인 페르난도 루고가 대통령으로 선출되었다. 페루에서도 지역민중전선Frente Civico Regional의 강력한 저항에 부딪힌

후지모리 대통령이 권좌에서 물러났고, 그 뒤를 이은 똘레도 대통령의 계속된 신자유주의 민영화 정책이 사회적 분쟁의 요인이 되면서 역시 중도좌파인 알랑 가르시아 전 대통령이 다시 정권을 잡았다.

이러한 정치적, 경제적, 사회적 변화는 민주주의와 인권에 대한 요구가 사회경제적인 재분배와 법적, 문화적 인정이라는 면에서 실질적 내용뿐만 아니라 기본적인 틀frame까지도 재검토할 것을 요구하고 있다. 재분배와 인정에 대한 실질적 내용이 민주주의와 인권에 대한 일차적 층위의 물음들first-order questions of substance9)과 관계있다면, 이차적 층위의 물음들은 일차적 층위의 물음들이 어떤 틀 안에서 적절히 고려되고 의제화될 수 있는가, 적절한 분배나 상호 인정을 받을 만한 사회적 주체들은 누구인가 등과 관계가 있다. 더 나아가 메타적 수준에 해당하는 이차적 층위의 물음들은 분배의 경제적 차원과 인정의 문화적 차원을 포괄하는 대의/표현representation의 '정치적인 것the political'의 차원과 관련되어 있다(프레이저 2009, 441~442). 즉 정치가 경제나 문화처럼 사회를 구성하는 체계 가운데 하나를 가리킨다면, 정치적인 것은 정치, 경제, 문화와 같은 체계로 구성된 사회에 선행하는, 사회 자체를 만들어내는 과정을 뜻한다(현민 2007, 393).

멕시코의 사빠띠스따, 브라질의 무無토지 농민, 과테말라의 원주민, 볼리비아의 코카 재배 농민들과 수자원 민영화 반대 운동가들, 에콰도르의 전국원주민연맹, 아르헨티나의 실직노동자piqueteros 등 1990년대 중반 이후 새롭게 등장한 라틴아메리카 사회운동의 주체들은 사회 자체를 만들어내는 과정에서 토대로 자리 잡은 사회의 기본 틀을 비판하고

---

9) 일차적 층위의 물음들은 다음과 같은 것이 될 것이다. 경제적 불평등은 어느 정도까지 용인될 수 있는가, 얼마만큼의 재분배가 필요한가, 어떤 분배 정의의 원칙에 따라 재분배할 것인가, 과연 무엇이 동등한 존중을 구성하는가, 어떤 종류의 차이들이 공적으로 인정되어야 할 것인가, 어떤 수단과 방법에 의해 차이들이 공적으로 인정될 수 있는가?

있다.

라틴아메리카의 불평등을 이해하기 위해서는 빈곤의 회복력뿐만 아니라 극단적 부의 지속성을 설명해야만 한다. 라틴아메리카에서 이러한 불평등이 역사적 시기(식민주의 시절부터 현재까지), 각기 다른 경제 발전 모델(수출 기반 모델부터 수입 대체 산업화, 신자유주의까지), 각기 다른 정치 체제 유형(포퓰리즘, 권위주의, 민주주의)을 통틀어 지속되었다는 사실은 이것이 사회제도 전반에 스며 있는 구조적 특징이며, 따라서 특별한 주목을 요한다는 사실을 알려준다. 이러한 지역적 특이성을 설명하는 단일한 원인은 없다. 이는 권력의 집중과 경제, 정치, 사회, 문화를 가로질러 축적된 것의 결과이다. (레이가다스 2008, 175).

주체의 해방을 목표로 하는 라틴아메리카 사회운동은 분배와 인정의 표층적 차원을 넘어서서 심층적 차원의 "잘못된 틀 구성misframing"을 재구성하려고 시도한다. 왜냐하면 『전체주의의 기원』에서 한나 아렌트가 지적한 것처럼, 라틴아메리카 사회운동의 주체들은 오랫동안 "정치적인 것"으로부터 배제됨으로써, "권리를 가질 권리"를 박탈당했기 때문이다(493~523). 틀 바깥으로 배제된 사람들은 자선이나 자비심의 대상일 뿐 사회에 참여하고 사회를 변화시켜 나갈 수 있는 정당한 권리가 없다. 따라서 "권리를 박탈당한 사람들"은 사회적 주체로서 문화적 차이를 인정받을 수도 없다. 이런 맥락에서, 잘못된 틀 구성을 대의/표현의 차원에서 정의하면 "대의부재/표현차단"이라고 할 수 있다(프레이저 2009, 449). 신자유주의 세계화가 가속화되면서 라틴아메리카 사회운동의 주체로 새롭게 등장하고 있는 사람들이 원주민, 아프리카계 흑인, 식민지 시기부터 현재까지 토지를 갖지 못한 농민 등인 것은 이런 이유 때문이다. 위에서 인용한 것처럼, 역사적 시기와 경제 발전 모델과 정치 체제 유형 등에 관계없이 라틴아메리카의 불평등이 지속적이고 견고하게

유지된 이유는 케인스주의-베스트팔렌적인 근대적 국민국가의 틀에서
이들이 시민의 권리를 박탈당한 주체로 존재했기 때문이며, 신자유주의
세계화의 충격이 국민국가의 틀마저도 무력화시킴으로써 그들을 아무도
아닌 자non-person들로 만들고 있기 때문이다.

1990년대 이후 라틴아메리카의 사회운동을 유럽의 신사회운동New
Social Movements과 구별하여 대안사회운동Alternative Social Movements이라
고 부를 수 있는 것은 그 운동이 잘못된 틀 구성에 반대하는 투쟁이며
새로운 틀에 대한 요구이기 때문이다. 그러나 유럽 중심적 관점에서
라틴아메리카를 바라보는 사람들은 1990년대 이후 라틴아메리카 사회
운동이 대안을 제시할 가능성이 있다고 생각하지 않는다. 유럽의 경우,
전후戰後 산업화 시기 복지국가의 역할이 (재)분배에 집중되어 있었고,
68혁명 뒤 신사회운동과 다문화주의가 출현하면서 무게중심은 정체성
의 차이에 대한 인정으로 이동했다. 따라서 신사회운동과 다문화주의는
유럽에서 기원한 근대 문명의 한계와 위기에서 비롯되었고 이에 대한
대안으로 등장한 것이라고 생각되었다. 다시 말해, 신사회운동과 다문화
주의는 '급진화된 근대성radicalized modernity'의 단계에 이른 중심부 국가
에서 가능한 일이라는 것이다. 이것을 '성찰적 근대성reflexive modernity'이
라고 부른다(기든스 1991; 벡 2006). 따라서 20세기 후반에도 여전히 계몽주
의 단계에 머물러 있는 주변부 제3세계에서는 중요한 대화 상대인 국가에
게 기본적인 필요를 충족시켜 달라고 요구하는 것이 사회운동의 목표일
뿐이라고 평가된다. 예를 들어, 라클라우와 무페는 제3세계 사회운동의
목표는 외적으로는 제국주의의 침탈에 저항하고 내적으로는 억압적이고
중앙집권적 정치권력에서 벗어나 민주주의를 쟁취하는 것이며, 이러한
투쟁의 주체는 민중이라고 지적했다. 따라서 라틴아메리카 사회운동은
민주화 투쟁과 민중 투쟁 사이에 위치해 있기 때문에 다양한 주체들에
의한 '정체성 정치identity politics'를 기대할 수 없다는 것이다(Laclau and

Mouffe 1985). 이러한 분석은 1990년대 이후의 라틴아메리카 사회운동에
도 그대로 적용된다. 경제적 종속과 국가의 끊임없는 개입은 라틴아메리
카가 스스로의 역사를 만들어 나갈 능력을 가로막는 장애물이라는 것이
다(Touraine and Khosrokhavar 2000).

　　이런 판단의 근거에는 근대성에 대한 유럽 중심적 사유가 자리 잡고
있다. 근대적 이성을 바탕으로 한 합리성과 전통의 탈주술화를 특징으로
하는 근대성은 유럽에 기원을 두며 목적론적 발전 사관을 바탕에 깔고
있다. 달리 말하자면, 유럽 중심적 근대성의 특질은 전통과 근대의 불연속
성, 즉 근대적 생활양식과 그 이전 시기에 존재한 전통적 사회질서와의
단절이다. 그리고 이러한 단절을 기준으로 자율–종속, 선진–후진, 중심
–주변, 세계성–국지성 등의 이분법을 적용한다. 더 나은 미래를 향해
나아간다는 발전주의 유토피아는 동일성의 원리로 모든 문화적 차이를
위계적으로 배치한다. 이런 맥락에서, 유럽 중심주의의 관점에서 세계화
는 근대성의 위기나 근대적 사회질서의 해체가 아니라, 근대성의 결과들
이 전보다 더 급진화되고 주변부까지 보편화되어가는 총체적 과정으로
인식된다. 라틴아메리카의 사회운동이 근대성에 대한 대안을 제시하는
것은 불가능하다고 여기는 것이다.

Ⅳ. 근대/식민 세계–체제와 트랜스모더니티 trans–modernity

라틴아메리카 대안사회운동은 경제적 재분배와 법적·문화적 인정에
대한 요구를 넘어서서 대의/표현의 정치적인 것의 권리를 요구하고
있다. '권리를 가질 권리'를 의미하는 대의/표현의 권리 없이는 재분배도
인정도 불가능하기 때문이다. 라틴아메리카 사회운동의 주체들에게 대
의/표현의 권리는 근대/식민 세계–체제의 출발과 함께 박탈되고 억압된

인간의 존엄성과 밀접한 관련이 있다. 멕시코 남부 치아빠스 주州 라깐도 나 정글에서 전쟁을 선포한 사빠띠스따들의 첫 번째 선언문은 이 점을 명료하게 표현하고 있다.

> 우리는 500년에 걸친 투쟁의 산물입니다. 처음에 우리는 노예제에 반대해 싸웠습니다. 독립 전쟁 때는 스페인에 대항해 싸웠고, 그 다음에는 북아메리 카 제국주의에 흡수되지 않으려고 싸웠으며, 그 다음에는 우리 헌법을 선포하고 우리 땅에서 프랑스 제국을 쫓아내기 위해 싸웠습니다. 그리고 나중에는 개혁법의 정당한 적용을 거부하는 포르피리오 디아스 독재 정권에 맞서 싸웠으며, 여기서 우리는 우리처럼 가난한 사람인 비야와 사파타 같은 지도자를 탄생시켰습니다. 우리는 지금껏 우리를 총알받이로 사용해 우리나라의 부를 약탈해 가려는 세력에 의해 가장 기초적인 것조차 거부당했 습니다. 저들은 우리가 아무 것도, 정말 아무 것도 가진 게 없어도 전혀 아랑곳하지 않습니다. 우리에겐 교육은 물론 우리 머리를 덮을 만한 반듯한 지붕도, 갈아 먹을 땅도, 일자리도, 의료시설도, 식량도 없을뿐더러, 우리의 정치 대표자를 자유롭게 민주적으로 선출할 수 있는 권리도 없고, 외국인으 로부터 자유로운 독립도 없고, 우리 자신과 우리 아이들을 위한 평화와 정의도 없습니다. 그러나 오늘 우리는 말합니다. '이제 그만!'이라고 (마르코 스 2002, 89~90.)

앞에서 언급한 것처럼, 멕시코 사빠띠스따 봉기는 북미자유무역협정 이 발효되던 1994년 1월 1일 발발했다. 봉기의 결정적인 이유는 그들이 오랫동안 유지해 왔고 멕시코 혁명헌법에도 보장되었던 공동 토지제도 ejido가 자유무역협정으로 붕괴될 위기에 처했기 때문이었다. 그러나 "조국이 아득하게 망각해버린 모퉁이"(박정훈 외 2004, 29)에 방치되었던 원주민들의 봉기는 단순히 경제적인 문제 때문에 벌어진 것이 아니라 문화적·정치적·사회적으로 잘못된 틀 구성에 대한 항거였다. 그리고 이 잘못된 틀이 구성된 것은 아메리카가 역사에 처음으로 등장한 500년 전으로 거슬러 올라간다.

통상적으로 이성과 계몽을 시대정신으로 하는 근대는 18세기 계몽주의 시기로부터 시작된 것으로 알려져 있다. 주지하듯이 계몽이란 인간에게 새로운 가능성을 제공하는 비판적 도구인 이성을 사용하여 미성숙에서 벗어나는 것이며, 이러한 과정은 18세기 유럽에서 시작되었다고 받아들여지고 있다. "이성과 계몽의 프로젝트로서의 근대는 18세기 서구 계몽주의 사상가들의 고유한 믿음, 즉 인간의 이성이 곧 빛이라는 믿음에서 시작되었다. 데카르트에서 베이컨에 이르기까지 인간에 대한 믿음, 이성에 대한 믿음, 과학에 대한 믿음은 인간과 자연, 그리고 우주에 대한 인간의 이해를 규정짓는 경험의 가능조건들이었다."(고봉준 2007, 441~2). 따라서 보편적 인권이 이 시기에 가능하게 되었다는 생각은 크게 이상할 것이 없다. 그러나 시대적 패러다임으로서의 근대성 modernity의 개념은 근대 세계-체제modern world-system와는 다르다는 사실에 주목해야 한다. 근대성이 18세기 서구 계몽주의로부터 시작되었다면 근대 세계-체제는 15세기 말에 시작되었다(Braudel 1995; Arrighi 1994; 월러스틴 1999). 즉 아메리카 정복을 계기로 지중해 상권이 대서양 상권으로 확장되면서 등장한 세계경제와 더불어 근대 세계-체제는 시작되었다.

> 근대 세계-체제는 장기長期 16세기에 탄생했다. 지리사회적geosocial 구성물인 아메리카도 장기 16세기에 탄생했다. 지리사회적 실체인 아메리카의 창조는 근대 세계-체제의 구성적constitutive 행위였다. 즉 아메리카는 이미 존재하고 있던 자본주의 세계경제에 편입된 것이 아니었다. 아메리카가 없었다면 자본주의 세계경제도 존재할 수 없었다. (Quijano and Wallerstein 1992, 549. Mignolo 2000, 53에서 재인용.)

월러스틴의 세계-체제 분석에 커다란 영향을 미친 페르낭 브로델의 장기 지속longue durée의 관점에서 볼 때 근대성은 근대 세계-체제에 포함된다. 르네상스 → 종교개혁 → 프랑스혁명 → 산업혁명으로 이어지는 역사적 사건들은 자본주의 근대 세계-체제에서 출발하여 계몽주의 근대성이 형성되어 가는 계기들이다. 이런 맥락에서, 근대 세계-체제가 첫 번째 근대성이었다면 계몽주의 근대성은 두 번째 근대성이라고 말할 수 있다. 여기서 주목해야 할 것은 근대성을 근대 세계-체제 분석의 관점에서 바라보면 계몽주의 근대성이 은폐한 식민성coloniality의 역사가 드러난다는 것이다.

> 아메리카에서 금은이 발견된 것, 원주민들이 광산에서 멸종되고 노예화되고 매몰된 것, 동인도 제도의 정복과 약탈이 시작된 것, 아프리카가 상업적인 흑인 사냥터로 바뀐 것 등이 자본주의적 생산 시대의 장밋빛 새벽을 알려주었다. 이 목가적인 과정들이 원초적 축적의 주요한 계기들이다. 바로 그 뒤를 이어서 전 지구를 무대로 한 유럽 국가들의 교역전쟁이 시작된다(맑스 월러스틴 1999, 제사[題辭]에서 재인용).

사빠띠스따 봉기가 500년에 걸친 투쟁의 산물이라고 한 것은 아메리카의 정복과 강탈에 의한 축적10)을 통해서 시작된 근대 자본주의 세계-체제의 탄생을 가리킨 것이다. 앞에서 언급한 공동 토지제도의 붕괴는 현대판 강탈에 의한 축적이다. 따라서 장기 지속의 관점에서 계몽주의 근대성은 식민성을 토대로 가능했다는 점에서 근대 세계-체제는 근대/식민 세계-체제였다. 즉 식민주의와 자본주의 세계-체제의 발전은 근대성을 구성하는 요소이며 세계경제는 강탈에 의한 축적과 함께 시작되었다. 따라서 근대성은 유럽 내적 현상이 아니라 세계-체제적 현상이다.

---

10) 자본축적은 확대재생산과 강탈에 의한 축적이라는 이중적 성격을 갖으며, 이 두 가지 측면은 유기적이고 변증법적으로 얽혀 있다.

이런 맥락에서 식민성은 근대성의 파생물derivative이 아니라 구성물 constitutive이라는 사실을 잊어서는 안 된다. 근대/식민 세계-체제에서 식민성이 누락된 것은 유럽 중심적 시각에서 근대성이 정의되었기 때문 이다. 세계-체제 분석은 공간적 관점에서 국가 간 체계를 파악할 수 있는 이점을 제공했지만, 자본축적의 구조와 법칙 대신에 자본주의의 역사적 확장과 변형에 초점을 맞춤으로써 유럽 중심적 근대성을 옹호하 는 결과를 가져왔다. 그리고 두셀이 주장하듯이, 데카르트의 생각하는 자아ego cogito보다 150년 앞서 정복하는 자아ego conquiro가 등장한 사실 을 애써 외면했다. 또한 아메리카 정복이 경쟁적인 문명들(터키 문명, 이슬람 문명, 중국 문명 등)을 상대로 유럽 문명이 결정적인 비교 우위를 확보하는 도약의 발판이었음을 진지하게 고려하지 않는다(Dussel 2002; Quijano 2000).

식민성의 누락은 유럽의 팽창이나 자본주의의 팽창이라는 관점에서 는 당연한 일이라고 생각할 지도 모르지만 인권의 문제에 있어서는 매우 중대한 문제이다. 계몽주의 근대성을 치장하는 수사들이 문명, 진보, 발전, 민주주의, 인권이라면 근대성이 가리고 있는 식민성의 얼굴 은 폭력, 지배, 착취, 차별이기 때문이다. "이주민들이 원주민들의 터를 빼앗는 방식은 대체로 두 가지이다. 첫째는 폭력이고, 나머지는 합법적인 정당성을 부여받는 일이다. 역사 속의 종교와 정치는 이 두 가지 테크닉을 절묘하게 섞어 자신의 입지를 넓혀온 것이 사실이다."(김영민 1996, 15.) 유럽 중심주의의 토대가 되는 목적론적 역사관은 정복과 착취의 합법적 인 정당성을 계속해서 바꿔 왔는데, 16세기에는 가톨릭 복음의 전파였고, 18∼19세기에는 문명화 사명이었으며, 20세기에는 발전주의였다면, 20세기 말에는 민주주의와 인권이었다. 이런 개념들은 "종종 소위 자연 법이라고 일컬어지는 것의 외피를 쓴 채 보편적 가치의 표현으로 해석되 었다. 따라서 인류에게 유익할 뿐 아니라, 역사적으로 불가피하다고 주장됐다."(월러스틴 2008, 16.)

두 번째 근대성을 통해 부각된 유럽 중심주의는 근대성이 주변부 문화들이 미성숙 상태에서 벗어나는 출구가 될 수 있는 합리성을 담보하고 있다고 내세운다. 그러나 첫 번째 근대성은 근대성이 자신에게조차 감추고 있는 비합리적 과정 속에서 탄생했다. 요약하자면, 두 번째 근대성이 내세우는 계몽주의적 합리성은 첫 번째 근대성의 비합리적 폭력의 실천을 정당화하기 위한 수사학에 불과하다. 이런 맥락에서, 유럽 중심적 근대성이 만들어낸 신화는 다음과 같이 요약될 수 있다. 첫째, 근대 문명은 스스로를 우월하고 발전된 문명의 위치에 올려놓는다. 둘째, (히네스 세뿔베다로부터 칸트와 헤겔에 이르기까지) 근대 문명의 우월성은 야만적이고 원시적이며 난폭한 사람들을 향상시켜야 할 도덕적 의무를 갖는다. 셋째, 이러한 문명화 과정은 유럽에게 주어진 사명이다. 넷째, 야만인들이 문명화 사명에 저항하면 근대화를 방해하는 장애물을 제거하기 위해 최후의 수단으로 폭력을 행사해야 한다. 다섯째, 문명화 사명은 불가피한 희생자(식민지 원주민, 아프리카 흑인 노예, 여성, 자연 생태계)를 만들지만 그것은 의사疑似 종교적 희생 제의이다. 여섯째, 야만인들은 문명화 과정을 어기는 죄악에 물들어 있기 때문에 문명화는 순수한 사명이며 그들을 죄악으로부터 벗어나게 하는 해결책이다. 일곱째, 근대성의 문명화 과정에서 치르는 희생과 고통은 미성숙한 사람들이 치러야할 대가이다.(Dussel 2000, 472~473.)

사빠띠스따들의 봉기를 알리는 첫 번째 선언문은 "어느 모로 보나 우리는 이미 죽어 있었습니다. 우리는 정말 아무 것도 아니었습니다."(마르코스 2002, 76)라는 절규의 선언문이다. 그리고 '이제 그만!'이라는 외침은 자본주의 근대/식민 세계-체제의 토대를 흔드는 항거의 외침이었다. 이러한 외침이 단지 그들만의 고독한 외침이었을까?

2009년 9월, 나는 프라하에서 세계은행과 국제통화기금의 연례회의를 막기 위해 2만 명의 시위대에 합류했다. 그리고 아주 놀라운 장면을 목격했다. 유럽에서 온 시위자뿐 아니라 다른 지역 시위자도 엄청났다. 서로 다른 세력이 지금까지 상상하지 못한 방식으로 하나가 되었다. 플래카드, 깃발, 최루가스, D자형 자물쇠와 최루탄, 에너지와 이념들이 거리에서 물결쳤다. 그리고 그날 수천 명이 외쳤던 구호는 1994년 1월 산끄리스또발 광장에 울려 퍼졌던 '이제 그만!'이라는 바로 그 구호였다. (킹스노스 2004, 20~21.)

자유, 정의, 민주주의 그리고 인간의 존엄성을 요구하며 공적 토론의 중심에 등장한 사빠띠스따들의 구호는 라틴아메리카의 종속적, 후진적, 주변적, 국지적인 주체들의 구호가 아니다. 그들의 구호는 중심-주변, 선진-후진, 자율-종속, 세계성-국지성의 이분법적 경계를 허물고 근대/식민 자본주의 세계-체제에 저항하는 모든 사람들의 구호이다. 보편적 인권이 내세우는 최소주의적 원칙은 '모든 당사자 원칙'이다. 사빠띠스따들은 '모든 당사자 원칙'을 "우리(원주민)를 배제한 멕시코는 더 이상 없다(Nunca más un México sin nosotros)"는 선언으로 대신하고 있다.[11] "이 원칙이 견지하는 바는, 어떤 주어진 사회구조나 제도에 영향을 받는 모든 이들이 그 구조나 제도에 관련한 문제에서 정의주체로서의 도덕적 입지를 가져야 한다는 것이다. 이 견해에 따르면, 어떤 한 무리의 사람들을 정의의 동료 주체가 되도록 하는 것은 지리적 접근성이 아니다. 그들은 하나의 공통된 구조적 혹은 제도적 얼개 안에서 함께 엮여 있기 때문에 정의의 동료주체가 된다. 즉 그들의 사회적 상호작용을 규제하는 근본 규칙을 설립함으로써 이익과 불이익의 패턴 안에서 그들 각각의 삶의 가능성을 결정짓는, 어떤 공통의 구조적 혹은 제도적 얼개 말이다."

---

11) 1996년 10월 11일 멕시코 원주민 전국 총회(Congreso Nacional Indígena) 에서 발표된 선언문의 제목이다.

(프레이저 2008, 456.)[12] 여기서 공통의 구조적/제도적 얼개란 다섯 세기 전에 성립된 근대/식민 자본주의 세계-체제를 의미하며 유럽 중심적 근대성의 시각에서 식민성을 은폐하고 있는 '잘못 구성된 틀'이다.

근대/식민 자본주의 세계-체제의 구성 요소인 식민성을 감춘 채 계몽주의 뒤 인류 문명의 척도로 등장한 유럽 중심적 근대성은 모든 차이들을 삼켜버리는 '사탄의 맷돌satanic mill'이다. 척도는 스스로에

---

12) 라틴아메리카 사회운동이 대안을 제시할 수 없다는 인식을 뒤집는 좋은 예가 이탈리아의 활동가 그룹인 '하얀 작업복White Overall'이다. 1990년대 중반 로마에서 처음 출현한 '하얀 작업복' 운동은 특정 정치집단들 및 당들과 일체의 정치적 연합을 배제하고 사회비판적인 축제와 정치적 행동주의를 결합시켰다. 그들은 거리에서 새로운 불안정 노동자들의 비참한 조건들을 고발했고 만인을 위한 보장된 소득을 요구했다. '하얀 작업복'은 불법 이주 노동자들, 중동에서 온 정치적 망명자들, 해방운동들과 시위를 조직했으며, 시위 방법에서도 기발하고 천재적인 면모를 보였다. 이들의 활동은 정치 활동가들에게 탈근대적인 아이러니의 스펙터클이었다. 그러나 '하얀 작업복'운동에 결정적인 발전을 가져다 준 계기는 그들이 유럽 바깥으로 눈을 돌려 멕시코의 사빠띠스따를 발견한 것이다. "그들에게 부사령관 마르꼬스와 사빠띠스따 반란은 전 지구적 상황의 새로움을 파악한 것처럼 보였다. 사빠띠스따들이 말한 것처럼, 그들은 운동을 위한 새로운 정치적 전략들을 찾기 위해 걸으면서 물어야caminar preguntando했다. … 그들은 자신들이 멕시코 토착 원주민들과 동일한 투쟁을 벌이고 있음을 알게 되었다. 왜냐하면 그들 모두가 전 지구적 자본이 만들어 낸 새롭고도 폭력적인 현실 속에서 착취당하고 있었기 때문이다. 신자유주의적인 지구화 속에서 공간적 이동성과 시간적 유연성은 대도시 노동자들과 시골의 토착 원주민들 모두에게 본질적인 요소들이었다. 그들 모두 새로운 전 지구적 시장 속에서 노동과 권력의 새로운 분할 법칙들에 의해 고통을 겪고 있었던 것이다. 새로이 각성한 유럽의 대도시 프롤레타리아는 단순한 상징주의를 넘어서는 새로운 정치학을 필요로 했고, 그들은 그것을 치아빠스의 정글에서 발견했다."(네그리/하트 2008, 319~320). 그러나 여기서 짚어야 할 것은 네그리와 하트도 유럽의 역사에서 누락된 식민성의 문제를 언급하지 않는다는 점이다.

44

대해 질문하지 않는 것처럼, 유럽 중심적 근대성은 틀의 문제를 사유하는 것을 등한시했고, 틀이 어떻게 결정되느냐에 따라 자신의 운명이 결정되어 버리는 사람들이 틀을 결정하는 과정에 참여할 수 있다는 것을 인정하지 않았다. 1990년대 이후 라틴아메리카 사회운동은 '권리를 가질 권리', 즉 '잘못 결정된 틀'을 해체하고 재구성할 수 있는 권리를 요구하고 있다. 그것은 유럽 중심적 이론들이 주장하듯이 미완의 성찰적 근대성을 완성하는 것이 아니라 미완의 탈식민성을 완성하는 것이다. 따라서 위기에 처한 근대성에 대안을 제시할 수 있는 주체는 척도의 외부에 있다. 척도의 외부에 있는 주체를 인정하는 것은 다문화주의의 차원을 넘어서서, 일극一極으로 존재한 유럽 중심적 근대성을 해체하고 다양한 근대성을 인정할 때 가능하다. 두셀의 말을 빌리면, 일극적 근대성이 해체되고 다양한 근대성들이 소통하는 상황이 트랜스모더니티이다. 따라서 트랜스모더니티는 완결된 탈식민성으로 이해할 수 있다.

Ⅴ. 차이와 소통의 정치학과 21세기 인권 윤리학

트랜스모더니티는 냉전의 종식 뒤 일극화된 미국의 헤게모니가 약화되는 과정에서 또 다른 근대성들이 헤게모니를 잡기 위해 경합하는 국제정치의 현실을 가리키는 것이 아니다. 이와 반대로, 트랜스모더니티는 소극消極화된 다원성depolarized pluralities을 뜻한다. 진정한 의미의 차이가 드러나는 것은 극성이 제거될 때 가능하다. 유럽 중심적 근대성은 자기 차이화의 체계로 무장하고 목적론적 발전주의를 앞세워 모든 차이를 동일성으로 흡수했다. 자기 차이화의 체계란 체계의 외부를 원천적으로 배제하고 인정하지 않는 것이며, 변화를 가능하게 하는 차이조차도 체계의 내부에서 만들어내는 체계를 뜻한다. 따라서 모든 차이는 체계가 제시하는 글로벌 스탠더드를 추종할 뿐이고, 모든 차이가 상품화되는 동일성의 체계에서 차이는 존재할 수 없다.

인권 정치의 궁극적 목표는 동일성으로 환원되지 않는 차이를 인정하는 것이다. 즉 차이를 일률적 가치로 환산하는 척도를 제거하는 것이며, 이러한 작업을 통해서 차이들의 생태계를 조성하는 것이다. 따라서 인권 정치는 척도가 지배하는 틀 안에서 다양한 차이들을 인정하는 정체성 정치identity politics를 넘어서서 정치적 정체성identity in politics으로 이동해야 한다. 정체성이란 주어지는 것이 아니라 관계 속에서 형성되는 것이며, 더 나아가 관계를 규정하는 틀을 결정하는 과정에 참여할 수 있을 때 가능하기 때문이다. 그러나 정치적 정체성은 정치적 권력과는 다르다. 정치적 권력이 또 다시 헤게모니의 장악을 목표로 한다면, 정치적 정체성은 차이를 인정하고 차이에서 비롯되는 갈등도 인정하는 것을 뜻한다. 따라서 정치적 정체성의 차이는 동일성으로 합류하는 과정이 아니라 끊임없이 변화하고 생성하는 과정이다. 다시 말해, 동일성의 척도에 의해 관리되고 포섭되어 순치馴致된 차이가 아니라 차이를 통해 소통하고, 거역하며, 변화시키고/변화하는 차이이다.

1990년대 이후 라틴아메리카 사회운동이 활발하게 일어난 것은 자본주의적 팽창에 내재된 불균등 발전이 빈곤층의 삶을 비참의 나락으로 몰고 간 결과였다. 하지만 사회운동의 주체들은 신자유주의 이데올로기에 맞서는 것으로 그치지 않고 척도를 자처하는 모든 이데올로기에 대해 물음을 던졌다. 그러나 물음에 대한 자신들의 대답이 누구에게나 적용될 수 있다고 생각하지 않는다. 사빠띠스따의 대변인이자 부사령관인 마르꼬스의 말을 빌리면, 신자유주의 이데올로기에 저항하되 저마다 상황에 맞는 자신의 해답을 찾아야 한다는 것이다. 동일성의 이데올로기에 저항하는 하나의 반대와 다양한 해답(One No, Many Yeses). 다양한 대안들은 때로는 국지적이고, 때로는 지역적이며, 때로는 세계적이다.

그리고 세계화가 가져온 긍정적인 결과 중의 하나는 다양한 규모의 대안들의 소통을 가능하게 한 것이다. 사빠띠스따들이 투쟁의 과정에서 '인류를 위해 신자유주의에 맞서기 위한 대륙 간間 회의'를 주최한 것이나 '농민의 길Via Campesina'이 세계적 네트워크로 성장한 것, 그리고 2001년 세계사회포럼이 브라질의 포르투알레그레에서 개최된 뒤 지속적으로 다양한 의제들을 생산하고 있는 것 등은 작은 예에 불과하다. 차이의 소통을 통해 그들이 얻은 결론은 차이가 통합을 가로막는 장애물이 아니라 통합을 위한 조건이라는 사실이다.

오늘날 세계는 과거보다 더 비인간화된 상황에 직면해 있다. 자유에 대한 약속은 폭력의 증가로 대체되고, 평등에 대한 약속은 불평등의 심화로 드러났으며, 평화에 대한 약속은 날로 증가하는 전쟁으로 빛을 잃었고, 자연에 대한 정복은 심각한 생태계의 파괴로 이어졌다. 이 때문에 제국주의/식민주의로 시작된 근대 문명의 패러다임의 전환에 대한 요구가 거세지고 있다. 조셉 폰타나가 『거울에 비친 유럽』에서 지적했듯이 근대 문명의 헤게모니를 장악한 유럽(중심주의)은(는) 자신을 비추어보던 왜곡된 거울 — 기독교의 거울, 진보의 거울 등 — 의 방에서 나와 자신들이 억압한 '타자의 거울' 앞에 서야 한다(폰타나 2000, 295). 21세기 인권은 계몽주의의 기획을 앞세워 지구상의 새로운 주인으로 등장한 인간의 진실을 비추는 타자의 거울이다. 고야의 작품 「변덕스러움Los caprichos」이 보여 주듯이 인간은 인권이라는 거울에 자신을 비춰 봄으로써 스스로를 발견할 수 있다. 네가 멋쟁이 신사라고 생각해? 잘 봐! 넌 탐욕에 가득 찬 원숭이에 지나지 않아.

참고문헌

고봉준 (2007), 「계몽주의와 근대성」, 이진경 외, 『문화정치학의 영토들 : 현대문화론 강의』.

존슨, 글렌 (2002), 「세계인권선언의 탄생」, 유네스코한국위원회 엮음, 『인권이란 무엇인가 : 유네스코와 세계인권선언의 발전과 역사』, 오름.

김영민 (1996), 『컨텍스트로, 패턴으로』, 문학과지성사.

클라인, 나오미 (2008), 김소희 옮김, 『쇼크 독트린 : 자본주의 재앙의 도래』, 살림.

프레이저, 낸시 (2009), 「세계화되는 현실에서의 정의, 새로운 틀구성」, 『뉴레프트리뷰』, 길.

네그리/하트(2008), 조정환/정남현/서창현 옮김, 『다중 : 제국이 지배하는 시대의 전쟁과 민주주의』, 세종서적.

레이가다스, 루이스 (2008), 「라틴아메리카—지속되는 불평등과 최근의 변화」, 에릭 허쉬버그/프레드 로젠 외, 『신자유주의 이후의 라틴아메리카』.

르몽드 디플로마티크 기획 (2008), 『르몽드 세계사—우리가 해결해야 할 전지구적 이슈와 쟁점들』, 휴머니스트.

마르코스 (2002), 윤길순 옮김, 『우리의 말이 우리의 무기입니다』, 해냄.

이샤이, 미셸린 (2005), 조효제 옮김, 『세계인권사상사』, 길.

백승욱 (2006), 『자본주의 역사강의 : 세계 체제 분석으로 본 자본주의의 기원과 미래』, 그린비.

기든스, 안토니 (1991), 이윤희/이현희 옮김, 『포스트 모더니티』, 한국사회연구소.

네그리, 안토니오 /하트, 마이클 (2008), 조정환/정남영/서창현 옮김, 『다중』, 세종서적.

갈레아노, 에두아르도 (2004), 조숙영 옮김, 『거꾸로 된 세상의 학교』, 르네상스.

허쉬버그, 에릭/ 프레드 로젠 외(2008), 김종돈/강혜정 옮김, 『신자유주의 이후의 라틴아메리카』, 모티브북.

벡, 울리히 (2006), 홍성태 옮김, 『위험사회 : 새로운 근대(성)를 향하여』, 새물결.

로빈슨, 윌리엄 I. (2008), 「라틴아메리카의 다두제—'시장 민주주의'라는 모순 어법」, 에릭 허쉬버그/프레드 로젠 외, 『신자유주의 이후의 라틴아메리카』.

라모네, 이냐시오 외 (2001), 최연구 옮김, 『프리바토피아를 넘어서』, 백의.

월러스틴, 이매뉴얼 (1999), 나종일·외 옮김, 『근대세계 체제 I : 자본주의적 농업과 16세기 유럽 세계경제의 기원』, 까치.

_________________ (2008), 김재오 옮김, 『유럽적 보편주의 : 권력의 레토릭』, 창비.

드잘레이, 이브/가스, 브라이언트 (2007), 김성현 옮김, 『궁정전투의 국제화—국가권력을 둘러싼 엘리트들의 경쟁과 지식 네트워크』, 그린비.

이진경 편저 (2007), 『모더니티의 지층들—현대사회론 강의』, 그린비.

이진경 외 (2007), 『문화정치학의 영토들 : 현대문화론 강의』, 그린비.

뒤메닐, 제라르 /레비, 도미니크 (2006), 이강국/장시복 옮김, 『자본의 반격 : 신자유주의 혁명의 기원』, 필맥.

폰타나, 조셉 (2000), 『거울에 비친 유럽』, 김원중 옮김, 새물결.

조정환 (2002), 『지구 제국』, 갈무리.

진중권 (2003), 『앙겔루스 노부스—진중권의 미학 에세이』, 아웃사이더.

빌라스, 카를로스 M. (2008), 「남아메리카 좌파와 민족적-민중적 정부의 부활」, 에릭 허쉬버그/프레드 로젠 외, 『신자유주의 이후의 라틴아메리카』.

하이트, 캐서린 (2008), 「기억의 정치, 인권의 언어」, 허쉬버그, 에릭 /프레드 로젠 외, 『신자유주의 이후의 라틴아메리카』.

카스토리아디스, 코르넬리우스 (2001), 「자율적인 개인을 위하여」, 라모네, 이냐시오 외, 『프리바토피아를 넘어서』.

킹스노스, 폴 (2004), 김정아 옮김, 『세계화와 싸운다』, 창비.

아렌트, 한나 (2006), 이진우, 박미애 옮김, 『전체주의의 기원 1』, 한길사.

현민 (2007), 「소수자와 차이의 정치」, 이진경 편저, 『모더니티의 지층들 : 현대사회론 강의』.

Dussel, Enrique (2000), 'Europe, Modernity, and Eurocentrism' in *Nepantla: View from South*, *1.3*, Durham, Duke University Press, 465-478. http://muse.jhu.edu

___________________ (2002), 'World-System and Trans-Modernity', in *Nepantla: View from South, 3.2*, Durham, Duke University Press. http://muse.jhu.edu

Kissinger, Henry and Vance, Cyrus (1988), 'Bipartisan Objectives for American Foreign Policy', *Foreigen Affairs 66*, No. 5.

Laclau, E./ Mouffe, C. (1985), *Hegemonía y estrategia socialista: hacia una radicalización de la democracia*, Madrid, Siglo XXI.

Mignolo, Walter(2000), *Local Histories/Global Designs: Coloniality, Subaltern Knowledges, and Border Thinking*, New Jerssy, Princeton University Press.

Portes, Alejandro and Hoffman, Kelly(2003), 'Latin American Class Structures: Their Composition and Change during the Neoliberal Era', *Latin American Research Review 38*, No. 1.

Quijano, Anibal and Wallerstein, Immanuel(1992), 'Americanity as a Concept, or the Americas in the Modern World-System', *ISSAl*, No. 134.

Quijano, Anibal(2000), 'Colonialidad del poder, eurocentrismo y América Latina' in Edgardo Lander(comp.), *La colonialidad del saber: eurocentrismo y ciencias sociales. Perspectivas Latinoamericanas,* Buenos Aires, CLACSO, http://bibliotecavirtual.clacso.org.ar/libros/lander/quijano.rtf

Santos, Boaventura de Sousa(2001), 'Los nuevos movimientos sociales', en *OSAL*, septiembre de 2001.

Touraine, A./Khosrokhavar, F.(2000), *A la búsqueda del sí mismo. Diálogos sobre el sujeto*, Barcelona, Paidós.

UNDP(2004), 'Democracy in Latin America', http://www.undp.org/latiname rica

라틴아메리카 하위주체 연구와 문화적 권리

우석균

Ⅰ. 서론

라틴아메리카하위주체연구그룹Latin American Subaltern Studies Group은 1992년 「창립 선언문Founding Statement」을 발표하고 본격적인 활동을 시작하였다.[1] 이 그룹은 라틴아메리카에서의 권위주의 체제의 해체, 공산주의의 소멸과 이에 따른 혁명 기획들의 퇴조, 민주화, 대중매체

---

1) 「창립 선언문」은 다음 서지에 실려 있다. Boundary 2, Vol. 20, No. 3, 1993, pp. 110~121; John Beverley, José Oviedo and Michael Aronna (eds.), The Postmodernism Debate in Latin America, Duram and London: Duke University Press, 1995, pp. 135~146; Dispositiio, No. 46, 1996, pp. 1~11.

스페인어로는 산띠아고 가스뜨로-고메스가 번역하여 'Manifiesto inaugural'이라는 제목으로 다음 문헌에 실려 있다. Santiago Castro-Gómez and Eduardo Mendieta(coordinadores), Teorías sin disciplina, Latinoamericanismo, poscolonialidad y globalización en debate, México, D.F.: University of San Francisco and Editorial Miguel Ángel Porrúa, 1998, pp. 85~100.

및 초국가적 경제 질서 등이 야기한 새로운 역학 관계 때문에 새로운 사유 방식과 새로운 정치적 행동 방식이 필요하다고 인식하게 되었다. 그리고 라나지트 구하Ranajit Guha가 주도한 남아시아 하위주체 연구를 새로운 분석틀로 도입하여, 근대화, 독재, 정당, 혁명, 메트로폴리스/주변부, 발전, 민족주의, 민족 해방 등의 과거의 의제 대신에 합의, 다원주의, 민주주의, 하위주체성, 권력 이동, 새로운 세계 질서, 광범위한 지역grand area 등을 의제로 삼았다. 하위주체 연구의 가장 큰 문제의식은 라틴아메리카의 지배 엘리트가 하층민들을 이해하고 대변하고 재현하지 못해 왔다는 점이다. 더구나 지배 엘리트들은 하층민을 국민이나 민족 혹은 민중 등의 범주 가운데 하나로 환원시키는 단순화의 오류를 범했을 뿐만 아니라 헤게모니 장악을 위한 도구로 동원해 왔다는 것이 하위주체 연구의 시각이다. 부르주아 엘리트뿐만 아니라 맑스주의자들도 하위주체연구그룹으로부터 이러한 혐의를 받고 있다.

하위주체 연구는 국가, 민족, 인종, 계급, 젠더 등 여러 범주를 가로질러 작동하는 지배와 종속의 복잡하고 다중적인 권력관계들을 천착하기 위해 하위주체subaltern라는 범주를 설정하였다. 그리고 이들이 자율성을 지니고 주체적으로 행동하는 집단이며, 이들의 진면목을 이해하려면 기존 자료에 대한 결을 거스르는in reverse 독해와 이들의 목소리를 올바로 들으려는 노력이 필요하다고 주장하였다.

라틴아메리카 하위주체 연구의 주요 인물인 존 베벌리John Beverly의 회고에 따르면 초창기의 하위주체연구그룹은 그의 동료 조지 유디스George Yúdice가 '하위주체 연구의 하위 그룹'이라고 칭할 정도로 학계의 주변부에 위치해 있었다고 한다. 그러나 1992년부터 여섯 차례의 학술모임을 가지고 학제간 연구를 선도하면서 주목을 끌기 시작했다. 하위주체 연구는 남아시아 하위주체 연구 방법론, 해체주의, 다양한 포스트 이론 등을 가로지르며 국가 및 계급과 하위주체의 관계, 엘리트와 하위주체,

하위주체성, 여성 하위주체, 종족, 재현과 대표성, 헤게모니와 지배, 차이와 인정, 통치 가능성, 시민권, 식민주의와 하위주체, 문화와 문화정치, 다문화주의, 신사회운동 등에 대한 풍성한 논의를 산출하면서 학계의 주변부에서 중심부로 진입했다. 1998년 듀크대학 모임 때에 구하를 비롯하여 라클라우, 엔리께 두셀, 아니발 끼하노, 차그라바르티 등이 참석한 일과, 2000년 11월에 스피박의 주도로 컬럼비아대학에서 남아시아, 라틴아메리카, 아프리카, 근동의 하위주체 연구자들이 대거 참석한 국제 학술 대회 '고삐 풀린 하위주체 연구Subaltern Studies at Large'가 개최된 일은 라틴아메리카하위주체연구그룹의 위상을 보여 주는 사건이었다.

그러나 정작 컬럼비아대학에서의 학술 대회 이후 라틴아메리카연구그룹은 모임을 중단했다. 존 베벌리는 하위주체 연구가 수행되는 동안 도출된 내부적 이견이 해결되지 않고 축적되고 또 하위주체 연구가 관심을 끌면서 그룹의 역량으로는 감당할 수 없을 만큼 거대한 의제들이 대두되면서 원래부터도 느슨한 성격의 모임이었던 연구그룹의 동질성에 집착할 필요성이 없어서 모임이 자연스럽게 해체되었다고 말한다.[2]

비록 개별적인 차원에서는 여전히 연구가 지속되고 있지만, 그룹의 해체는 라틴아메리카 하위주체 연구가 역사적 소임을 다하지 않았나 하는 인상을 준다. 만일 그렇다면 이 그룹이 과연 오늘날의 관점에서 볼 때 어떠한 기여를 했는지 되돌아보는 것도 의미 있는 작업이 될 것이다. 이 글은 라틴아메리카 하위주체 연구가 국가, 부르주아 엘리트, 좌파 엘리트를 비판하면서 세계화 시대에 소수자들의 권익을 옹호하는 방안이 무엇인지 천착하였다는 기존의 평가를 넘어, 문화적 권리에

---

2) 라틴아메리카 하위주체 연구의 기원, 쟁점, 의의 등에 대해서는 졸고(2005)와 이성훈(2003)을 참조하기 바람. 존 베벌리의 회고는 2005년 이메일 인터뷰의 답신 내용이다.

대한 인식을 새롭게 하고 논의의 지평을 확장하는 데도 크게 기여했다는
점을 논하는 것을 목적으로 한다.

Ⅱ. 제3세대 인권 패러다임으로서의 문화적 권리

문화적 권리가 인간의 기본권이라는 점은 현대 인권의 '바이블'이라
할 수 있는 「세계인권선언」(1948년)이 이미 인정한 것이다. 가령 제22조
에서는 모든 인간에게 문화적 권리를 실현할 수 있는 권리가 있다는
점을 분명히 하고 있고, 제27조에서는 간단하게나마 문화적 권리의
목록을 제시하고 있다. 그러나 실제로 문화적 권리는 인권 분야에서
오랫동안 조명을 받지 못했다. 그래서 1995년에도 필리벡(G. Filibek)은
문화적 권리를 '인권 가족의 신데렐라'로 비유하였다. 신데렐라가 계모
와 언니들에게 치여 살듯이 문화적 권리 역시 다른 인권에 치여 제대로
조명 받지 못하는 현실을 빗대어 말한 것이다(재인용, 강내희 2000, 582).
하지만 이미 1990년대 초반부터 분명한 변화의 조짐이 있었다. 유네스코
가 1991년에 문화적 권리를 시대에 맞게 새로 정의하고 구체적인 실천
방안을 제시하려는 노력을 시작하여 1997년에는 문화적 권리에 대한
선언 초안을 마련하였고, 2001년에는 이에 의거하여 「세계문화다양성
선언」을 채택하였다. 이 문건은 문화 분야에서 「세계인권선언」과 상응
하는 가치를 지닌 선언문이라고 평가되고 있다(이동연 외 2004, 158). 즉,
문화적 권리의 바이블이 탄생한 셈이다. 유네스코는 이어 이 선언을
국제적으로 제도화시키기 위해 「문화다양성협약」을 마련하였고, 2005
년 10월 20일 유네스코 총회에서 회원국들의 압도적인 지지로 통과시켰
다. 인권도 하나의 제도라는 것을 고려하면, 문화적 권리를 제도적으로
논의하고 보장할 기틀이 확고히 마련된 셈이다.

문화적 권리가 국제적으로 제도화되기까지의 일련의 과정을 살펴보면 몇 가지 의문이 든다. 「세계인권선언」에서 이미 보장되었던 문화적 권리가 제도화되기까지 어째서 이렇게 오랜 시간이 걸렸을까? 1990년대부터 문화적 권리에 대한 관심이 높아진 배경은 무엇일까? 문화적 권리의 제도적 기틀이 마련되었다고 해서 과연 높은 수준의 실천이 가능할까?

1990년대 이전에 문화적 권리에 대한 관심과 이해가 낮고, 또 논의도 부진한 것에 대해 강내희는 두 가지 이유를 꼽고 있다. 첫 번째는 냉전체제이다. 동서 양 진영이 체제 경쟁을 벌이는 상황에서 문화적 권리는 경제적, 정치적 이슈에 묻힐 수밖에 없었다는 것이다. 두 번째는 문화에 대한 정의 자체가 쉽지 않다는 점이다. 문화 자체가 모호한 개념이니 문화적 권리란 개념도 따라서 모호해질 수밖에 없고, 이처럼 명료성이 떨어지는 개념으로는 사회적 쟁점으로 만드는 것 자체가 쉽지 않다는 것이다(강내희 2000, 583).

그러나 문화적 권리가 오랫동안 소외된 데에는 좀 더 근본적인 이유가 있는 것 같다. 우선 근대적 인권 패러다임으로는 문화적 권리를 다루는 데 한계가 있을 수밖에 없었다. 가령 「세계인권선언」 제27조3)나 1966년 결의되고 1976년에 발효된 「경제적, 사회적, 문화적 권리에 관한 국제규약」(일명 '국제사회권규약')4)에는 오늘날 문화적 권리를 논하는 데 가장 중요한 화두인 문화 다양성이라는 개념이 포함되어 있지 않다.

---

3) 1. 모든 사람은 공동체의 문화생활에 자유롭게 참여하고, 예술을 감상하며, 과학의 진보와 그 혜택을 향유할 권리를 가진다.
2. 모든 사람은 자신이 창조한 모든 과학적, 문학적, 예술적 창작물에서 생기는 정신적, 물질적 이익을 보호받을 권리를 가진다.

4) 1. 문화적인 생활에 참여할 수 있는 권리
2. 과학의 진보와 그 응용에서 오는 혜택을 누릴 수 있는 권리
3. 자기가 창조한 과학적·문학적·예술적 작품에서 생기는 유형·무형의 이익을 보호받는 데에서 오는 혜택을 누릴 수 있는 권리

이는 문화의 정의 가운데 하나인 삶의 방식으로서의 문화가 「세계인권선언」에 반영되어 있지 않다는 것을 뜻한다. 문화의 정의가 너무나 다양해서 모든 정의를 포괄하기 힘들다는 점을 감안하더라도 이는 이해하기 힘든 일이다. 문화를 삶의 방식으로 규정하는 시각은 이미 낭만주의 시대에 형성되었으며(Bennet et al. 2005, 65~66), 오랫동안 인류학의 중요한 전제가 되어 왔고, 오늘날까지도 강력한 흐름을 형성하는 정의이기 때문이다. 「세계인권선언」에 문화에 대한 이러한 정의가 반영되지 못한 이유가 바로 근대적 인권 패러다임 때문이었다. 흔히 인권에 대해서 논할 때 천부인권론 등을 언급하며 인권이 선험적이고 절대적인 준거기준임을 내세우는 경향이 있다.

그러나 조효제의 지적(미셸린 이샤이 2005, 「옮긴이 서문」, 8)처럼 인권역시 다른 모든 사회현상과 마찬가지로 특정한 시대와 경험의 산물일 뿐이다. 「세계인권선언」 자체가 '근대'라는 시대의 산물이었다. 「세계인권선언」은, 17세기 영국 정치사상에서 비롯되어 18세기의 미국 독립 및 프랑스 대혁명을 통해 이론적 틀이 다져진 자유주의 전통, 즉 자유롭고 평등한 인간이라는 이른바 근대적 인간관을 이상으로 하고 있었다(이봉철 2001, 131). 그런데 이 자유주의 전통은 개인의 인권만 보장하면 민족적 권리나 종족적 권리 같은 집단의 권리는 자연히 보장될 것이라는 낙관적인 시각을 지니고 있었다(Kymlicka 1996, 15). 그래서 「세계인권선언」은 소수민족의 권리를 담아야 될 필요성이 제기되었음에도 불구하고 이를 수용하지 않았다(존슨 1995, 71~72).

문화적 권리가 오랫동안 관심을 끌지 못한 데에는 근대적 인권 패러다임이 지닌 한계보다 더 근본적인 원인이 있다. 그것은 근대라는 시대 자체의 속성이다. 근대는 중세의 초인간적 질서나 신분제를 넘어 인본주의적 전통을 정립했고, 모든 무지와 미신과 구습 타파에 크게 기여한 계몽주의를 낳았고, 자유주의 사상을 통해 절대 권력에 맞섰다. 이런 과정을 거쳐 근대적 국가가 탄생했지만, 국가가 근대적 이상의 수호자 자격으로 국가의 존속과 발전을 위해 국민에게 총체성과 동일성을 강요할 때 근대적 이념은 국가주의에 갇혀 버리는 결과를 낳았다(이봉철 2001, 290~291). 국가지상주의가 자유롭고 평등한 개인이라는 자유주의 인권마저 무력화시켜버린 것이다. 인권의 역사에서 이에 대한 비판은 이미 19세기부터 제기되었다. 가령 사회주의는 자본주의 생산양식이 야기한 총체적 비인간화가 근대국가에서는 구조적인 문제임을 인식하고 있었다(이봉철 2001, 215). 그러나 주지하다시피 제2차 세계대전 이후 자본주의진영과 사회주의진영의 이념 대립은 오히려 전체주의적 국가주의를 더욱 강화시켜버렸을 뿐이다. 그래서 문화적 권리에 대한 논의에서도 진작부터 국가에 대한 비판이 있었다. 1968년 유네스코는 파리에서 「인권으로서의 문화적 권리에 관한 선언」을 발표하면서 강력한 중앙집권적 국가가 문화적 획일성과 유사성을 강요하는 것이 문화적 권리 신장에 커다란 걸림돌이라고 지적한 바 있다.

문화적 권리에 대한 논의는 결국 1989년 베를린 장벽이 무너지고 나서부터야 활발해질 수 있었다. 이념 대립이 야기한 국가주의의 폐해를 뒤돌아보고, 나아가 국가주의를 낳은 근대에 대해 반성적 성찰을 하는 계기가 마련되었기 때문이다. 근대를 넘어서려는 지점, 즉 탈근대적인 움직임이 본격적으로 추동되기 시작한 지점에서 문화적 권리가 인권 논의의 중심에 진입했다는 사실은 의미심장하다. 절대주의적 왕권에 맞서 제1세대 인권 개념인 자유권이 탄생하고, 자본주의의 비인간성에 반발하여 제2세대 인권 개념인 사회권이 탄생하였다면, 근대를 넘어서는 탈근대적 가치가 화두가 된 시대에 인권 논의의 중심에 진입된 문화적 권리는 제3세대 인권 개념이라고 보아도 무방할 것이다.

문화적 권리는 문화 다양성과 문화 민주주의라는 두 개의 원칙을 배경으로 하고 있다고 말한다(이동연 외 2004, 165). 이 두 원칙을 일단 거칠게나마 구분하자면, 문화 다양성은 문화간 차이에 대한 존중을 강조하는 원칙이며 탈중심화된 다원주의라는 탈근대적 가치를 지향한다. 또 문화 민주주의는 문화의 생산과 유통과 소비가 자유롭고 평등하게 이루어져야 한다는 것을 강조한 것이며, 이 역시 자율성과 공공성이라는 탈근대적 가치 구현을 지향하고 있다고 볼 수 있다.

가령 유네스코의 「문화다양성협약」은 문화간 차이뿐만 아니라 문화적 권리의 내용에 대한 다양한 광범위한 목록을 제시하고 있고 궁극적으로는 차이보다는 문화간 교류에 역점을 둔 상호 문화주의를 최고의 가치로 천명했지만, 최초의 이론적 바탕은 탈중심화된 다원주의를 지향하는 다문화주의였다(정갑영 외 2004, 13). 자율성과 공공성을 지향하는 문화 민주주의가 문화적 권리의 중요한 원칙이 될 수밖에 없는 이유는 앞서 말했듯이 문화적 권리가 근대국가의 국가 중심주의에서 탈피하려는 움직임과 궤를 같이하기 때문이다. 국가의 간섭으로부터 자유로운 자율적인 문화 공간을 확보하고, 이 자율성이 공공의 이익을 위해 이바지하고 누구나 다 누릴 수 있는 것이 되기 위해서는 문화에도 민주주의 원칙이 작동해야만 하는 것이다.

그러나 문화적 권리에 관해서 장밋빛 전망만 내놓을 수는 없다. 먼저 실천의 문제가 뒤따른다. 「문화다양성협약」은 각국의 실천이 없다면 무용지물이다. 가령 우리나라도 유네스코의 문화적 권리 신장 노력에 부응하기 위해 노력해 왔지만, 2004년에 국가인권위원회가 문화연대에 의뢰하여 문화적 권리에 대한 기초 현황을 조사하고, 시민사회의 주도로 2004년 출범한 문화헌장제정위원회(위원장 : 도정일)가 2006년 5월 21일 「문화헌장」을 공표했을 뿐이다. 아직 법 제정 등을 통한 구체적인 실천 방안이 마련되기까지는 상당한 시간이 걸릴 전망이다.

게다가 문화적 권리의 실현에는 결정적인 장애물이 있다. 문화적 권리가 근대를 뛰어넘는 탈근대적인 인권 패러다임이라는 점을 앞서 지적했지만, 사실 근대는 물론 탈근대적인 가치가 부상한 최근에 이르기까지 변하지 않은 것이 있다. 문화보다 경제가 더 중요하다는 인식은 변하지 않았다. 1968년의 '인권으로서의 문화적 권리에 관한 선언'은 국가지상주의뿐만 아니라 기술 발전과 산업화에 따른 소비사회화 현상에 대해서도 우려하였고, 「문화다양성협약」은 WTO 체제나 문화 산업과의 마찰 때문에 어려움을 겪으리라는 것이 대체적인 전망이다. 경제적 논리가 문화적 권리의 발목을 잡고 있는 현실은 우리가 살고 있는 이 시대, 탈근대적인 가치의 중요성이 부각된 이 시대가 사실은 아직도 근대로부터 그다지 자유롭지 않다는 것을 뜻한다. 오히려 신자유주의적 세계화와 함께 경제 논리가 더욱더 위세를 부리고 있고, 실제로 문화 분야에서는 초국가적인 문화 자본이 문화의 종 다양성을 위협하고 독점을 통해 문화 민주주의의 근간을 뒤흔들고 있는 실정이다.

그래서 문화적 권리의 가장 큰 과제는 경제 논리를 극복하는 일이다. 이를 달성하지 못한다면 문화적 권리가 탈근대적인 가치를 지향하는 제3세대 인권 개념이라는 주장은 허울 좋은 구호에 그칠 뿐이다. 그런 점에서 발전을 경제적 발전과 문화적 발전으로 나누고, 좁은 의미의 경제적 발전이 아니라 문화적 관점에서의 발전을 진정한 발전의 척도로 삼을 것을 주장하는 유네스코 보고서 「우리의 창조적 다양성」(1997)은 중요한 의미를 띤다(강내희 2000, 594). 이는 문화와 경제가 별도의 영역이라는 관념이나 하부구조가 문화를 결정짓는다는 경제결정론을 파기하자는 제안이다. 발상을 전환하여 문화적 발전이 경제적 발전도 견인할 수 있는 방안을 모색하지 않고서는 경제 논리가 문화적 권리를 뒷전으로 밀어내는 악순환에서 탈피할 수 없음을 인식한 것이다.

우리나라에서 공표된 「문화헌장」은 전문에서 "우리의 창조적 다양성"이나 「문화다양성협약」보다 한 단계 나아간 주장을 담고 있다. "문화는 정치, 경제, 사회의 전 영역에서 인간의 품위와 생명의 존엄을 모든 가치의 중심에 두는 사람의 사회를 열게 하며, 시민생활의 질을 높여 모든 이가 삶의 즐거움과 행복을 누릴 수 있게 한다.” 이렇게 밝히면서, 문화적 발전과 경제적 발전의 함수관계를 논하는 것에서 그치지 않고, 정치와 경제와 사회를 가로지르는 최종 심급으로서의 문화 개념을 상정하고 있기 때문이다. 이는 ‘경제 행위나 정치 행위 자체를 문화적으로 재구조화, 재조직화’(심광현 2003, 10)하자는 문화사회론과 맥락을 같이하고 있다. 문화적 권리의 구현과 문화사회로의 전환을 동일시하는 이런 시각은 문화권을 자유권이나 사회권의 보완으로 보는 것이 아니라 자유권과 사회권을 아우르는 상위 범주의 인권으로 보자는 주장이다. 실제로 문화적 권리가 단지 문화에 대한 권리뿐만 아니라 자유권과 사회권의 성격도 띠고 있다는 주장은 문화권 논의에서는 이제 그다지 생소한 것이 아니다.

끝으로 문화적 권리에 대한 의혹들에 대해서 짚어 볼 필요가 있을 것이다. 정치, 경제, 사회를 문화적으로 재구조화하자는 주장은 일종의 문화환원론이 아닌가 하는 의혹을 사고 있다. 또 문화사회로 전환하자는 주장은 지나치게 이상주의적이라는 비판을 면하기 힘들지도 모른다. 그러나 이러한 의혹이나 비판에도 불구하고 문화적 권리 신장과 수호는 절실하다. 현재의 문화 정세가 이를 요구하기 때문이다. 첫째, 일상생활 에서의 문화적 경험이 폭발적으로 증가하고 있다는 점을 꼽을 수 있다. 매스미디어의 위력이 날로 커지면서 대중문화는 일상의 삶과 긴밀한 관계를 맺고 있고, 정보통신이 제공하는 수많은 문화 콘텐츠에 노출되어 있고, 일인 미디어 시대로 접어든 현재의 문화 정세에서 문화적 권리를 명확하게 정의하고 보호하는 일은 문화의 홍수가 야기할지도 모를 혼란 을 방지하는 일이다. 둘째, 세계화와 함께 문화 산업이 소수문화의 생존을 위협하고 획일적인 문화를 강요하고 있는 현 정세 속에서 문화적 권리는 더 이상 잠시 뒷전에 두어도 되는 부차적인 문제가 아니다. 기본적인 삶의 방식 자체가 커다란 위협에 노출되어 있는 것이다.

Ⅲ. 라틴아메리카 하위주체 연구와 문화적 권리

라틴아메리카 하위주체 연구는 근대의 억압성을 비판하고 신자유주의적 세계화에 반대하는 지점에서 문화적 권리와 조우하였다. 또한 하위주체 연구는 자율 가치와 타자 가치가 존중되는 삶의 방식으로서의 문화에 관심을 기울이고, 초국가적인 문화 산업의 팽창에 대해 우려하면서 문화의 개념을 문화 연구의 일환으로 자리매김하려고 시도하였다는 점에서도 문화적 권리 요구와 유사한 점이 많다. 하위주체 연구의 가장 큰 공헌은 아무래도 역사적·사회적으로 소외된 하위주체라는 범주를 부각시킨 것일 텐데, 이는 재현의 민주화, 즉 엘리트가 하위주체를 대변하고 재현하는 것이 아니라 하위주체가 스스로를 대변하고 재현하는 문화의 민주화 가능성에 천착한 것이다.

1. 하위주체 국제 연대의 모색

라틴아메리카 하위주체 연구는 남아시아 하위주체 연구와 마찬가지로 국가의 억압성을 비판한다. 물론 국가에 대한 비판은 라틴아메리카 하위주체 연구 이전부터 존재할 수밖에 없었다. 라틴아메리카의 국가 건설을 주도한 끄리오요들은 피지배층을 철저히 배제하는 그들만의 상상의 공동체를 발명하였기 때문이다. 따라서 그 공동체는 국가와 국민이 하나가 되는 근대적 의미의 국민국가라기보다는 일종의 내부 식민 체제였다.

　20세기에 접어들어 국가가 적극적으로 국민을 통합하려는 본격적인 국민국가 건설이 시작되었다지만 국가지상주의라는 근대국가의 한계를 그대로 답습하였다. 가령 제2차 세계대전이후 대다수 국가가 발전 전략으로 근대화론을 채택하였는데, 이로 인해 인종, 종족, 계급, 젠더의 차이가 무시되고 국가의 발전을 위해 모두가 하나가 되는 동질적인 국민이 요구되었다. 경제적 발전을 최우선으로 삼은 이러한 상황 속에서 권위주의 체제가 출현하였고, 기존 좌파는 물론 지식인들도 국가의 억압성에 대해 신랄하게 비판하였다. 라틴아메리카하위주체연구그룹의 주요 멤버들도 좌파에서 진화되어 온 만큼 국가에 대해서 비판적인 시각을 견지할 수밖에 없었다.

1980년대의 민주화 국면에서도 국가에 대한 불신은 오히려 커졌다. 한꺼번에 분출된 각계각층의 요구에 따른 사회적 혼란에 대한 대처 능력 부족, 미증유의 경제 위기, 이를 극복하고자 도입한 신자유주의 모델이 가져온 파국 등이 국가에 대한 불신을 더욱 키운 것이다. 그래서 1980년대의 라틴아메리카 국가들은 각 계층과 계급을 조정하고 중재할 능력을 상실했다는 지적을 받았다(Sarto 2004, 160).

라틴아메리카하위주체연구그룹은 또한 기존 좌파의 기획도 종족이나 여성 등에 대해 성찰하지 못하고 권력 획득만을 추구한 일종의 좌파 국가주의였을 뿐이라는 반성적인 비판을 하였다(Rodríguez 2001, 2~3). 가령 1967년 체 게바라의 죽음은 연구그룹에게는 상징적 사건이었다. 체 게바라는 자기가 대변한다고 믿었던 볼리비아의 원주민 농민이 정작 혁명에 무관심할 뿐만 아니라 심지어 밀고도 서슴지 않는 것을 한탄하는 일기를 남긴 바 있다. 이는 연구그룹에게 계급 개념만으로는 접근하거나 설득하기 힘든 광범위한 하층민의 존재를 보여 준 일화였고, 기존의 좌파 기획의 불완전성을 보여 준 사건으로 받아들였던 것이다.

이러한 반성을 토대로 라틴아메리카 하위주체 연구는 국가지상주의, 근대화, 발전, 계급투쟁 등에서 소외되었던 소수집단들을 눈여겨보았다.

일견 연구 대상을 미시화한 것처럼 보이기는 하지만 연구 지평은 오히려 확대되었다. 국경이 희미하게 된 세계화라는 현실이 특정 집단의 외부와 내부를 구분하는 것을 무의미하게 만들었기 때문이다. 가령 「창립 선언문」은 라틴아메리카연구도, 이주의 증가로 제1세계 안에 제3세계 가 만들어지는 현상에 대해서도 고민하여야 한다고 말한다(Latin American Subaltern Studies Group 1995, 143). 더 심각한 문제는 억압적인 근대국가를 해체시키는 데 결정적으로 작용한 신자유주의였다. 1980년대와 90년대 를 거치면서 공적 영역에서의 국가의 역할 축소가 하위주체연구그룹으 로서는 당연히 환영할 만한 일이었지만, 그 빈틈을 초국가적 자본이 장악하게 된 상황을 타개할 필요성이 대두되었다. 하위주체 연구가 내놓은 처방은 하위주체들의 국제 연대이다. 존 베벌리는 미국을 비롯한 제1세계의 헤게모니 장악 기도를 저지하는 데 유효한 것은 하위주체의 국제적인 연대라고 말한다(Beverley 2003, 55~57). 이는 『제국』에서 내린 처방과 유사하다. 제국주의 시대처럼 제국주의의 외부와 내부가 존재하지 않고 전 지구화된 하나의 제국만 있는 시대에는 국제적인 연대에 입각한 내부의 "대항제국"을 창출하는 것이 필요하다는 것이 네그리와 하트의 견해이다(하트, 마이클/네그리, 안토니오 2001, 275~293).[5]

---

5) 마이클 하트는 남아시아 하위주체 연구가 과거 식민 시대의 피식민 주체들
이 역사를 만들어내는 힘을 보여 주는 데 적합할지 몰라도 탈식민 시대의
역사적인 변화나 제국을 만든 새로운 형태의 권력에 대해서는 제대로 인식
하지 못하고 있다고 비판한 바 있다(김택현 2003, 63). 그러나 라틴아메리카
하위주체연구그룹 멤버인 호세 라바사는 사빠띠스따 봉기를 『제국』의 시각
에서 재검토하고 있다(Rabasa 2004). 따라서 하위주체 연구와 『제국』의 관심
사가 전혀 다른 맥락의 것만은 아니다. 물론 대항의 주체로 하위주체연구그
룹은 하위주체를, 『제국』은 다중multitude을 설정하고 있다는 차이가 있다.
하위주체가 "전지구적인 제국적 질서 안에 공통적으로 착취당하는 다중의
일부일 수 있지만, 다중의 활력, 욕망, 권리를 공유할 수 있는지 없는지가
미결정의 상태로 남아있는 무엇"이라는 지적(김정하 2006, 7)은 양자의 차이

　　라틴아메리카 하위주체 연구는 이처럼 한편으로는 근대국가의 억압성을 극복하고 또 한편으로는 신자유주의적 세계화에 대항하는 방안을 모색해야 하는 정세 속에서 탄생했다. 문화적 권리에 대한 요구가 분출되고, 새로운 인권 패러다임으로서의 문화적 권리의 가능성을 고심할 수밖에 없었던 정세와 같은 맥락에서 라틴아메리카 사회의 방향성을 모색한 것이다. 하위주체연구그룹이 대단히 정치적인 성향을 띠면서도 문화에 대해서 관심을 가지고, 문화의 개념을 새로 정의하려 한 것도 그런 이유이다.

2. 문화 연구로서의 라틴아메리카 하위주체 연구

아브릴 뜨리고는 하위주체 연구가 해체론적 담론 분석, 탈식민주의, 초국가적 문화 연구 등과 더불어 1990년대 초반 미국에서의 라틴아메리카 문화 연구의 한 축을 이루고 있다고 말한다(Trigo 2004, 348).[6] 그렇다

를 잘 설명하고 있다. 사실 하위주체 연구의 커다란 딜레마의 하나는 하위주체가 누구인지 정의하는 문제였다. 심지어 일레아나 로드리게스는 하위주체의 실체가 과연 진짜 있는 것인지 혹은 단순히 하층민을 비유하는 메타포인지 자문하기도 할 정도였으니(Rodríguez 2001a, 14), 하위주체의 미결정성에 대한 지적은 상당히 설득력이 있는 것이다. 그러나 미결정성이 하위주체 연구의 결점이라기보다는 시대상의 반영이라고 보는 것이 타당할 것이다. 남아시아 하위주체 연구는 1980년대, 라틴아메리카 하위주체 연구는 1990년대 초반에 본격적으로 진행되기 시작되었다는 점을 염두에 둘 필요가 있다. 그리고 라틴아메리카하위주체연구그룹은 「창립 선언문」 발표 이전부터 1980년대 미국의 다문화주의 논쟁과 라틴아메리카 증언 서사 testimonio에 커다란 관심이 있었다. 비록 라틴아메리카 하위주체 연구가 하위주체의 국제적 연대를 궁극적인 목표로 삼았지만, 이 연구그룹이 당면한 우선적인 과제는 국가, 민족, 계급 등의 거대 담론의 화두들을 해체하는 데 있었다. 전 지구화된 제국에서 구체적인 대항 담론과 실천 방법을 모색하는 일은 그러한 해체 이후에 부상된 과제라고 볼 수 있다.

해도 라틴아메리카 내부에서도 1980년대부터 문화에 대한 관심이 부쩍 고조되고 있었다. 1980년대의 미증유의 위기로 발전론이나 종속이론 등의 기존의 경제 분석틀은 더 이상 신뢰를 받을 수 없는 것이 당연했고, 각각 국가 안보와 혁명을 내세워 극심한 이념 대립을 일삼았던 우파와 좌파 모두 경제 위기의 책임론에서 자유로울 수 없었다.

문화에 눈을 돌린 것은 한편으로는 정치적, 경제적 분석틀이 찾지 못한 라틴아메리카의 난맥상에 대한 해답을 다른 곳에서 찾아보려는 시도였던 것이다. 특히 신사회운동의 확산 및 미디어를 비롯한 문화 산업의 영향력이 전 지구적으로 증대된 현실도 문화에 대한 관심이 고조된 중요한 원인으로 꼽힌다(Sarto 2004, 160). 1970년대의 암울한 독재 시대에 해방신학이 처음 선도한 중앙아메리카의 풀뿌리민주주의 운동은 신사회운동으로 발전하여 1980년대에 더욱 활성화되었다. 민주화 국면 에서 터져 나온 원주민 인권이나 여성 인권 등을 의제로 삼으면서 민주화 이후의 민주주의를 모색하였고, 경제 위기와 신자유주의로 해체된 사회 안전망을 재조직하는 데 크게 기여한 신사회운동은 삶의 방식으로서의 문화에 대해 재인식하는 계기를 마련해 주었다. 또 미디어와 문화 산업의 영향력이 증대하면서 문화적 경험이 일상의 일이 되어버린 현실도 문화 에 대한 관심을 고조시킬 수밖에 없었다.

하위주체연구그룹도 이런 동향에 동참하여 「창립 선언문」 서두에서 부터 라틴아메리카의 정치적, 문화적 영역을 재정의하겠다는 목표를 분명히 천명했다(Latin American Subaltern Studies Group 1995, 135). 문화 연구로 서의 라틴아메리카 하위주체 연구는 크게 보아 가르시아 깡끌리니 식의

---

6) 뜨리고는 이 시기에 라틴아메리카 연구의 중심이 첫째, 학술 시장(academic market)이 세계화되고, 둘째, 미국에서 라틴아메리카 연구가 팽창하고, 셋 째, 미국식 지역연구가 위기를 맞으면서 새로운 연구 영역의 개척 필요성이 대두되면서 미국으로 옮겨져 왔다고 말한다(Trigo 2004, 347).

혼종 문화론과 미국식 다문화주의를 경계했다. 하위주체연구그룹은 혼종 문화론이 근본적으로 엘리트주의를 벗어나지 못하고 있다고 본다. 이질적인 문화를 잡종 문화라는 하나의 범주로 동질화시키려는 시도는 무엇이든 체계화하려는 지식인 엘리트의 속성에서 비롯되었다고 보기 때문이다(Rodríguez 1998, 104~105). 또한 하위주체연구그룹이 보기에 혼종 문화론은 여러 문화가 뒤섞인 현상을 서술할 뿐 문화적 헤게모니 문제나 문화적 차이가 지배-종속 구조와 맞물려 있는 현실에 대해서는 언급하지 않는다. 따라서 다양한 종족, 언어, 문화가 존재하는 라틴아메리카 현실에서, 또 대부분의 경우 원주민이 곧 하위주체인 현실에서 혼종 문화론을 받아들이기는 쉽지 않았다.

라틴아메리카하위주체연구그룹이 미국식 다문화주의를 수용하지 못하는 것도 유사한 이유에서였다(Rodríguez 2001b, 5~6). 미국식 다문화주의 논의가 문화간 차이에 대한 현상적 논의에 그치거나 차이의 인정을 원론적인 수준에서 주장하고 있을 뿐이라서 궁극적으로는 원주민 하위주체 문제의 탈정치화로 이어질 것이라고 본 것이다.

하위주체 연구의 이런 인식은 혼종 문화론은 차이를 무화시키고 다문화주의는 신자유주의의 첨병이 아닌가 하는 의혹과 궤를 같이하는 것이다. 또한 문화의 정치성을 고수하는 것은 문화를 이데올로기로 보는 관점, 즉 지배 문화와 피지배 문화의 투쟁의 장으로 보는 시각을 드러낸 것이기도 하다. 이는 문화를 소비재로 인식하는 신자유주의적 문화 관점에 맞서 문화의 공공성에 가치를 부여하겠다는 태도이며, 베벌리는 이를 문화의 민주화를 위한 투쟁이라고 주장한다(Beberley 2004).

하위주체 연구가 문화적 권리와 좀 더 직접적으로 만나는 지점은 아마도 혼종 문화론이나 미국식 다문화주의 대신 신사회운동을 높이 평가한 점일 것이다. 이는 연구그룹의 몇몇 멤버들의 삶의 역정과 무관하지 않다. 존 베벌리, 일레아나 로드리게스, 로버트 카, 마이클 클라크

등은 산디니스따 정권이나 기타 중앙아메리카의 풀뿌리민주주의에 비상한 관심이 있었거나 직접 참여하여 활동한 바 있다(Rodrígez 2001b, 1~2). 주지하다시피 신사회운동은 정권 획득이나 체제에 대한 저항에 주력한 과거의 사회운동과는 차별화된다. 또한 계급, 민족, 국민 등의 범주를 특권화시키기보다는 주변화된 타자 가치를 복원시키고, 소수집단이 자율적인 삶의 공간을 열어 나갈 수 있는 방안을 모색하고, 그 삶의 공간이 공공성과 조화를 이루는 길을 추구했다. 이런 점에서 신사회운동은 탈근대적인 인권 운동의 특징을 지니고 있다고 볼 수 있다(이봉철 2001, 348~349).

신사회운동에 대한 라틴아메리카하위주체연구그룹의 지지는 이 그룹이 문화를 이데올로기적 관점에서 바라보았다는 앞서의 진술을 좀 더 넓은 맥락에서 고찰해 볼 필요를 제기한다. 라틴아메리카 하위주체 연구가 이데올로기로서의 문화라는 관점을 포기할 수 없었던 것은 그들에게 영감을 준 남아시아 하위주체 연구의 기원이 그람시라는 점에서 당연한 일이었다. 하지만 삶의 방식으로서의 문화라는 관점을 취하지 않고서는 신사회운동의 주역인 다원적인 주체들의 존립 기반이 존재할 수 없다는 점도 자명하다. 이데올로기로서의 문화와 삶의 방식으로서의 문화는 언뜻 보아서는 양립하기 힘든 두 가지 관점처럼 보인다.

그러나 라틴아메리카 하위주체 연구는 신사회운동을 이끄는 새로운 행위자agency를 지배층과 교섭하는 일종의 유기적 지식인으로 간주하였으며, 삶의 방식, 즉 문화가 교섭의 무기가 될 수 있다고 생각했다. 그리고 1970년대의 정치적 억압, 1980년대의 경제 위기, 1990년대의 신자유주의의 공세를 헤치고 나온 라틴아메리카 신사회운동의 역사에서 알 수 있듯이, 삶의 방식을 관철시키는 일은 문화적 관점에서 정치와 경제에 대한 대응 논리와 방안을 찾는 문화적 권리 요구이기도 한 것이다.

3. 재현의 민주화와 문화적 권리

하위주체 연구가 문화적 권리 증진에 가장 크게 기여한 부분은 아무래도
재현의 민주화를 강력하게 요구하였다는 점일 것이다. 구하는 식민주의
역사학이든 민족주의 역사학이든 맑스주의 역사학이든지간에 엘리트주
의적 역사 서술은 하위주체를 왜곡하여 재현하였다고 주장한다(김택현
2003, 97~98). 지배 엘리트가 재현을 독점하는 현상을 비판한 것이다.
라틴아메리카 하위주체 연구 역시 이와 인식을 같이 하고 있다. 다만
주 공격 대상이 역사 텍스트가 아니라 문학 텍스트라는 점이 다를 뿐이다.
기존 라틴아메리카 문학을 엘리트들이 썼고 국민국가의 토대를 이루는
상상력을 제공했다는 것이 비판의 이유였다.

그런데 재현의 문제는 사실 하위주체 연구 이전부터 존재했다. 가령
앙헬 라마는 독립 이후 라틴아메리카 문학의 가장 큰 특징 가운데 하나로
대표성representatividad에 대한 열망을 꼽는다(Rama 1987, 13). 그가 말하는
대표성을 지닌 문학이란 라틴아메리카의 정체성을 잘 나타내는 문학이
다. 그리고 끄리오요보다는 메스띠소나 중산층 문인들이 라틴아메리카
문학의 대표성을 획득하였다는 것이 그가 내린 결론이다(Rama 1987, 16).
라마의 이러한 관점은 물론 하위주체연구그룹으로서는 수용할 수 없는
것이다. 그러나 재현의 민주화라는 관점에서 볼 때는 의미 있는 견해라고
할 수 있다. 소수의 상류층 백인이 독점하던 재현의 정당성에 문제를
제기하고 좀 더 다수인 메스띠소와 중산층 문인들의 손을 들어 주었기
때문이다.

증언 서사 『도망친 노예의 일생 *Biografía de un cimarrón*』(1966년)의 발간
은 재현의 민주화라는 관점에서는 한층 더 진전된 것이었다. 이 텍스트는
미겔 바르넷이 노예 출신 흑인이 구술한 이야기를 녹취, 정리, 편집한
것이다. 소설가로 출발하였음에도 불구하고 증언 서사 텍스트를 발간한

이유를 살펴보면 바르넷이 하위주체 연구의 관심사를 일정 부분 선취하였음을 알 수 있다. 그는 기존 라틴아메리카 소설의 한계가 소설가의 발화 위치에서 비롯되고 있다는 사실을 지적하였다. 하나의 계층, 심지어 하나의 계급이라고도 할 수 있을 엘리트들이 소설의 주 생산자인 현실에서 인디오나 흑인이 처한 현실을 재현하는 데는 크나큰 한계가 있다는 것이었다(Barnet 1986, 285). 그래서 그는 에스떼반 몬떼호라는 105세의 노인을 정보 제공자로 삼아 하층민의 목소리를 직접 전달하고자 했다.

그러나 바르넷이 근대라는 시대로부터 완전히 자유로웠던 것은 아니었다. 바르넷이 몬떼호를 정보 제공자로 선택한 이유는 그가 노예에서 도망친 노예로, 도망친 노예에서 일용 노동자로 신분이 변화하고, 또 식민 지배를 처절하게 경험했을 뿐만 아니라 독립 전쟁에도 참여하는 등 쿠바의 중요한 사회변동을 두루 경험했으므로 그의 인생을 통해 쿠바 현실을 총체적으로 조망할 수 있으리라는 기대 때문이었다(Barnet 1986, 286~288).

이처럼 개인의 운명과 국가의 운명을 동일시하는 태도는 국가를 비판한 하위주체 연구의 관점과는 현격한 차이가 나는 것이다. 게다가 바르넷 스스로는 『도망친 노예의 일생』을 증언 서사가 아니라 증언 소설이라고 규정한다. 소설가로서의 특권적 지위를 포기하지 않는 것이다. 국가나 소설가에게 특권적인 지위를 부여하고 있는 바르넷의 태도는 그가 지배 엘리트의 관점을 완전히 버리지 못하고 있음을 시사한다.

바르넷과는 달리 하위주체 연구는 지식인 엘리트가 아닌 하위주체가 스스로 이야기할 수 있을 가능성을 모색했다. 물론 스피박이 1988년의 「하위주체는 말할 수 있는가?Can the Subaltern Speak?」에서 지적하는 것처럼 이중, 삼중의 억압 기제가 있는 현실에서 하위주체가 스스로 발화하는 것은 대단히 힘든 일이다. 또한 라틴아메리카 하위주체 연구가 정전正典처럼 여기는 『나의 이름은 멘추』도 지식인 엘리트(엘리사베스 부르고스)가

편집자로 개입한 만큼 완전히 순수한 하위주체 텍스트라고는 보기 힘들
다. 그러나 재현에 있어서 엘리트의 특권적 권리를 포기해야 한다고
인식했다는 점만 해도 재현의 민주화 측면에서는 분명 진일보한 것이다.
　　마지막으로 재현의 민주화야말로 문화적 권리 논의에서 대단히 중요
한 문제라는 점을 인식할 필요가 있다. 앞서 언급한 문화적 권리에
대한 「국제사회권규약」의 정의나 「세계인권선언」 제27조에서는 문
화 참여권, 문화 향유권, 저작권 등을 언급하고 있다. 대체로 문화의
유통이나 소비에 대해서 말하고 있는 셈이다. 문화의 생산에 대해서는
별다른 이야기가 없다. 물론 창작의 자유나 표현의 자유 등등 문화의
생산과 관련된 사안들은 각종 인권 관련 규약이나 선언문 등에서 광범위
하게 보장되고 있는 권리이기는 하다. 그러나 이는 문화의 생산에 대한
언급이라기보다는 자유권, 즉 정치적 억압으로부터의 자유를 논하는
것이다. 반면 스스로를 재현하기는 일종의 문화적 생산 수단을 소유하는
행위이다. 문화의 유통이나 소비에 대한 이야기가 주로 나열되어 있는
문화적 권리의 목록에 '문화의 생산'이라는 항목을 추가함으로써 문화권
을 풍요롭게 해 주는 셈이다.

Ⅳ. 결론

오늘날의 관점에서 라틴아메리카하위주체연구집단의 업적을 돌이켜보
면 수용하기 힘든 점들도 있다. 가령 미국식 다문화주의의 탈정치성을
경계했다고는 하지만 라틴아메리카하위주체연구그룹은 다문화주의를
포기한 것이 아니라 진정한 다문화주의의 구현을 주장했다. 오늘날의
「문화다양성협약」이 다문화주의를 넘어 상호 문화성을 추구하고 있
다는 점을 고려하면 하위주체 연구는 자신의 역사적 소임을 다한 것일

수도 있다. 국가에 대한 하위주체 연구의 신랄한 비판도 재고할 필요가 있다. 국가의 억압성에 대해서는 충분히 경계할 필요가 있지만, 인권을 위한 제도들을 수립할 수 있을 역량을 국가가 지니고 있다는 사실을 염두에 둘 필요가 있기 때문이다(미셸린 이샤이 2005, 562). 또한 하위주체 연구자들의 궁극적 목표인 하위주체들의 국제적 연대는 "만국의 노동자여 단결하라!"고 촉구한 『공산당 선언』의 탈근대적 버전에 불과할 뿐 500년 수탈의 사슬을 끊지 못하고 있는 라틴아메리카 현실을 도외시한 것일 수도 있다.

그러나 이러한 몇 가지 유보 조항에도 불구하고 라틴아메리카 하위주체 연구가 문화적 권리 논의에 도움이 될 만한 논의를 하였다는 것은 의심할 여지가 없다. 근대의 거대 담론들을 공격하면서 정치와 경제를 문화적으로 재구조화시키려고 시도하고, 초국가적인 문화 산업에 맞서 문화의 공공성을 수호하는 방안을 고민하고, 소수집단의 삶의 방식을 적극적으로 추인하면서 문화의 종 다양성을 지키려고 애썼고, 재현의 민주화를 통해 하위주체가 문화의 생산수단을 소유할 필요성을 시사했다는 점 등이 문화적 권리와 관련하여 하위주체 연구가 남긴 유산이라고 볼 수 있다.

참고문헌

강내희 (2000), 「'문화적 권리'의 이해와 신장을 위한 예비적 검토」, 한국인권
재단 편, 『21세기의 인권』, 제1권, 한길사.

김정하 (2006), 「누구를 위한 다중인가 - 서발턴과 다중의 조건들」, 『자율평
론』 제15호. http://jayul.net/view_article.php?a_no=878&p_no=1

김택현 (2003), 『서발턴과 역사학 비판』, 박종철출판사.

노명우 (2006), 「'문화헌장' 제정과 문화정책의 과제」, 『문화과학』 여름호, 제
46호.

하트, 마이클/네그리, 윤수종 역, 안토니오(2001), 『제국』, 이학사.

이샤이, 미셸린 (2005), 조효제 역, 『세계인권사상사』, 도서출판 길.

심광현 (2003), 『문화사회와 문화정치』, 문화과학사.

이동연 (2005), 「한국 문화권의 사회적 실천과 문화운동의 미래. 제2회 맑스
코뮤날레 학술문화제 발표문 요약」. http://www.communnale.net/bbs/zboar
d.php?id=data

이동연 외 (2004), 『경제사회문화적 권리 국가인권정책 기본계획 수립을 위한
문화권 기초현황조사』, 국가인권위원회/문화연대 문화사회연구소.

이봉철 (2001), 『현대인권사상』, 아카넷.

이성훈 (2003), 「중남미 하위주체 연구의 성과와 한계」, 『라틴아메리카연구』,
Vol. 16, No. 2.

정갑영 외 (2004), 「문화다양성 국제 협약 대응방안 연구」, 한국문화관광정책
연구원 보고서.

존슨, M. 글렌 (1995), 「세계인권선언의 탄생」, 유네스코한국위원회, 『인권이
란 무엇인가 -유네스코와 세계인권선언의 발전과 역사』, 오름.

Barnet, Miguel(1986), 'La novela testimonio. Socio-literatura', in René Jara
and Hernán Vidal(eds.), *Testimonio y literatura*, Minneapolis: Institute for
the Study of Ideologies and Literature.

Bennett, Tony et al.(2005), *New Keywords: A revised vocabulary of Culture and
Society*, Malden, MA: Blackwell Publishing.

Beverley, John(2003), 'Adiós: A National Allegory(Some Reflections on Latin
American Cultural Studies)', in Stephen Hart and Richard Young(eds.),

Contemporary Latin American Cultural Studies, London: Arnold.

________________(2004), *Subalternity and Representation: Arguments in Cultural Theory*, second printing, Durham and London: Duke University Press.

________________(2005), 메일 인터뷰, 04-28.

Burgos, Elizabeth(2003), *Me llamo Rigoberta Menchú y así me nació la conciencia*, 18th ed., México, D.F.: Siglo XXI.

Kymlicka, Will(1996), *Ciudadanía multicultural*, Barcelona: Paidós.

Latin American Subaltern Studies Group(1995), 'Founding Statement', in John Beverley, José Oviedo and Michael Aronna(eds.), *The Postmodernism Debate in Latin America*, Durham and London: Duke University Press.

Rabasa, José(2004), 'Of Zapatismo: Reflections on the Folkloric and the Impossible in a Subaltern Insurrection', in Ana del Sarto et al.(eds.), *The Latin American Cultural Studies Reader*, Durham and London: Duke University Press.

Rama, Ángel(1987), *Transculturación narrativa en América Latina*, 3rd ed., México D.F.: Siglo XXI.

Rodríguez, Ileana(1998), 'Hegemonía y dominio: subalternidad, un significado flotante', Santiago Castro-Gómez and Eduardo Mendieta(coordinadores), *Teorías sin disciplina, latinoamericanismo, poscolonialidad y globalización en debate*, México, D.F.: University of San Francisco/Miguel Ángel Porrúa.

________________(2001a), 'La encrucijada de los Estudios Subalternos: postmarxismo, descontruccionismo, postcolonialismo y multiculturalismo', in Ileana Rodríguez(ed.), *Convergencia de tiempos: Estudios Subalternos/contextos latinoamericanos estado, cultura, subalternidad*, Amsterdam and Atlanta, GA: Rodopi.

________________(2001b), 'Reading Subalterns Across Texts, Disciplines, and Theories: From Representation to Recognition', in Ileana Rodríguez(ed.), *The Latin American Subaltern Studies Reader*, Durham and London: Duke University Press.

Sarto, Ana del(2004), 'Introduction' to Chapter II 'Foundations', in Ana del Sarto et al.(eds.), *The Latin American Cultural Studies Reader*, Durham and London: Duke University Press.

Spivak, Gayatri Chakravorty(1988), 'Can the Subaltern Speak?', in Cary Nelson and Lawrence Grossberg(eds.), *Marxism and the Interpretation of Culture*, Urbana: University of Illinois Press.

Trigo, Abril(2004), 'Introduction' to Chapter III 'Practices' , in Ana del Sarto et al.(eds.), *The Latin American Cultural Studies Reader*, Durham and London: Duke University Press.

제2부

라틴아메리카 원주민 인권:
다문화주의를 향해[1]

김기현

I. 서론

라틴아메리카 원주민은 아메리카 대륙의 원래 주인이었으며 스페인에 의해 정복된 이후에도 지금까지 자신의 삶과 문화를 지속하고 있다. 그렇지만 그들의 존재는 끊임없이 위협받아 왔으며 사회적으로는 소외되어 왔다. 국가의 통합 정책 하에서 그들의 존재 가치는 무시당했으며, 사회적으로 라틴아메리카에서 원주민으로 태어난다는 것은 거의 대부분 빈곤과 소외의 삶을 의미하는 것이었다. 게다가 그들은 이러한 삶을 거의 500년간 숙명적인 것으로 체념하며 받아들여 왔다.

그러나 500년간의 말살 정책과 통합 정책에도 불구하고 라틴아메리카 전체에서 원주민 인구가 차지하는 비중은 현재 약 9% 수준을 유지하

---

1) 이 논문은 『라틴아메리카연구』, Vol. 18, No. 3, 85~119쪽 (2005년 9월 1일 발간)에 발표된 내용을 단행본의 편집 기준에 맞게 수정하며 보완한 것이다.

고 있다. 오히려 최근에는 그 비중이 늘어나는 추세이다. 게다가 페루, 에콰도르, 볼리비아, 과테말라와 같은 나라에서는 원주민이 여전히 전체 인구에서 다수를 차지한다. 라틴아메리카에서 인구가 두 번째로 많은 멕시코에서조차도 남부 지역에서는 원주민 인구가 다수를 점하고 있다.

이러한 수적 중요성에도 불구하고 그들은 지금까지 자신의 목소리를 내는 것 없이 소외된 계층으로 살아왔다. 그러나 1980년대 이후 라틴아메리카의 원주민은 달라지고 있다. 그들은 이제 새로운 사회 세력으로 부상하고 있다. 수적 비중에 기반을 두고 이들이 자신의 목소리를 내기 시작하면서 원주민들은 이제 라틴아메리카의 정치와 사회 전반에 있어 중요한 세력으로 등장했다.

특히 안데스 유역 국가들에 있어서 원주민의 정치적 영향력은 한 정권의 탄생과 유지에 거의 결정적이다. 따라서 21세기 라틴아메리카 정치를 이해하는 데 있어 인종적 문제, 특히 원주민이라는 변수는 반드시 고려할 중요한 요소가 되었다. "종족[2]의 정치"(Marbury-Lewis 2002)가 이제 더 이상 낯선 표현이 아니다.

---

2) 'ethnic group'을 적절한 우리말로 옮기는 것은 어려운 일이다. 같은 지역에서 오랫동안 공동생활을 함으로써 언어나 풍습이 유사한 인간 집단을 민족이라 하고, 조상이 같고 언어와 풍습이 같은 사회집단을 종족이라 하며, 피부색 등 신체적 특징에 따라 구분되는 사람의 집단을 인종이라 부른다면, 'ethnic group'에 대한 가장 적절한 번역은 아마 '종족'이 될 것이다. 종족은 사회·문화적 특징까지 고려하는 개념이라는 점에서 단순히 신체적 특징에 근거한 분류인 인종과는 다르다. 또한 민족의 개념이 종족과 유사하기는 하나 민족은 하나의 종족으로 이루어질 수도 있지만 다양한 종족이 합쳐진 경우도 있기 때문에 종족과는 구별된다. 종족은 넓은 의미의 혈연집단으로 문화적 특징을 공유하는 집단의 개념으로서 부족tribe과 가장 유사하나, 부족이라는 용어가 제2차 세계대전 이전에 식민지 지배 지역에서 흔히 사용된 개념으로 부정적 이미지가 강하기 때문에 1960년대 이후로는 종족이라는 개념이 부족을 대신해서 사용되기 시작했다. 따라서 우리도 이 글에서 'ethnic group'을 '종족'이라고 옮길 것이다.

다양한 정체성을 지닌 원주민 종족 그룹grupos étnicos은 근대화의 남겨진 찌꺼기도 아니며 단순히 관광과 흥미 위주의 민속적 존재도 아니다. 그것은 라틴아메리카의 정치, 사회, 문화를 이해하기 위한 중요한 요소이며, 따라서 원주민에 대한 완전한 이해 없이 라틴아메리카 사회의 중요한 문제를 해결할 수 있는 미래의 프로젝트를 만드는 것은 이제 불가능하다.

그런데 문제는 이들의 요구가 단순히 과거의 이데올로기적 계급투쟁과는 또 다른 성격을 띤다는 점이다. 그렇다면 원주민들이 원하는 것은 무엇인가? 진정한 원주민의 인권은 어디에 있는가? 이런 물음을 우리는 당연히 제기해야 할 것이다. 원주민들이 무엇을 원하는가를 제대로 파악하고 그에 따라 그들의 문제를 해결하려고 시도할 때 원주민들의 삶도 진정으로 향상되고 국가적으로 정치적 안정도 달성할 수 있을 것이다.

이를 위해 우리는 과거의 진보나 근대화 이데올로기, 그리고 계급 정치의 패러다임에서 벗어나 인종적 문화적으로 다원주의 시각을 가질 필요가 있다. 자식이 공부를 잘하는 것만이 자식들의 미래를 위해 유일한 길이라는 생각에서 벗어나 운동을 하거나 만화를 그리더라도 그것 또한 공부를 잘하는 것과 마찬가지로 가치 있는 일이라는, 또 자기가 하고 싶은 일을 하게 두는 것이 그 아이를 위해 진정으로 행복한 길이 될 수 있다는 열린 사고방식이 요구된다. 다름과 차이를 인정하는 것은 원주민의 인권을 이해하는 데도 그대로 적용되어야 할 것이다.

이러한 인식에 기초를 두고 여기서는 원주민들이 진정 원하는 것, 즉 원주민의 인권을 문화적 다양성의 지향이라는 차원에서 다루고자 한다. 즉 현 사회에서 하나의 패러다임으로 자리 잡아 가고 있는 신자유주의 논리들, 예를 들어 시장과 경쟁, 개인소유권, 중앙 정치에서의 정치 대표성 확보, 선거 민주주의, 보편적 인권, 스페인어 교육 등등이 과연 원주민들이 진정으로 원하는 것인가 하는 문제를 비판적으로 짚어 보고 나아가 그들이 실제로 원하는 내용들을 구체적으로 하나씩 살펴볼 것이다.

원주민의 관습법에 대한 인정 또한 문화적 차원에서 원주민의 인권을 말할 때 중요한 하나의 요소이다. 국가의 법이 엄연히 있는 상황에서 원주민의 관습법을 인정하는 것은 때때로 원주민의 보편적 인권에 대한 위협이 될 수도 있다. 즉 관습법의 적용과 보편적인 인권의 관계를 정확히 규정하기 힘든 상황에서 관습법의 적용이 인권 남용으로 처벌될 가능성은 여전히 있다.

예를 들어 공동체에 대한 의무와 범법자의 공동체 내에서의 관계 재설정을 우선 목표로 하는 원주민의 관습법에 따르면, 가벼운 죄를 지은 사람의 경우 그를 감옥에 보내 공동체에서 격리시키기보다는 체형을 가한 뒤 다시 공동체의 일원으로 받아들이는 것에 더 많은 가치를 둘 수 있다.

그러나 이러한 체형은 보편적 인권에는 분명히 위반되는 사항임으로 국가법에서는 금지되어 있다. 이러한 갈등은 개인의 자유권을 중시하는 국가법 체계와 공동체에 대한 의무와 범법자의 관계 재설정을 우선하는 원주민 관습법 간의 문화적 차이로 인해 발생한다. 이런 경우 그들의 문화적 가치를 인정한다는 차원에서 일정 한계 내에서 원주민들의 관습법을 인정하는 것이 보편적 인권을 넘어서는 진정한 원주민의 인권으로 인정되어야 할 것인가 하는 문제가 남아 있다.

어쨌든 라틴아메리카의 많은 국가는 최근 원주민의 관습법을 제한적이나마 인정하는 방향으로 개헌이 이루어졌다. 물론 원주민들의 관습법은 그것이 헌법으로 인정받기 이전에도 많은 원주민 공동체에서 실제로 적용되어 왔다. 따라서 최근의 관련된 개헌은 다만 이를 공식적으로 인정한다는 의미를 가질 뿐이다.

페루 쿠스코(안데스 지역) 원주민

원주민 마을　　볼리비아 원주민

과테말라 원주민

Ⅱ. 원주민 그들은 누구인가?

1. 원주민 개념의 규정

인종적 그룹의 개념은 명백하지 않다. 학자에 따라, 시대에 따라, 그리고 나라에 따라 원주민의 개념은 다양한 스펙트럼을 가지고 나타난다. 일부 국가 — 특히 페루와 볼리비아 — 에서 원주민의 개념은 인종적이기보다는 사회적 의미로 사용된다. 예를 들어 볼리비아에서 농민 계급 campesidnado이나 농민campesino이라는 용어는, 말 그대로 농사짓는 사람들을 의미하기보다는 인디오 혹은 원주민을 뜻한다. 페루에서도 1969년 벨라스코 알바라도 대통령의 토지개혁이 단행될 때 원주민 혹은 인디오는 농민이라는 용어로 대체되어 불렸다. 과테말라에서도 국가는 항상 원주민들을 하나의 계급으로 취급했다. 이렇게 원주민이라는 용어는 하나의 인종적 단위를 의미하기보다는 사회적 계급, 즉 농민 계급의 의미를 보다 강하게 내포하고 있었다.

그러나 원주민의 개념을 이렇게 사회적 계급으로 보는 것은 다음과 같은 문제점을 야기한다. 라틴아메리카의 많은 나라에서 원주민들이 농민인 것은 사실이나 그렇다고 모든 농민이 원주민은 아니다. 또한 모든 원주민이 농민이지도 않다. 사회 계급이나 직업을 정의하기 위해 인종적 개념을 사용하는 것은 분석적 전망을 좁게 만든다. 나아가 원주민이 농민일 수도 있고 또한 농촌의 다른 계층에 속할 수도 있고 혹은 도시의 빈곤층이기도 하다는 사실을 고려하지 않는다.

따라서 1980년대 이래 원주민 개념의 정의는 사회적 성격보다는 인종적 성격에 보다 많은 비중을 두고 있다. 이러한 개념 규정에 따르면, 원주민을 분류하는 특징으로 공동의 지리적 기원, 신체적 특징, 언어, 종교, 관습, 민속, 음식, 정치조직 및 사회조직, 공동 경작지 등을 들

수 있다.

그 가운데 특히 언어는 원주민의 정체성을 규정하는 가장 기초적이고 중요한 요소이다. 유엔 또한 언어 — 특히 태생 언어 — 가 인종적 그룹을 나누는 가장 중요한 변수임에 동의한다. 라틴아메리카에서 스페인어가 지배적 언어이었음에도 불구하고 원주민 언어는 오랜 세월 동안 살아남아 오늘날 원주민의 정체성을 규정하는 가장 중요한 요인이 되고 있다.

<표 1> 주요 국가 인구조사에서 인종을 구분하는 기준

	인구조사 년도	인종 구분을 위해 채택된 기준
볼리비아	1976, 1988	현재 사용 언어
콜롬비아	1973, 1985	자의식과 지리적 위치
과테말라	1973, 1981	자의식
온두라스	1988	현재 사용 언어
멕시코	1988, 1990	현재 사용 언어
파나마	1980, 1990	현재 사용 언어
파라과이	1981, 1982	지리적 위치와 자의식
페루	1972 1981	태생 언어 현재 사용 언어
베네수엘라	1981, 1982	지리적 위치와 자의식

출처 : Psacharopoulos and Patrinos 1996, p. 26.

그렇지만 언어를 통한 원주민의 정의 또한 그것대로의 문제점이 있다. 원주민 언어를 말하지 못하는 원주민이나 원주민 언어를 말할 수 있는 비원주민들은 어떻게 되는가? 나아가 언어를 기준으로 정의한다

할 때 그 언어는 태생 언어를 가리키는 것이어야 하는가 아니면 현재 원주민 언어를 가리키는 것이어야 하는가? 태생 언어를 기준으로 삼는다면 태생 언어를 스페인어로 선언한 원주민 후손들이 배제되며, 원주민 언어를 기준으로 삼는다면 원주민 언어를 말할 수 없는 원주민들이 배제된다. 또한 과라니어를 국가 공식 언어로 채택한 파라과이에서는 원주민이 아닌 많은 사람들이 과라니어를 말할 수 있다. 이런 경우 언어는 원주민을 규정하는 정확한 개념이 될 수 없다.

두 번째로 고려되는 요인은 지리적 위치이다. 즉 어느 곳에 사느냐에 따라 원주민인지 아닌지를 판단하는 것이다. 이러한 요인을 기준으로 분류는 원주민 인구가 한 곳에 집중되어 있는 나라나 인디언 보호구역과 같은 제도가 있는 나라에서 매우 유용하기는 하다. 그러나 이런 방법은 원주민이 아닌 사람을 거주 지역 때문에 원주민으로 분류하거나 아니면 원주민임에도 불구하고 다른 지역에 거주하는 사람을 고려하지 못하는 문제가 발생한다.

따라서 결국 원주민의 규정은 자의식의 영역에 맡겨진다. 자기 동일성, 혹은 자기 귀속성은 오늘날 언어와 함께 원주민을 규정하기 위해 가장 널리 사용되는 기준이다. '소수인종차별금지와 보호를 위한 유엔소위원회The United Nations Sub-Commission on the Prevention of Discrimination and Protection of Minorities'는 원주민을 다음과 같이 규정한다. "원주민 공동체, 원주민 그리고 그 종족들은 그들의 땅에서 외부 세력의 침략과 식민지화 이전에 발전한 사회와의 **역사적 연속성**을 가지며 나아가 그 땅 혹은 그 일부에서 사회의 **현재 지배적 세력**과는 자신들이 다르다고 **생각하는** 그러한 사람들이다. 그들은 현재 사회의 피지배적 부분을 형성하고 있지만, **조상 전래의 땅과 인종적 정체성** — 문화적 형태, 사회적 제도 그리고 고유의 법적 체계 등 — 을 자신들의 지속적 존재의 기초로서 보존하고 발전시켜 미래 세대에게 남겨 주려는 사람들이다." (Van Cott 2000, 208에서 재인용. 강조는 인용한 사람의 것.)

　이러한 정의에 따르면 원주민으로 규정되기 위해 가장 중요한 요소는 첫째, 식민지 이전 원주민 사회와의 역사적 연속성이며, 둘째, 피지배자로서의 사회적 신분이며, 셋째, 현 지배 사회와는 다른 문화적 차별성에 대한 자의식임을 알 수 있다. 특히 문화적 차별성에 대한 자의식, 즉 문화적 자기 귀속self-ascription은 유엔에서도 역시 원주민을 정의하는 결정적 요소로 고려되고 있다.[3]

　그러나 원주민에 대한 자기 귀속성의 정의 또한 역시 약간의 문제점을 내포하고 있다. 한 예로 페루와 볼리비아에서 개혁주의 정부는 대다수가 원주민들인 농민들 사이에 공동체적 집합적 경작 체제를 이식하면서 원주민들로 하여금 자신의 분리적 정체성에 대한 의식을 포기하게 만들었다. 그 결과 볼리비아와 페루에서 열대 저지대의 원주민들은 자신 스스로 원주민이라 규정하는 데 거리낌이 없는 데 반해 아이마라어나 께추아어를 말하는 농민들은 대부분 원주민들임에도 불구하고 아직까지 스스로를 원주민이라 규정하는 것을　주저한다.

　반대로 과테말라처럼 공동체 농업이 거의 존재하지 않는 나라에서는 원주민들이 자신의 정체성을 보다 강하게 표현한다. 이런 현실을 바탕으로 과테말라에서는 원주민들이 전체적으로 마야인으로서의 공동의 정체성을 발전시키고 있다. 그로 인해 대부분의 과테말라 원주민들은 우선 자신의 언어적 공동체 — 예를 들어 끼체Kiche족, 깍치　Kakchiquel족 — 으로 정의되고, 다음에는 보다 광범위한 정체성인 마야인으로 정의되며, 마지막으로 과테말라인으로 규정된다.

　원주민 정체성의 자기규정화는 이러한 국가적 상황에 따른 차이뿐만

---

3). 라틴아메리카 원주민 인권과 관련하여 가장 영향력 있는 국제기관 가운데 하나인 국제노동기구(ILO) 또한 원주민의 정의에 있어 자기 동일시(self-identification)를 가장 중요한 요소로 들고 있다.

아니리 시대적 상황에 따라서도 달라지는 모습을 보여 준다. 최근 원주민 정체성에 대한 자기규정이 점차 늘어가고 있는 것도 따지고 보면 그러한 원주민으로의 자기규정이 국제적 지원을 받을 가능성을 높임에 따라 경제적 이익을 얻을 가능성이 보다 많아지기 때문이기도 하다.(Plant 2002, 214)

원주민의 정의에 보다 복잡함을 더하는 것은 전통적으로 농촌의 원주민 공동체에 거주하다 도시로 이주한 원주민들의 수가 늘어나고 있다는 사실이다. 1960년대와 1970년대에 농촌에서의 인구 성장, 집중된 산업화로 인한 농촌 소외의 심화, 상업 농업의 발달로 인한 원주민 공동체 땅 잠식, 게다가 게릴라 운동의 확산으로 인한 농촌 사회에서의 폭력적 갈등 격화 등등의 이유로 농촌 원주민 공동체 구성원들의 대대적인 도시 이주가 일어났다.

이들 도시 이주 원주민들은 공간적으로 원주민 공동체와 멀어져 비록 매우 불리한 조건이지만 점차적으로 세계화된 시장에 가입함으로써 원주민 농민의 전형적 모습에서 탈피하고 있다. 이들의 이러한 변화는 원주민의 정체성을 규정하는 데 보다 복잡함을 더하고 있다.

이런 모든 문제점에도 불구하고 결국 원주민의 규정은 사용 언어를 중심으로 하는 외견적 특징에 따라 일차적으로 판단되고 결국에는 자기 귀속성이라는 요인에 의해 최종적으로 확정될 수밖에는 없을 것이다.

2. 원주민 수와 분포

라틴아메리카 원주민 수가 정확히 얼마인지는 알 수 없다. 그것은 평가 방법에 따라 다르고 출처에 따라 다양하며 조사 시기에 따라서 달라진다. 그러나 대략 그 수를 따져 보면 라틴아메리카 전체 5억 인구에서 차지하는 원주민의 비중이 적게는 6%, 많게는 9% 정도이고, 수로 보면 3천만 명에서 4천5백만 명 정도로 추정된다.

라틴아메리카의 원주민은 19세기, 20세기 두 세기에 걸친 지속적인 원주민 말살 정책과 통합 정책에도 불구하고 여전히 존재하고 있으며, 심지어 1980년대까지 감소세였던 원주민의 수가 최근에는 오히려 점진적으로 증가하고 있기까지 하다.

이렇게 이들이 전체 인구에서 차지하는 비중도 결코 적지 않지만 그들의 중요성이 보다 부각되는 것은 이들이 일부 국가에 집중되어 있다는 점 때문이다. 라틴아메리카에서는 우루과이와 카리브의 일부 섬나라들을 제외하고 거의 모든 국가에 원주민이 있다. 그러나 원주민의 약 85% 이상은 여전히 과거 마야문명과 잉카문명의 중심지였던 중앙아메리카나 중부 안데스 유역 국가들에 집중되어 있다.

〈표 2〉 라틴아메리카 주요 국가의 원주민 인구

국가	1970년대 인구(%)	1980년대 인구(%)	2000년 인구(%)
멕시코	12,000,000(14)	12,000,000(14.2)	13,700,000(14)
페루	9,300,000(47)	9,100,000(40.8)	12,200,000(47)
과테말라	5,300,000(66)	3,900,000(43.8)	7,500,000(66)
볼리비아	4,900,000(71)	4,150,000(56.8)	5,900,000(71)
에콰도르	4,100,000(43)	3,100,000(29.5)	4,800,000(38)
칠레	1,000,000(8)	550,000(4.2)	1,200,000(8)
콜롬비아	600,000(2)	300,000(0.9)	800,000(1.8)
브라질	300,000(0.2)	225,000(0.2)	700,000(0.4)
베네수엘라	400,000(2)	150,000(0.8)	200,000(0.9)

| 파라과이 | 100,000(3) | 80,000(1.9) | 100,000(1.5) |
| 전체 (a) | 38,000,000 | 33,555,000 | 47,100,000 |

출처 : Psacharopoulos and Patrinos 1996, pp. 27~28. The Economist 2004에서 재인용
a : 원주민의 수가 그다지 중요한 비중을 나타내지 않는 나라는 전체 합계에서 제외함.
(위의 국가 외에도 원주민 수가 십만이 넘는 나라로는 엘살바도르, 아르헨티나, 파나마,
온두라스 등이 있다)

〈표 2〉에서 볼 수 있는 것처럼 2000년 과테말라와 볼리비아에서 원주민 수는 전체 인구의 각각 66%와 71%로 절반이 훨씬 넘으며, 에콰도르와 페루의 원주민 비중도 각각 38%와 47%로 거의 절반에 육박한다. 그리고 비록 전체 인구에서 차지하는 원주민의 비중이 14.4%에 불과하지만 그 절대적 수로는 가장 많은 원주민이 살고 있는 멕시코의 경우 또한 원주민들이 일부 주에 집중되어 있기 때문에[4] 그러한 지역에서 원주민 수는 역시 거의 과반수에 달한다. 따라서 이러한 나라들에서 원주민 문제는 단순히 소수 인종의 문제가 아니라 범국민적 차원의 문제가 되고 있다.

마지막으로 원주민을 언어별로 분류하면 브라질에 208개의 언어그

---

4) 1980년 멕시코 국립역사인류학연구소INAH의 통계에 따르면 멕시코의 429개 시에서 원주민 인구가 다수를 차지했다. 이러한 시들 가운데 217개가 오아하카주에 있으며, 유카탄주에 74개, 푸에블라주에 43개, 베라크루스주에 33개, 치아파스주에 26개가 있다. 따라서 멕시코에서는 이러한 주들에 원주민들이 집중되어 있음을 알 수 있다. 절대적 수로 보더라도 오아하카주가 1,208,821명으로 가장 많고, 치아파스주가 885,605명으로 그 다음이며, 베라크루스주가 704,891명, 유카탄주가 628,945명, 푸에블라주가 611,388명으로 그 다음을 잇는다. 주 전체 인구에서 원주민 인구가 차지하는 비중으로 보면 유카탄주가 40% 이상으로 가장 높고, 다음으로 오아하카주와 킨타나루주가 30% 이상, 치아파스주가 20% 이상으로 나타난다. (INAH 1987, 41~78.)

룹이 존재하여 가장 많고 그다음으로 페루에 85개, 멕시코 72개, 베네수엘라 40개, 볼리비아 38개 등의 순이나, 만 명 이상이 말하는 언어의 수로 계산하면 멕시코가 37개 언어로 1위, 페루가 27개로 2위, 과테말라가 15개로 3위순으로 나타난다. 원주민 인구가 집중되어 있는 나라들만 언어 분포에 따라 가장 많이 쓰는 언어 3위까지의 비중을 살펴보면 아래의 〈표 3〉과 같다.

〈표 3〉 주요국 원주민 언어 분포도

국가	언어	전체 인구에서 차지하는 비중
볼리비아	께추아(Quechua)	39
	아이마라(Aymara)	24
	구아라니(Guaraní)	1
과테말라	끼체(Quiché)	15
	깍치 (Cakchiquel)	10
	맘(Mam) 마야(Maya)	8
페루	께추아(Quechua)	30
	아이마라(Aymara)	22
멕시코	나우아뜰(Nahuatl)	23
	믹스떼꼬(Mixteco)	7

출처 : Psacharopoulos and Patrinos 1996, pp. 32~35

Ⅲ. 문화적 다양성으로 본 원주민 인권

1. 경제·사회적 인권 : 토지의 집합적 소유권 보장

라틴아메리카에서 원주민은 역사적으로 가장 빈곤하고 가장 소외된 사회계층이었다. 그들은 자신의 토지, 언어, 문화, 통치 형태와 같은 기본적 권리에서뿐만 아니라 교육이나 보건, 상하수도 등등의 사회적 서비스에서도 심한 차별을 겪어 왔다. 원주민들은 '제2 계급'으로서 경제적 교육적 기회조차도 박탈당했다.

특히 신자유주의가 사회복지에 있어서 탈중앙집권주의를 적용함에 따라 원주민들의 소외는 보다 심화되었다. 그나마 포퓰리즘 체제 하에서 주어졌던 최소한의 사회복지마저도 신자유주의 체제 하에서는 여지없이 사라지고 말았다.

그러나 보다 심각한 문제는 자유주의적 개인주의에 따라 원주민 공동체의 공동 소유 토지가 개인에게 분배됨으로써 결과적으로 원주민들의 개별 소유 토지가 상업적 작물을 재배하기 위한 토지 집중 과정을 용이하게 하는 결과를 낳고 있다는 점이다. 따라서 원주민의 공동 경작 토지를 보호하기 위한 토지의 집합적 소유권 인정이 원주민 인권의 가장 중요한 이슈 가운데 하나로 등장했다.

원주민들이 요구하는 땅은 자신의 소유물로서의 토지 그 이상의 의미를 지닌다. 원주민에게 땅은 네 가지 다른 의미가 있다. 첫째는 원주민들이 삶을 영위하는 마을의 의미이며, 둘째는 죽은 자가 묻힐 공동묘지이며, 셋째로는 신령과 동물의 요정들이 살고 있는 신성한 장소인 동시에, 마지막으로 땔감을 얻을 수 있고 사냥을 하며 다양한 약초와 연료를 얻을 수 있는 산이기도 하다. 그것은 단순히 소유 개념의 토지를 넘어 원주민의 역사를 보존하고 과거와 현재와 미래를 이어갈 땅이다. 원주민들에게 있어 땅은 그들을 낳아 준 어머니인 동시에 그들을 깡그리 삼켜 버릴 두려움의 대상이기도 하다. 원주민에게 땅은 공동의 작업이 이루어지고 공동의 축제가 열리며 공동의 힘을 보여 주는 공간이다.(Nolasco 2003, 38)

그러므로 실제 원주민 공동 소유토지의 소멸을 의미하는 신자유주의적 토지 개인소유권의 확대는 원주민의 삶 자체를 거부하는 의미를 지니게 될 것이다. 따라서 경제적 차원에서 원주민 인권이 토지의 집합적 소유권을 가장 우선시한다는 것은 너무나 당연한 일이다.

2. 정치적 인권 : 자치권의 인정

1995년 아이티에서 군사정권이 막을 내린 이후 현재까지 라틴아메리카의 어떤 나라에도 군사정권이 다시 들어서지는 않았다. 즉 현재 라틴아메리카의 모든 국가는 형식적이나마 자유민주주의의 틀을 유지하고 있다. 그러나 선거 민주주의 하나만으로 원주민의 인권이 충분히 보장될 수는 없다. 실제 신자유주의 개혁을 단행함으로써 과거의 조합주의 혹은 포퓰리즘적 복지 체계를 소멸시킨 많은 민주주의 정부들이 현재 정당성의 위기를 겪고 있기도 하다.

원주민들은 지금까지 그 어떤 정당이나 국가에서도 자신의 대표성을 가지지 못했다. 극단적인 경제적, 사회적 불평등 사회, 그리고 실제 인종적으로 계층화된 사회에서 인종간의 상호 이해나 협력은 사실상 불가능했고 특히 정치, 경제, 사회, 문화 모든 측면에서 소외된 원주민들은 자신들의 이익을 대변하는 정치조직을 가지지 못함으로써 민주주의 과정에서도 여전히 정치적으로 소외될 수밖에 없었다.[5]

---

5) 물론 최근의 에콰도르나 볼리비아 등지에서 원주민 이익을 대변하는 사회 운동이 중앙 정치에 등장하여 영향력을 확대하고 있는 것은 원주민들의 정

라틴아메리카에서 원주민 운동이 1980년대 이래 원주민의 권익을 옹호하는 데 다소 성공을 거두었지만 정치의 가장 주된 행위자인 정당에 있어서 원주민들의 영향력은 여전히 그다지 크지 않다.

심지어 많은 나라에서 원주민 국회의원들이 점차적으로 증가하고 있음에도 불구하고 이들은 하나의 정치 세력을 형성하기보다는 각기 다른 정당들을 대표하고 있기 때문에 공동으로 원주민의 인종적 이익을 대변하는 데는 한계가 있다. 또한 아직까지 어떠한 정당도 원주민 선거 연합의 지지를 자동적으로 확보할 수 있는 정당은 하나도 없다. 따라서 일반적으로 원주민의 사회적 요구는 정당을 통한 정치 과정 속에서 이루어질 수 있는 조건이 마련되어 있지 않다.(Iturralde 1998)

그러한 차원에서 원주민들의 정치적 대표성을 확보하기 위한 수단으로 원주민 운동 단체들에 의해 제기되는 것이 바로 자치성의 개념이다. 1970년대 원주민 운동이 출현한 이래 원주민 조직들은 지속적으로 국제법에 기반을 둔 '자결권self-determination'을 요구하고 있다. 원주민 운동의 리더들은 소수권minority rights에 기초를 둔 다양한 요구가 자결권의 요구와 상반되는 통합 정책에 기반을 두고 있다고 비판하면서 자신들의 요구는 소수권이 아닌 자결권, 자치권이라고 주장한다.

자치는 토지, 자원, 법, 행정까지를 포함하는 거의 모든 영역에서 원주민들의 자치적 공간이 확보되었다는 것을 뜻한다. 물론 공간의 규모에 대한 논란-원주민들은 보다 광범위한 지역(예를 들어 주 단위)의 자치 단위를 요구하는 반면 국가는 시단위의 소규모 자치 단위를 생각하고 있다-이 존재하지만, 이러한 자치의 요구는 1990년대 이후 원주민 운동의 주된 흐름으로 자리 잡았다.

물론 1994년 볼리비아의 경우에서 볼 수 있듯이 자치 또한 원주민의 권익을 옹호하기 위해 완전히 효과적인 수단이 되지 않을 수도 있다.

치적 참여에 새로운 장을 여는 계기가 되고 있다.

당시 볼리비아에서는 다문화주의를 헌법적으로 인정하고 탈중앙집권화를 위해 지방에 다양한 자치권을 부여했다. 그러나 그 결과는 국가 사회적 서비스의 지방정부로의 전가6), 지역 파워엘리트의 강화와 지역 패트런주의 정치 체제의 공고화, 지역 권력을 장악하기 위한 원주민 운동의 분열 등의 역효과가 나타나기도 했다. (Sieder 2002, 8~9.)

그뿐만 아니라 정부 차원에서는 원주민에게 자치권을 주면 원주민 공동체 지역이 국경과 근접한 경우나 원주민들이 국경을 인접한 양국에 동시에 있는 경우에, 민족통일irredentist의 이슈가 부각되면서 자칫 국가 분열을 가져올 수 있다고 우려하고 있다. 자치권은 또한 일부이기는 하지만 인종 전쟁에 대한 우려까지도 야기하고 있다.

그러나 실제 원주민 자치 구역이 국가로부터 분리되어야 한다고 주장하는 원주민 조직은 극히 소수이다. 대부분의 원주민 조직은, 자치권이 정치적으로 자신들의 대표성을 확대하고, 자신들의 발전에 영향을 미치는 정책 결정 과정에서 원주민들의 참여 기회를 획기적으로 증대시킬 것으로 이해하고 있다.

또한 원주민 조직들은 자신들의 땅에서 일어나는 문제에 대해 자치적 영역을 확대하려는 시도와 함께 동시에 보다 큰 중앙정부 조직에 있어 그들의 삶에 영향을 주는 문제에 대한 결정에 효과적 참여를 확실히 하려는 노력을 동시에 추진하고 있다(Van Cott 1994, 13).

따라서 원주민들이 정치적 대표성을 확보하고 그를 바탕으로 자신들의 경제적, 사회적 이익을 옹호하기 위해서는 정치적 자치만으로는 부족하고 중앙 정치에 있어 대표성을 확보하는 일도 동시에 추진되어야 한다. 원주민들의 정치적 권리는 지역 자치를 통한 참여 확대와 함께 정당을 통한 중앙 정치에서의 원주민 대표성이 확보될 때 보다 공고화되

---

6) 그로 인해 국가의 사회적 서비스 기능을 국제적 연계를 가진 NGO들이 맡음으로써 원주민 운동이 강화되는 효과가 나타나기도 했다.

어 질 것이다.

그러나 이미 언급한 대로 독특한 문화적 정체성, 조직 형태, 언어와 상징성에 바탕을 둔 원주민 정치조직이 중앙 정치에서 얼마나 자신의 대표성을 확대할 수 있는가 하는 문제는 원주민 조직들에게는 여전히 도전 과제로 남아 있다.

3. 문화적 인권 : 전통의 가치에 대한 존중

서구의 보편적 인권이 주로 개인적 인권을 말한다면 원주민의 인권은 집합권에 기초를 두고 있다. 물론 원주민들이 보편적 인권을 반대하는 것은 아니다. 다만 이들은 그것을 완전히 이해하지 못할 뿐만 아니라 비원주민 그룹과의 관계에서 원주민의 보편적 인권이 존중받지 못한다고 느끼고 있다. 인종적 평등 선언에도 불구하고 현실적 차별이 여전히 존재하기 때문이다. 따라서 원주민들이 가장 바라는 것은 자신들의 삶에 대한 비원주민들의 진정한 존중, 즉 문화적 다양성의 인정이다.

그러나 현실에서 아직까지 원주민들은 여전히 경멸의 대상이며 원주민에 대한 사회적 배려는 매우 부족하다. 예를 들면 많은 경우에 스페인어를 모르는 원주민의 재판 과정에서 통역과 같은 기본적인 서비스가 제공되지 않고 있다.

1990년대에 들어와 원주민 운동가들은 통합 정책이 인종차별적이어서 원주민들의 권익을 위해 더 이상 받아들일 수 없음을 분명히 하기 시작했다. 그 대신에 이들은 문화적 차이를 인정하고 문화 간의 대화를 중요시하는 다문화주의, 다원주의, 인종적으로 이질적인 국가를 옹호하기 시작했다.

문화권이라는 것은 결국 원주민의 전통적 가치에 대한 인정이다. 그들의 전통적 지식 체계, 규범 체계, 신념 체계에 대한 사회적 인정이야

<표 4> 안데스 국가 주요의 원주민 인권 관련 개헌 현황

	콜롬비아	볼리비아	에콰도르	페루
개헌 연도	1991	1994	1998	1993
문화적 다양성 인정	'국가는 콜롬비아 국민의 인종적 문화적 다양성을 인정하고 보호한다'(제7조)	'자유, 독립, 주권, 다인종, 다문화 국가인 볼리비아'(제1조)	'에콰도르는 다문화 다인종 국가이다'(제1조)	'국가는 국민의 인종적, 문화적 다원성을 인정하고 보호한다' (제2조)
관습법	헌법과 법에 의한 제한적 인정	헌법과 법에 따른 제한적 인정	헌법과 법에 따른 제한적 인정	개인의 기본권에 따른 제한적 인정
집합적 소유권	인정	인정	인정	인정
원주민 언어의 지위	원주민 지역에서 공식어	특별한 내용 없음	원주민 지역에서 공식어	원주민 지역에서 공식어
원주민 언어 교육	국가적 실시	국가적 실시	국가적 실시	국가적 실시
자치권	인정, 자치제와 유사한 지역 경비대 (resguardos)	원주민 지역이나 원주민 공동체는 어떤 자치적 권한도 없음	원주민 구역은 법령에 의해 결정되는 자치권을 가짐	헌법상으로는 인정하지 않음. 1984년 법은 원주민이나 농민 공동체에 자치권을 가진 자치 대표부의 형성을 허용.

출처 : Van Cott 2002, p. 47.

말로 진정한 원주민 인권의 보장이 된다. 한 예로 최근 원주민 주술사들은 자신들의 전통적 치료 방식을 전문적인 것이라고 인정해 줄 것을 요구했다. 그들은 자신들의 치료 방식이 선조들로부터 내려오는 오래된 자연에 대한 관찰, 특히 식물(약초)들에 대한 탐구에 기초를 두고 있으며 끊임없이 수많은 시행착오를 거치면서 전해져 온 비법이기 때문에 충분히 전문적 지식으로 인정받을 만하다고 주장한다. 현대 의학이 화학적 합성에 의한 약품에 기초를 두고 있는 것과는 달리 자연에 대한 오랜 관찰의 산물인 원주민의 전통적 치료술의 인정이야말로 원주민의 문화적 가치를 인정하는 하나의 흥미로운 사례가 될 것이다.

원주민의 관습법에 대한 인정 또한 문화적 차원에서 원주민의 인권을 말할 때 중요한 하나의 요소이다. 국가의 법이 엄연히 존재하는 상황에서 원주민의 관습법을 인정하는 것은 때때로 원주민의 보편적 인권에 대한 위협이 될 수도 있다. 즉 관습법의 적용과 보편적인 인권의 유린의 관계가 정확히 규정하기 힘든 상황에서 관습법의 적용이 인권 남용으로 처벌될 가능성은 여전히 있다.

예를 들어 공동체에 대한 의무와 범법자의 공동체 내에서의 관계 재설정을 우선 목표로 하는 원주민의 관습법에 따르면, 가벼운 범죄를 지은 사람의 경우에는 감옥에 보냄으로써 공동체에서 격리시키기보다는 체형을 가한 후 다시 공동체의 일원으로 받아들이는 것에 더 많은 가치를 둘 수 있다. 그러나 이러한 체형은 보편적 인권에는 분명히 위반되는 사항이라서 국가법에서는 금지되어 있다. 이러한 갈등은 개인의 자유권을 중시하는 국가법 체계와 공동체에 대한 의무와 범법자의 공동체 내에서 관계 재설정을 우선하는 원주민 관습법 간의 문화적 차이로 인해 발생한다. 이런 경우 일정 한계 내에서 원주민들의 관습법을 인정하는 것이 그들의 문화적 가치를 인정한다는 차원에서 보편적 인권을 넘어서는 진정한 원주민의 인권으로 인정되어야 할 것인가 하는 문제가 남아 있다.

어쨌든 라틴아메리카의 많은 국가는 최근 원주민의 관습법을 제한적이나마 인정하는 개헌을 단행했다. 물론 원주민들의 관습법은 그것이 헌법으로 인정받기 이전에도 많은 원주민 공동체에서 실제로 적용되어 왔었다. 따라서 최근의 관련된 개헌은 다만 이를 공식적으로 인정하는 의미를 가질 뿐이다. 비록 관습법이 헌법에 따라 인정되었음에도 불구하고 그의 실행에는 여전히 제한적 요인이 있다. 원주민들의 인권을 규정하고 있는 국제노동기구 규정의 제169조항은 원주민의 관습법이 보편적인 인권과 충돌하지 않는 범위 내에서 존중되어야 함을 명시하고 있다. 그에 따라 관습법을 인정한 대부분의 국가도 관습법이 정당한 영장 집행권과 같은 국가법과 충돌하지 않아야 함을 밝히고 있다.

보편적 인권의 중요성이 결코 무시될 수 없는 상황에서 원주민의 관습법을 인정하기 위해서는 보편적 인권과 문화적 상대주의 입장의 중도적 길을 찾는 노력이 여전히 과제로 남아 있다. 그를 위해 스타벤하겐(1996)은 첫째, 보편적 인권의 핵심을 존중해야 하고, 둘째, 그러나 거기에 더해 소수 그룹의 주변적 인권의 존재도 인정되어야 하며, 마지막으로 주변적 인권이 존재하지 않는 한 보편적 인권도 제대로 향유될 수 없다는 인식을 가질 것을 제의한다. 보편적 인권과 주변적 인권의 변증법적 관계가 성립된다는 것이다.

Ⅳ. 결론

라틴아메리카에서 원주민은 그 수적 비중에도 불구하고 늘 통합과 소멸의 대상이거나 아니면 사회의 소외된 세력으로 남았었다. 그러나 최근 라틴아메리카에서 원주민은 새로운 사회 세력으로 부상하고 있다. 그리고 이들의 요구도 과거와는 다른 양상을 보여 준다.

과거의 원주민 통합 정책이 원주민 문제를 해결하는 데 실패함에 따라 원주민 문제도 새로운 차원에서 다루어지고 있다. 원주민 문제는 이제 더 이상 계급의 문제가 아니라 인종의 문제, 즉 문화적 문제로 다루어져야 한다. 그런 의미에서 원주민 인권도 원주민의 문화적 차이를 반영하는 이슈들이 주목받고 있다. 그것은 문화적 차이를 인정하는 바탕 위에서 원주민의 문화적 가치를 인정하고 존중하는 것이다.

경제적 측면에서 그것은 신자유주의 시장과 경쟁의 논리에 따른 개인소유권의 인정이 아닌 원주민의 전통적인 집합적 소유권의 인정으로 나타나고 있으며, 정치적 측면에서 원주민의 인권은 선거 민주주의와 정당 정치를 넘어서 자신들의 문제를 스스로 결정하는 자치권의 인정을 요구한다. 문화적 차원에서 원주민의 인권은 역시 보편적 인권과 함께 그들 고유의 신념과 지식과 규범 체계를 인정받는 것이다.

그러나 우리가 원주민 인권 문제에 있어서 문화적 다양성과 차이의 인정이라는 수사적 찬양을 하고 있는 동안 정치적, 경제적으로 신자유주의 세계화의 물결 속에 미국화가 완전히 헤게모니를 장악하는 현상을 간과하고 있는 것은 아닌지, 또 생존조차 어려운 빈궁 속에서 살고 있는 원주민의 삶을 단순히 '흥미 위주의 민속' 수준에서 다루고 있지는 않은지 깊이 반성해야 하는 과제는 여전히 남아 있다.

참고문헌

김세건 (2003), 「메스띠소와 원주민 사이에서 : 멕시코 국민주의와 원주민 종족성」, 『한국문화인류학』, Vol. 36, No. 2.

Barceló, Raquel (2003), 'El indio según los intelectuales: racismo, discriminación e identidad en los siglos XIX y XX', *América Indígena*, Vol. 59, No. 3, julio-septiembre.

Davis, Shelton (2002), 'Indigenous Peoples, Poverty and Participatory Development: The Experience of the World Bank in Latin America', Rachel Sieder (ed.), *Multiculturalism in Latin America*, England: Palgrave.

De Ferranti, David, Guillermo E. Perry, Francisco Ferreira, et al. (2004), *Inequality in Latin America and Caribbean: Breaking with Histrory?*, Washington: The World Bank Group.

Hall, Gillette and Harry Anthony Patrinos (2004), *Pueblos Indígenas, Pobreza y Desarrollo Humano en América Latina: 1994-2004*, Washington: The World Bank Group.

INAH(Instituto Nacional de Antropología e Historia) (1987), *Dinámica de la Población de Habla Indígena(1900-1980)*, México: INAH.

Iturralde, Diego (1998), 'Movimientos indígenas y contiendas electorales: Ecuador y Bolivia', Miguel A Bartolomé and Alicia M. Barabas (ed.), *Autonomías étnicas y estados nacionales*, México: Conaculta.

Nolasco, Margarita (2003), 'Los derechos humanos y los indios', *América Indígena*, Vol. 59, No. 3, julio-septiembre.

Marroquín, Alejandro D. (1972), 'Balance del indigenismo, Mexico: Instituto Indigenista Interamericano', *Ediciones especiales* No. 62.

Maybury-Lewis, David(ed.) (2002), *The Politics of Ethnicity: Indigenous Peoples in Latin American States*, Cambridge: Harvard University Press.

Plant, Roger (2002), 'Latin America's Multiculturalism: Economic and Agrarian Dimensions', Rachel Sieder (ed.), *Multiculturalism in Latin America*, England: Palgrave.

Psacharopoulos, George and Harry Anthony Patrinos (1996), *Indigenous People and Poverty in Latin America*, Brookfield: Avebury.

Krotz, Esteban (2003), 'Hacia una fundamentación ética del derecho a mantener y desarrollar una cultura propia', *América Indígena*, Vol. 59, No. 3, julio-septiembre.

Sieder, Rachel (2002), 'Introduction', Rachel Sieder (ed.), *Multiculturalism in Latin America*, England: Palgrave.

Skidmore, Thomas E. and Peter H. Smith (1984), *Modern Latin America*, USA: Oxford University Press.

Stavenhagen, Rodolfo (2002), 'Indigenous Peoples and the State in Latin America: An Ongoing Debate', Rachel Sieder (ed.), *Multiculturalism in Latin America*, England: Palgrave.

Tresierra, Julio C. (1994), 'Mexico: Indigenous Peoples and the Nation-State', Donna Lee Vancott(ed.), *Indigenous Peoples and Democracy in Latin America*, NY: St. Martin's Press.

The Economist (2004), 'A political awakening', *The Economist*, Feb. 19th, 2004.

Van Cott, Donna Lee (1994), 'Indigenous Peoples and Democracy: Issues for Policymakers', Donna Lee Vancott(ed.), *Indigenous Peoples and Democracy in Latin America*, NY: St. Martin's Press.

__________ (2000), 'A Political Analysis of Legal Pluralism in Bolivia and Colombia', *Journal of Latin American Studies*, Vol. 32(1).

__________ (2002), 'Constitutional Reform in the Andes: Redefining Indigenous-State Relations', Rachel Sieder (ed.), *Multiculturalism in Latin America*, England: Palgrave.

Yrigoyen Fajardo, Raquel (2002), 'Peru: Pluralist Constitution, Monist Judiciary-A Post-Reform Assessment', Rachel Sieder (ed.), *Multiculturalism in Latin America*, England: Palgrave.

라틴아메리카의 십자가를 통하여 본
원주민의 문화적 권리의 이해

정혜주

아메리카 대륙의 중부 및 남부의 지역이 라틴아메리카라고 불리게 된 것은 아메리카의 존재가 알려진 후에 스페인을 중심으로 한 라틴 계열의 유럽 사람들이 들어와서 이 땅을 유럽에 알렸기 때문이다. 그러나 현재의 라틴아메리카는 정치적, 경제적뿐만이 아니라 문화적으로도 그들의 고향인 라틴 유럽과는 매우 다르다. 유럽과는 지리적으로 다른 풍토에 적응된 것도 그 이유이겠지만, 가장 중요한 이유는 다른 문화적 전통을 지닌 사람들이 이미 살고 있었던 곳에 유럽 사람들이 정착했기 때문일 것이다.

문화는 한 지역에서 세월의 흐름과 함께 이루어진다. 따라서 한 지역의 문화는 그 지역의 자연환경과 그 지역에 사는 사람들의 기질이 반영되어, 생활양식과 세계관 등 오래 시간 전부터 내려온 것과 외부에서 들어온 요소가 함께 녹아 새로운 양상을 보태며 발전한다. 따라서 원주민과 스페인의 문화가 섞여 나타난 새로운 혼종의 문화, 메스띠소Mestizo 문화가 바로 오늘날 우리가 보는 라틴아메리카 문화라는 것이 보편적인

시각이다. 그러나 이는 정복과 피정복이라는 관계에서 원주민이 유럽의
문화를 강제적으로 받아들여서 이루어진 것이어서, 억지로 변할 수밖에
없었던 원주민의 문화는 왜곡되거나 숨겨지게 되었다. 따라서 부정된
원주민의 문화를 다시 밝은 햇빛 아래 내놓음으로써 스스로의 선택에
의해서 자연스럽게 변화할 수 있는 권리를 누리지 못한 원주민의 문화적
권리를 찾는 시도를 하고자 한다.

백인 주인 아래에서 일하는 메스띠소를 그린 기록화

　　1521년 스페인이 아스떼까의 중심지인 멕시코-떼노치띠뜰란을
정복한 이후, 라틴아메리카의 여러 지역의 정복과 유럽 사람들의 식민은
빠르게 진행되었다. 정복과 식민은 두 가지 방향으로 진행되었다. 하나는
새로운 경제 질서에 의한 원주민의 착취에 기초하여 군사적으로나 정치
적으로 장악하는 것이었고, 다른 하나는 서구적 사고방식에 따라 원주민
을 종교적으로나 문화적으로 변화시키는 것이었다. 두 번째가 복음주의
자들이 주장하는 '정신적 정복'이다. 믿음이 없는 자들에게 기독교를

102

전파하여 이들의 영혼을 구제하는 것으로 정복자들은 원주민의 문화를 파괴하고, 착취하고, 지배하는 첫 번째의 목적을 정당화하였다.

정복자들의 필요에 의해 이루어진 복음화는 정복된 지역에 급격하게 적용되었다. 1524년에서 1536년 사이에 수사들은 500만 명에게 세례를 주었다(Lopez Austin1998, 97). 불과 12년 사이에 원주민이 기독교를 이해해서 받아들였다고 보기는 어렵다. 그러나 원주민들의 도시와 마을에서는 그들의 신전과 신상과 상징물들이 사라지고 성당과 십자가 및 성자들의 형상이 들어섰다. 이윽고 스페인이 점령한 모든 지역, 산골짜기 구석진 마을까지, 라틴아메리카의 어디에서나 성당과 십자가가 세워졌다. 그리하여 아스떼까를 비롯한 고대 문명 지역뿐만이 아니라 전 중남미에서 기독교의 믿음과 가톨릭 성당 의례가 생활화되었다. 태어날 때, 결혼할 때, 죽을 때 등, 개인의 일생동안 기독교적 의례는 함께한다. 따라서 어디서든지 성모상이나 십자가를 보면 입술을 대고 기도하는 모습을 쉽게 볼 수 있다. 특히 도시와 떨어져 있는 마을에서는 개인적인 필요를 떠나 새해를 맞는 의례, 마을의 안녕을 위한 의례 등 마을 전체, 공동체적으로 중요한 일이 있을 때에는 기독교와 전혀 관계가 없어도 마을의 샤먼인 사제와 그의 보조자(행정 직원)들은 의례에 십자가를 사용한다. 그리고 성당의 신부와 보조 사제들도 의례를 진행하는 데 참여한다.

그렇다면 라틴아메리카는 스페인의 식민지가 된 이후로 완벽하게 기독교화되었다고 볼 수 있을까? 그렇다면 기독교가 지배적인 세상에서 어떻게 샤먼이 주재하는 의례가 있을 수 있는가? 게다가 십자가를 사용하고 신부가 참여하기까지 한다. 또한 이 기독교의 대표적인 상징인 십자가는 라틴아메리카에서는 유럽에서 볼 수 있는 것들과 다르다. 이곳의 십자가는 모양이 다양할 뿐만 아니라, 화환을 걸거나 옷을 입히는 등 십자가 자체를 인격화하여 숭상하는 인상을 준다. 공동묘지에서도 위와 같이 옷을 걸치거나 목걸이를 한 십자가들을 많이 볼 수 있다.

　이 글에서는 원주민의 분포도가 매우 높은 지역 중의 하나인 고대
마야문명 지역을 중심으로, 기독교의 대표적인 상징인 '십자가'와 '성
처녀'에 대해 조사하며 원주민이 현재 실행하고 있는 의례와 종교 현상을
살펴보고 원주민에게 메스띠소 문화의 의미를 찾아보았다.

Ⅰ. 마야 원주민 사회에 대하여

마야 사람들은 기원전 약 1500년 전부터 과테말라 서부 해안에서 문명을
시작하였다. 점점 북쪽으로 이동하면서 인구도 많아지고 도시도 많아져
서, 과테말라 뻬뗀 지방, 온두라스와 벨리세, 유까딴 남부 치아빠스에
걸쳐서 약 1,000년 동안의 고전기 시대의 문화를 화려하게 펼쳤다.
이후 마야 사람들의 무대는 유까딴 반도 북쪽으로 옮아가서 다시 약
500년간의 문화를 누렸다. 스페인의 정복자들이 도착하기 전에 이미
문명의 쇠퇴기로 접어들어서 마야 사람들은 많은 큰 도시들을 버리고
촌락으로 흩어져 살았다.
　대부분의 마야 주거지는 돌로 된 집자리platforma 위에 건설되었다.
집자리 위에 세워진 건물의 바닥에는 석회를 칠하여서 습기를 막았고,
벽과 지붕은 나뭇가지와 구아노 잎으로 엮은 것도 있고 돌로 만든 것도
있다. 각 집은 중앙 마당에 돌이 세 개 놓여 있는 구조였고, 한 집자리
위에 여러 가족이 살고 있는 것이 원칙이었다. 남자를 중심으로 한
직계와 방계 가족이 사는 것이 주된 가족 구조였다. 각 가족은 세 명이고,
한 집에 사는 전체 가족 수는 8~10명이 평균이었다(Sanders 1973, 329).
한 촌락은 5~10 정도의 집으로 이루어졌다. 마야의 도시는 전혀 계획되
지 않은 분산된 주거 형태를 보이며 대체로 촌락 형태이다. 작은 중심지에
는 피라미드나 그와 같은 종류의 공공건물이 몇 개 있는 광장 하나가

있다. 이 작은 중심지에는 50에서 100개 정도의 집이 있거나 10 내지 15의 촌락이 포함된다. 중심지에서는 촌락의 대표들이 행정이나 제전 행위를 주관한다.

열대우림 지역 농업의 가장 큰 문제점은 영양분 적은 땅과 금방 같은 땅을 쉽게 뒤덮는 잡초이다. 스위든swidden 경작 방법, 즉 밭에 불을 지른 뒤에 막대기로 구멍을 뚫고 그 속에 씨앗을 떨어뜨리는 농경 방법은 농부가 새로운 땅을 개척하는 일반적인 방법으로 보인다. 밭에 불을 지르면 잡초들을 태우게 되고 그 재는 땅의 영양분이 된다. 인구가 증가하면 곡식을 많이 심는다. 그렇게 되면 막대기 대신에 호미나 괭이를 사용하게 된다. 그러나 지력은 현저히 떨어지게 된다. 자연히 경작물은 줄어든다. 땅의 효율이 줄어들면 다시 구멍 하나하나에 씨앗을 심어야 한다.

스위든 경작은 대가족이 협력하는 것으로 충분한 경작 방법이다. 커다란 정치적 구조가 나타나는데 긍정적인 역할을 하지는 않았다. 따라서 마야는 제전을 중심으로 한 단순한 계급사회였다. 마야 사회는 조직적으로 모여 사는 도시가 아니고 떨어져서 흩어져 사는 촌락 사회이다. 마야의 자연은 특별한 산물이 지역마다 달라지는 다양한 환경이 아니다. 각 지역은 비슷한 형태로 자급자족할 수 있는 경우가 대부분이다. 각각의 촌락은 독립적이지만 제전 중심지로 종교적 제전을 하기 위해 모여든다. 피라미드를 비롯한 제전 중심지의 건물들은 촌락에서도 볼 수 있는데, 바로 우주와 별들의 움직임의 상징이다. 산재한 작은 제전 중심지는 큰 제전 중심지로 연결된다. 종교적 제전을 통하여 분산적인 마야 사회는 전체적으로 연결되게 된다. 제전을 총괄하는 사제는 동시에 최고의 권력자가 된다.

Ⅱ. 스페인 사람들이 들어온 이후 : 강제와 반응

스페인 사람들이 마야 지역을 정복하자 촌락에 흩어져서 살던 사람들은
메리다, 깜뻬체Campeche, 산 끄리스또발 데 라스 까사스San Cristobal
de las Casas, 안띠구아 과테말라Antigua Guatemala 등 몇 곳에 세워진
스페인 행정기관, 특히 교회의 영향 아래 있게 되었다. 이들이 건설하여
추진한 새로운 세계는 마야 사람들로서는 긍정적이지 않았다. 그들은
지금까지 가족 또는 마을 단위로 흩어져 살았던 생활 공간을 바꾸어야만
했을 뿐 아니라 농업에 기반을 둔 공동체적인 생활 관습과 신앙 행위culto
의 대상과 형태를 다 바꾸어야 했다. 빠른 시간 내에 이것을 이루기
위하여 과격하게 진행된 복음 및 식민화는 마야 사회를 비참하게 만들었
다. 대표적인 사례는 유까딴에서 성직자인 데 란다에 의하여 일어난
파괴와 폭행이며, 다른 하나는 치아빠스에서 살고 있었던 일반인들이
마야 원주민을 핍박한 것이다. 이는 라스 까사스 신부에 의해 알려졌다.

디에고 데 란다의 억압 El Auto de Maní

1562년 5월, 베드로 데 씨우다드 로드리고Pedro de Ciudad Rodrigo 수사는
마니Mani, Yucatan에 가까운 한 동굴에서 두 젊은이가 우상의 형상이
있는 제단을 발견했고 더욱이 그 우상을 위하여 희생을 한 흔적을 발견했
다고 당시에 유카탄 지역 교구를 담당하고 있던 디에고 데 란다Diego
De Landa 추기경에게 보고했다. 란다는 즉시 베드로 수사에게 수도원의
다른 6명의 수사와 함께 누가 이 일에 관여했는지 조사하라고 지시하였
다. 그들은 마니마을 부근의 원주민들을 잡아서 문초했다. 손을 붙잡아
매달고 아주 세부적인 것까지 물었고, 흡족하지 않으면 발에 돌을 매달고
채찍으로 때리고 촛농을 몸에 떨어뜨리며 고문하였다. 일요일의 미사에

우상 의식의 참가자들을 세우고 때리고 벌금을 물리고 또한 이 모든 책임을 원주민 지도자에게 물었다. 원주민 귀족과 중요한 사람에게도 같은 판정을 내렸다. 란다는 기왕에 벌어진 일에 더욱 큰 효과를 내기 위하여 7월 12일에 귀족들과 교리 강독자들에게, 머리를 자르거나 채찍으로 때리거나 죄인의 옷을 입히거나 강제 노동에 처하거나 일정 기간 동안 공동체 밖으로 쫓아내고 벌금을 물렸다. 그뿐만이 아니고, 기독교인라고 인정되어 성스러운 땅에 묻힌 경우에도 원주민을 다시 꺼내 불에 태웠다. 이때에 우상의 형상들과 다른 유물들과 고문서들도 함께 태웠다.

이 끔찍한 박해 동안에 의심을 받은 많은 원주민들은 고문을 피하여 산으로 도망가서 목을 매거나 쎄노떼cenote, 즉 석회암 지역에서 땅 밑으로 흐르는 물이 모여 우물을 이루는 곳에 몸을 던졌다. 정복자들의 폭행에 겁을 먹은 원주민들은 아이를 낳는 것조차도 두려워하여 인구가 급격히 감소하였다. 1562년 8월에 이 사건이 깜뻬체Campeche의 또랄 Toral 신부에게 전해졌다. 그는 추기경으로 발령받자 메리다로 가서 고문을 금지했고, 붙잡힌 원주민들의 이야기를 들었고, 우상숭배 참가자들은 벌금 및 채찍질 등을 받고 방면되었다. 강제 노동은 폐지되었다. 1563년 2월 또랄 추기경은 마침내 박해를 종결했다. (Matos Moctezuma 1998, 217~219에서 요약.)

바르돌로메 데 라스 까사스Bardolome De Las Casas의 보고

바르돌로메 데 라스 까사스 신부는 스페인 왕정에 1552년의 치아빠스의 산 끄리스또발 주위의 마을에서 있었던 종교적 대학살을 보고하였다. 남자와 여자 심지어는 어린이들까지 노예가 되고, 고문당하고, 산 채로 태워졌다. 박해자들은 '한 번에 13명, 우리의 구원자와 사도 12명을 기리기 위하여'를 구호로 외치며 원주민들을 살해하였다. 1524년에서

1540년 사이에 약 4~5백만 명이 살해되었으며, 죽은 원주민들의 몸은
고깃간에 걸려 개들의 먹이로 판매되었다. 지나가는 사람들은 걸려
있는 원주민의 시체를 '나에게 거기 있는 불한당의 사분의 일을 줘'라고
말하며 거래했다. (Hepker 1998, 10~11에서 요약.)

이러한 사건들로 마야 사람들은 삶 자체가 무너졌다. 그리하여 마야
사람들의 저항은 1541년부터 시작하여 식민 시대 내내 일어났다. 이들은
스페인의 통치를 벗어나 자신들의 세계로 돌아가고 싶었다. 다음의
두 사건은 그들의 소망을 보여 주는 대표적인 반란으로 하나는 식민
기간 내에, 다른 하나는 독립 후에 발발하였다.

치아빠스의 센달 사람들Los Zendales의 반란

1712년 치아파스의 깐꾹Cancuc의 첼탈tzeltal마을에서 '성 처녀 로사리오
la Virgen del Rosario'가 깐델라리아의 마리아Maria de la Candelaria에게 발현
하여 '스페인 사람들의 멍에에서 원주민을 해방하리라'라고 말하였다.
이 소식을 듣고 헤로니모 데 사라오Jerónimo de Sarao와 아구스띤 로뻬스
Agustín López는 반란을 선동하였다. 둘은 각각 바차혼Bachajón과 깐꾹
Cancuc의 성당의 교역자였다. 체날호Chenalhó 출신의 세바스띠안 고메스
Sebastián Gómez가 '신의 사람'으로 부름을 받고 앞장섰다. 반란은 급속하
게 퍼져 나갔다. 처음에는 자발적으로 믿는 자들이 사제와 의례에 따르는
종교적인 성격이 강했다. 이윽고 이들은 성 처녀를 따르는 12사도의
집단이 지배하는 신정 체제의 새로운 공동체로 발전하였다. 그러나
바차혼과 주위 마을의 사람들 사이에 주도권 다툼이 일어나서 바차혼의
후안 로뻬스가 죽고, 깐꾹이 종교-정치의 중심이 되었다. 깐꾹은 토착
원주민들이 모여드는 상업의 중심지가 되었고, 덕분에 반란자들은 '성

처녀의 군대'를 형성하였다. 그들은 장원의 지주들과 목장의 라디노들을 제거하고, '치아빠의 왕의 도시Ciudad Real de Chiapa(현재의 San Cristóbal de las Casas)'를 습격하였다. 이들을 막기 위하여 정부는 '깐꾹의 로사리오 성 처녀'에 대항하여 '왕의 도시'에서 존경받는 '자비의 성 처녀la Virgen de la Caridad'를 앞세우고 치아빠스Chiapas, 따바스꼬Tabasco, 과테말라 Guatemala 등에서 지원을 받아 같은 해 11월 21일에 깐꾹에 숨어있는 반란자들을 패퇴시킴으로 해서 끝났다.

이 반란의 지도자들은 가혹한 식민 통치의 대안으로서 '원주민 공화 국'을 이루고자 하였다. 치아빠스 원주민 역사 이래 유일하게 조직의 정도까지 이른 것이었으나, 반란자들은 응집력의 중심된 상징을 억압자 들의 것으로 채택하고 있었다. 즉 '로사리오 성 처녀'의 발현과 함께 예수-마리아-요셉의 보호 아래 교회를 세우고, 독립적으로 주교와 사제 들의 계급적 질서 조직을 이루어 중심지를 만들고, 여기에서 종교적 축제, 성찬식, 고해 성사, 영세 등의 의례를 행하였다. (Vos 1998, 68~71에서 요약.) 그들은 기독교의 외형을 갖춘, 마야 사람들의 전통적인 정치-종교- 경제 일체의 사회를 지향하였다.

유까딴의 계급 전쟁La Guerra de Castas de Yucatan 1847~1900

1847년 2월 마지막 주 일요일 오후에 깜뻬체의 산 베니또 성채 도시에서 이루어진 음악회에 총과 칼을 든 반도들이 쳐들어와서 피를 흘리지 않고 성채를 점령하면서 계급 전쟁은 시작되었다. 이들은 1년이 채 안 되어 유까딴의 바야돌리드Valladolid까지 진격했다. 진격은 마누엘 안또니오 아이Manuel Antonio Ay, 하씬또 빠뜨Jacinto Pat, 쎄씰리오 치 Cecilio Chi 등이 이끌었다. 이 봉기는 새로운 지배 체제에 가장 잘 저항한 중앙 지역의 원주민 마을 떼뻬치Tepich에서 1847년 7월 30일에 시작하여 띠호스꼬Tihosco, 뻬또Peto, 바야돌리드Valladolid, 띠꿀(Ticul)과 이사말 Izamal로 번져 거의 대부분의 유까딴 반도의 북쪽의 마을들이 합류하였다. 계급 전쟁에 참가한 원주민 수는 85,091명이며 대장급은 103명이었는 데, 이 중에는 가난한 백인들과 메스띠소도 상당수 있었다. 동쪽에 사는 거의 순수 원주민 참가자는 11,000명이었다.

봉기의 목표는 각 마을의 지도자에 따라 달랐다. 따라서 전체적인 응집력이 결여되어서 반군의 조직은 한 번도 하나의 명령 체계 아래서 움직인 적이 없었다. 각각의 마을이 '자연적인 지도자'의 명령에 따라 각개전투를 하였다. 외적인 위험이 극심할 때만 함께 움직였다. 이러한 중에 메리다 정부의 정치적인 개혁 약속과 각 개인들의 경작지milpa에 대한 경제 제재로 반란은 혼란에 빠졌다. 두 명의 지도자가 살해당했고 지도자들이 바뀌었다. 그중에서 베나씨오   Venacio Pec, 플로렌띠노 찬Florentino Chan, 보니파씨오 노벨로Bonifacio Novelo와 메스띠소인 호세 마리아 바레라José María Barrera만이 반도의 동쪽에 원주민형식의 자주적 인 땅의 건설을 제안하였는데, 이유는 백인들을 완전히   거나 괴멸시키 는 것이 불가능해 보였기 때문이었다. 이 제안은 바레라에게는 현실로 이루어졌다,

멕시코 군대에 쫓긴 호세 마리아 바레라는 사반Saban 마을에서 남동 쪽으로 34킬로미터 떨어진 찬 산따 끄루스Chan Santa Cruz에서 성스러운 후광이 둘러 있고 말하는 십자가를 보았다. 동굴아래 작은 세노떼 옆의 좁은 공간으로 내려간 그는 십자가가 보이지 않자 세노떼 곁에 십자가를 하나 세우고 찬 '산따 끄루스'라 불리는 십자가 옆에 마을이 세워졌다. 순식간에 300호가 들어서고 십자가를 따르는 사람들로 '원주민 공화국' 의 중심이 되었다. 무장한 사람들로 이루어진 군사 체제와 '말하는 십자가'의 힘을 믿는 두 가지 요인으로 반란자들은 서로 다른 마을 출신지라는 반목을 극복하고 새로운 사회로 합쳐졌다. 멕시코 군대의

계속적인 공격으로 바레라를 비롯한 지도자들은 다 죽었지만 '말하는 십자가'는 살아남았다. 거의 뚫을 수 없는 열대우림 셀바Selva, 벨리세와 영국인들과의 동맹, 온두라스Honduras Británica로부터 들어온 소총들 덕분에 이 반란자의 마을은 쉽게 점령되지 않아서 1901년이 되어서야 '찬 산따 끄루스' 마을은 파괴되기에 이르렀다.

십자가 사람들Cruzob의 조직 계보는 원래 마야의 사회조직과 닮았다. 마야 사회는 정치 담당자, 종교 담당자가 최고에 있고 그 밑에 양쪽의 실제적인 행정관들, 그 아래로는 평민과 노예가 있었다. 십자가 사람들은 맨 위에 십자가 보호자, 그 밑으로 십자가 담당, 군대 담당의 양쪽의 실무진이 있고, 그 아래에 평민과 노예가 있었다. (Reed 2002, 209에서 요약.)

까스따 전쟁은 멕시코 역사상 가장 처절한 7년간의 유혈 전쟁 기간과 47년 동안 정부의 지배를 받지 않고 자유롭게 살았던 기간(1854년~1901년)을 포함하여 54년간이나 지속되었다. 반란은 지배 계층이었던 백인들끼리의 정치적인 반목에서 시작되어서 백인과 마야 원주민의 인종적인 싸움으로 되면서 폭력적인 양상을 띠었다. 정치적 반목에서 인종에 바탕을 둔 계급 전쟁으로 바뀌자 원주민 '반도'(?)는 종교적인 집단으로 탈바꿈하였다.

두 사건 모두 폭력적인 거사였으나 종교적인 색채를 띠었고 결국 그들이 원하는 바는 신이 인도하는 새로운 사회였다. 그리고 그 사회는 마야 고유의 사회제도와 비슷하면서 기독교의 외형을 띠고 있었다. 이는 매우 흥미로운 점이다. 마야 사람들은 정복자들의 폭력과 억압에 대해 반기를 들었으나 그들의 신 자체를 부정하지는 않았다는 것이다. 마야 사람들은 스페인 사람들이 제시하는 신이 우세하다는 것을 인정했다. 스페인이 보여 주는 힘과 기술은 그들이 믿는 신을 인정하기에 충분했다.

오히려 원주민들을 혼란스럽게 한 것은 기독교의 배타성이었다. 즉 마야 세계에서는 신의 양면성dualismo으로 발전하는 것이 기독교에서는 선과 악으로 갈라지며 함께 존재할 수가 없는 것이다. 이는 근본적으로 마야의 종교가 여러 신을 따르는 데에 반하여 기독교는 일신교임에 기인한다.

그러나 원주민 농부들에게는 정상적으로 생활하기 위해 여러 의례가 필요하였다. '밭을 여는' 의례를 할 때에는 '비의 신'의 보호가 필요했고, 새 집을 여는 의례, 석회의 용광로를 여는 의례, 새로운 건물에서 나쁜 기운을   아 내거나 대기를 조절하고 특별히 비와 우박을 조절하는 등등의 경우에는 다른 신이 필요했다. 즉 원주민들에게 문제는 새로운 신을 받아들이는 것이 아니라 지금까지 그들의 운명을 의지한 신들에 대한 의례culto를 버리는 것이었다. 그리하여 마야 사람들은 여전히 '관습'이라는 이름 아래 선조들이 이루어 놓은 것을 답습하고 있었다. 다시 말하면, 원주민은 외형적으로는 변하였으나 개인 생활은 여전히 옛 것을 믿고 실천práctica하고 있었는데, 이는 복음주의자들이 기독교의 기본인 죄와 가치virtud에 대한 개념을 분명히 할 수 없었기 때문이라고 하였다. (Gibson, López Austin 1998, 102.)

사정이 이렇게 되자 복음주의자들도 원주민들을 근본적으로 개종하는 것을 단념하고 그들의 도덕 규범과 삶의 구조에 뛰어들었다. 그들은 스페인이 정복하기 전의 축제의 방식에 기독교 의례를 맞추었다. 음악, 노래 또는 연극 같은 것을 넣었다. 이 방법으로 개종자들을 교회에 더 흥미를 가지고 정성을 쏟게 할 수 있었다. 그러나 마야의 종교적인 요소가 기독교 문화의 옷을 입고 유지되는 것을 피할 수 없었다. 헤로니모 데 멘디에따Geronimo de Mendieta 수사는 원주민들이 십자가 아래에 자신들의 신의 형상을 묻는 일이 흔하다고 하였다(López Austin 1998, 97). 이 행동은 교회를 세우며 성자들의 형상을 함께 세우는 데에 문제가 되었다. 원주민들이 성자들을 보며 그들의 신을 기억할 것을 염려하였기 때문이었다. 그러나 형상에게 예배하는 것을 허용하는 것이 원주민들에게 기독교를 심는 데 효과적이라고 보는 시각이 우세하였다. 결과적으로 식민 시대에도 원주민의 종교는 기독교의 명령 아래서 예배culto를 유지하였다. 그러나 원주민의 종교는 가톨릭의 예배 의식에 적응하였다. 그리하여 '성 처녀 로사리오'와 '말하는 십자가'처럼 마야 사람들의 수호자는 기독교의 옷을 입고 예배를 받게 되었다.

Ⅲ. 오늘날의 마야 농촌에서 만나는 것

그렇다면 지금은 어떠할까? 오늘날의 마야 사회는 도시에 사는 사람들과 농촌에 사는 사람들로 나뉘었다. 고대에는 큰 제전 중심지가 있는 도시의 정치, 사회, 경제의 흐름이 작은 제전 중심지가 있는 마을과 연결되어 삶의 모습은 비슷한 양상을 보였지만, 오늘날에는 도시에서 상업 또는 공업 근로자로서 살아가는 모습과 아직 농사가 바탕이 되는 농촌 마을의 삶은 매우 다르다. 근대화된 농촌에서 사는 마야 사람들의 의례와 도시에서의 의례 모습을 살펴보자.

민속 연구서 『신들을 위한 제물』(Vogt 1976, 95)에 의하면 치아빠스 주의 시나깐딴 농촌 마을에서는 오늘날에 세 가지 의례를 실행하고 있다.

새 집의 의례

마야 사람들에게는 집이 지어져 있다는 것과 거기서 산다는 것은 별개의 것이다. 집과 울타리가 있는 네모진 공간을 사람이 사는 곳으로 만들려면 그 곳에 하늘로부터 성스러운 기운을 받고 땅으로부터 오는 나쁜 기운을 막을 수 있도록 하여야 한다. 샤먼 사제와 보조자들은 집안의 네 구석과 중심을 잡는다. 특히 바닥과 지붕 사이에 집안의 중심을 정확히 하는 것은 아주 중요하다. 그리고 각각의 구석을 돈다.

집안의 네 모퉁이를 도는 의례는 지하 세계로부터 영혼을 보호하는 의식이다. 여기에서 집안에 있는 각각의 모퉁이와 그에 따른 공간을 안전하고 문화적으로 하는 가장 중요한 요소는 십자가를 세우는 일이다. 그들에게 집에 십자가를 두는 것은 단순한 건물이 사회적 활동의 중심이 되는 영혼을 가진 건물로 되는 것을 뜻한다. 집의 영혼이 되는 십자가를 땅에 꽂아 지하 세계의 힘을 막고, 소나무의 뾰족한 잎사귀들을 마당에 뿌려 지하 세계와 연결되는 것을 막는다. 이는 집과 밭을 보호하는, 그 안에 사는 생물들의 영혼을 안전하게 하는 의례이다. 이리하여 시나깐 딴에서는 한 집안에서도 여러 곳에 십자가가 놓인다. 집의 지붕 위, 집 바깥쪽으로 난 대문의 중심에 십자가가 위에서 아래로 늘어져 있고, 광에서는 옥수수가 저장된 곳의 위에서 십자가를 볼 수 있다.

집을 나와서 마을을 거닐어 보면 곳곳에서 십자가를 만날 수 있다. 성당의 윗부분에서, 성당 옆의 석회로 된 성수 통에서, 공동묘지에서, 마을의 중심지인 (고대 마야에서는 제례의 중심지였을) 광장 끝에서, 동굴이나 물이 솟는 곳에서, 산 밑이나 꼭대기 등 조상신들이 머무는 곳에서 십자가를 볼 수 있다. 특히 이런 곳에는 대개 세 개의 십자가가 함께 있다. 보트(Vogt 1976, 77)에 의하면 이 모든 십자가들은 '문' 또는 '입구'를 상징한다. 즉 신들과의 대화나 각 사회의 구획(집, 회당, 시장 등) 사이의 공간적인 경계를 표시한다. 집이나 성당의 위에 세워진 십자가는 '보호한 다'는 의미로 매우 중요하다. 또한 마당에 있는 십자가, 옥수수 위나 구획의 경계에 있는 십자가, 성소와 무덤의 십자가는 살아 있는 사람들과 죽은 자들, 즉 조상신들을 연결시켜 주는 것으로 믿는다. 그리고 이러한 의례가 성공적으로 이루어지기 위해서는 꼭 세 개의[1] 십자가가 함께 있어야 한다고 믿고 있다.

순례 행진

마야 사람들의 또 다른 중요한 의례는 조상신들에게 공물을 드리고 그들의 길을 따라 걷는 행위이다. 마야 사람들은 언제나 좁은 길을 따라서 한 줄로 걷는다. 산 길 또는 우거진 밀림 속 길을 한 줄로 나란히 걸어가는 행진은 고대 마야의 독특한 의례이다. 이들은 해가 지나가는 길을 되풀이해서 걷고 있는 것이다[2]. 해가 뜨는 동쪽에서 시작하여 서쪽으로 향하여 걷는다. 정오에 오랫동안 쉬는 것은 해가 정점에 도달했을 때에 머무는 것을 뜻한다. 지역의 모든 마을 사람들이 경배하러 오므로 '제의 중심지Centro Ceremonial'[3]가 있는 곳에서는 언제나 시장이 형성되었다. 따라서 오늘날 마을의 중심지, 시장이 서는 곳은 제의의 중심지였다. 오늘날에도 큰 성당은 여기에 있다.

---

1) 일반적으로 이것은 기독교의 성부, 성자, 성령의 삼위일체를 상징하는 것으로 간주된다. 그러나 팔렌케 유적지의 '십자', '잎 달린 십자', '해'의 신전에서 볼 수 있듯이 세 개가 어우러져 하나를 이루는 개념은 이미 마야 사회에서 퍼져 있던 것이다.

2) 벨리세의 쎄로 유적지의 최초의 피라미드로 알려진 삼층의 건축물의 각각의 층에는 해와 금성을 상징하는 얼굴들이 새겨져 있고, 정상의 신전에는 사제들이 해와 금성의 운행을 재현하여 (Schele & Freidel 1990, 110) 걸었다고 보이는 흔적이 있다.

3) 고대 마야의 도시는 '제의 중심지(Centro Ceremonial)'라고 불리는 신전, 왕궁, 상업의 중심지에 형성되었다.

새해의 불 제전

새해를 맞는 의식은 시나깐딴의 모든 샤먼이 참가하여 주위의 성스러운
산들과 중앙의 성당을 걸어 돌아다니며 참배하는 것이다. 의식이 있는
날에는 샤먼과 마을 실제 행정가들el Chaman Mayor y Gran Alcalde은 시장el
Presidente Municipal을 따라 성스러운 산을 향해 행진하고 불을 피운다.
그리고 산 정상에 오르면 십자가의 성소를 세우고 각자의 집과 조상의
신을 소개한다.

위에서 살펴본, 오늘날 시나깐딴 마을에서 이루어지는 세 가지 제전은
십자가를 중심으로 이루어져서 겉보기에는 기독교와 연결된 의례인
것처럼 보인다. 그러나 집안에 다섯 방위를 세우는 것, 해가 가는 길을
따라 행진하는 것, 산꼭대기에서 불을 피우고 제사를 지내는 등의 제전의
내용은 기독교의 관점에서는 매우 생소하다. 게다가 이러한 제전들은
마을의 샤먼과 행정가들이 주재하며 성당의 사제들은 제전의 참가자에
불과하다.

　새 집의 의례는 네 방향과 하나의 중심을 잇는 우리네 삶의 평면적인
공간과 높이로는 그 공간 아래와 위로, 하늘의 세계와 지하의 세계4)로
나누어진다. 네 구석은 각각의 신들5)에 의해 받쳐져서 유지된다. 이
의례에서는 공간 구조가 기독교와는 다른 마야의 우주관을 엿볼 수
있다. 마야 사람이 사는 네모진 공간에 가장 큰 영향력을 미치는 것은
해의 운행이다. 그들의 삶의 모든 부문이 해와 연결된다. 순례 행진의

---

4) 고대 마야에서 하늘의 세계는 우이날Uinal, 지하 세계는 시발바Xibalba로
　　불리웠다.

5) 고대 마야에서는 빠와흐뚠Pawahtun, 오늘날의 초칠 지방에서는 와삭-멘
　　Waxac-Men이라 부른다.

116

제전은 해를 신으로 모시고 그 운행을 따라가는 것을 모방하는 행위이다. 순례가 해가 뜨는 산 위에서 끝나는 것은 해가 나타내는 신과 다른 신들이 산에 있다고 보기 때문이다6). 이렇게 의례의 내용은 원주민 마야의 세계와 관계가 있다. 그렇지만 십자가는 이 모든 일의 중심에 있다. 지하 세계가 열리는 것을 막고, 하늘의 세계를 열어 스스로 해가 되어 순례의 행진을 하고 여러 조상신들을 영접하기도 한다. 그러면 오늘날의 십자가에 대해 좀 더 알아보자.

차물라 마을의 십자가

차물라 마을은 조금 더 산속에 있었다. 이 마을에서 버스로 약 30분 거리에 식민지 시대부터 중심지였던 산 끄리스또발 데 라스 까사스San Cristobal De Las Casas가 있음에도 불구하고 서로의 왕래가 적었다. 차물라 마을에서도 집마다, 성당에, 거리에서, 묘지에서 십자가를 볼 수 있다. 무덤 앞에 세워진 십자가는 죽은 자의 나이에 따라, 성별에 따라, 과부인가 미성년인가 하는 처지에 따라 색상과 배치가 달라진다. 개인의 집 앞에 언덕 위에 서 있는 십자가는 밝은 하늘색에 머리와 양팔 끝이 동그랗게 마무리되어 있으며, 이 세 곳과 가운데와 아래쪽에 모두 다섯 개의 활짝 핀 꽃 모양이 그려져 있고, 가운데에는 소나무 가지가 펼쳐진 모양이 있다. 각각은 머리의 꽃Xnichimal hol, 손의 꽃Xnichimal k'ob, 가슴의 꽃Xnichimal yonton, 발의 꽃Xnichimal ok이라는 이름을 갖고 있다 (Schele, Feidel & Parker 1993, 399). 그뿐만이 아니라 솔가지가 무성한 소나무를 주위에 쌓아 옷을 입힌 모습을 하고 있는 것도 있다.

---

6) 마야문명에서 볼 수 있는 수많은 피라미드를 부르는 말은 위츠(Witz')인데, 이는 인공적인 산을 뜻한다. 피라미드는 제의의 중심이다. 즉 그들은 도시 안에 산을 세우고 산 위에서 제례를 한 것이다.

차물라 마을의 십자가는 소나무 가지의 옷을 입은 네 개의 꽃을 가진 십자가이다.

　　말하자면 이들 십자가는 잎이 달린 나무의 모습에 꽃이 핀 형상이며, 동시에 사람의 모습을 나타내고 있다고 볼 수 있다. 기독교에서도 십자가를 나무로 표현하고 그 나무에 매달린 사람이 구세주이므로, 그런 개념을 원주민의 미적 감각으로 표현한 십자가라고 볼 수도 있다. 그러나 초칠 사람들에게 꽃은 '성스러운' 의미라고 한다(Bricker 1981). 마야의 왕과 귀족들의 귀를 장식하는 것이 바로 네 방향의 꽃인 것도 같은 맥락이다[7]. 마야 사람들에게 꽃은 아름다운 장식 이전에 성스러운 것이었던 것이다. 차물라 마을의 십자가는 그 자체가 성스러운 사람을 표현하고 있다.

---

7) 마야의 무덤에서 발견된 유물에서는 유골의 얼굴을 덮은 옥으로 만든 가면과 펼쳐진 네 개의 꽃잎 모양의 귀의 장식이 보편적이었다.

118

야수나 마을Yaxuna(Yucatan)의 기우제, 차착Ch'a-Chak

유까딴의 야수나Yaxuna 마을에 가뭄이 오래 계속되자 마을 사람들은 차착Ch'a-Chak제를 준비하였다. 마을 사람들은 자발적으로 두 병의 럼주, 10자루의 초, 10봉지의 향, 두 마리의 산 닭을 가져왔다. 나무 탁자의 가운데에는 긴 나무를 세우고 방울을 달아 두른다. 탁자의 네 귀퉁이에 네 명의 젊은이가 앉는다. 사이에 두 어린이가 더 앉는다. 십자가 위쪽으로 네 귀퉁이와 가운데를 가로 지르도록 여섯 방향으로 나뭇가지를 구부려 덮는다. 나뭇잎들은 가지에 매달려서 제단 위로 늘어진다. 샤먼은 그 곁에 사흘을 머물면서 기도하고, 나흘째에 온 동네 사람들이 모여서 차착, 즉 비를 기리는 제의를 시작하였다. 이때 마야의 제의용 술인 발체balche, 음식물, 촛불, 십자가를 놓고 샤먼은 수지 향을 피우며 차착의 주문을 외운다(Freidel, Schele & Parker 1993, 33에서 간추림).

　야수나의 차착제의 중심은 십자가를 가운데에 세움으로 해서 우주의 공간을 형성하는 것이다. 십자가는 지하 세계와 하늘 사이를 받치는 '세계 나무'의 역할을 하고 있는 것이다. 십자가 자체가 성스러운 인간이 되거나 '세계 나무'가 되는 것은 기독교적인 종교관과는 관련이 없다. 기독교에서 십자가를 '나무'라고 부르는 것은 예수를 의미하는 것이 아니라 그가 매달려있던 십자가의 재료가 나무였기 때문이다. 예수가 매달림으로 해서 그 나무가 성스러워진 것이다.

　마야에서 십자가는 다양한 역할의 보호자일 뿐만 아니라, 그 자체가 성스러운 사람이거나 세계를 받치는 기둥으로서의 역할을 하고 있다. '치아빠스의 센달사람들의 반란'이나 '유까딴의 계급 전쟁'에서 볼 수 있는 것처럼 십자가는 그 자체로 살아 있으면서 마야 사람들을 모이게 하는 존재였다. 기독교와는 관계가 없는 이러한 살아 있는 십자가와 그 역할은 어디서 온 것일까? 십자가는 어떻게 마야 세계의 중심에 있게 된 것일까?

Ⅳ. 마야 지역 십자가의 기원을 찾아

마야 사람들이 최초로 남긴 십자가 형태는
치아빠스 지방에 위치한 마야문명 초기의
유적지인 이사빠Izapa(Chiapas)의 유적에서 볼
수 있다. 이사빠 유적은 기원전 200년에서
기원후 200년 사이에 세워졌다. 이곳의 비석
25에는 한 소년이 꼬리는 나뭇가지, 몸은
나무의 몸통, 발은 뿌리가 된 도마뱀을 잡고
있는 장면이 조각되어 있다. 도마뱀은 땅에
서 몸을 세워 나무가 되었고 소년은 그것을

이사빠 비석 25

잡고 네모진 지상의 가운데 점에 서 있어서 십자가를 이룬다. 도마뱀은
땅과 하늘 사이에 있는 나무이며, 하늘의 새는 소년의 위대함을 강조하여
보여 준다(Piña Chan 1990; Tedlock 1993).

　　같은 내용을 고전기 마야 토기의 그림에서도 볼 수 있다. 얼굴과
거울이 있는 나무 위에 새가 있다. 나
무는 잎이 가득하게 양쪽으로 뻗어있
고 그 뿌리는 지하의 세계에 내리고
있다. 여기에서는 비석 25에 보이는
바와 같이 붙잡고 서 있는 소년 대신에
나무 스스로 인간화되었다. 이것이 하
늘과 땅 사이를 받치고 있는 '세계 나
무' 와까 찬Wakah-Chan이다. 마야어

마야 토기. 얼굴과 거울이 있는 나무 위에
새가 있다.

120

로 '하늘을(Chan) 들어올린(Wakah)' 이란 의미이다. 와까-찬이 한 일은 끼리구아의 비석 C에서 볼 수 있는데, '세 개의 돌이 놓이는' 일이 일어난 날에 주군인 와까-찬(올려진-하늘)은 13박뚠8)을 채워 마야의 세계가 시작되도록 한 것이다(정혜주 2005b). 그는 하늘을 땅으로부터 분리하기 위하여 스스로를 일으켜서 들어올렸다. 그리하여 그 사이에서 인간이 살 수 있도록 한 것이다.

다른 한편, 마야문명이 가장 발달한 시기의 차아빠스 지방의 유적지 빨렌께Palenque(Chiapas)에서는 '세계 나무' 와까-찬이 바로 옥수숫대를 의미하는 것을 볼 수 있다. 빨렌께의 '잎 달린 십자 신전Templo de la Cruz Foliada'에는 정면의 맨 아래에 '네 방향의 괴물'의 얼굴이 보이고, 바로 위에 '네 방향의 꽃'인 깐Kan이라는 글씨가 보인다. 네모진 네 방향은 지상을 의미하므로 그 아래에 있는 이 괴물은 지하의 군주로 해석된다. 그 가운데서 옥수수로 표현된 '세계 나무'가 솟아 나와 있다. 옥수숫대는 양 옆으로 가지를 뻗고 있고, 그 가지에 사람의 머리가 달린 십자의 모양이다. 같은 유적지의 '십자 신전Templo de la Cruz'은 양 옆으로 뱀의 얼굴이 달리고 목과 머리 주변을 옥으로 장식한 십자가를 보여 준다. 두 개의 뱀의 머리가 달린 선은 황도를, 직선은 미리내(은하수)를 뜻한다(Schele & Freidel 1990). '세계 나무'인 옥수숫대에 황도와 미리내가 교차하여 십자가를 이루고 있다.

빨렌께의 신전들은 빨렌께 왕가의 유래를 과시하기 위하여 지어졌다. 빨렌께의 왕가는 마야 세계의 창조와 함께 시작되었다. 마야 세계는 '아래로-누운-하늘' 장소에 '세 개의 돌이 놓이는' 일이 일어나며 창조되었다고 하는데, 이는 하늘의 움직임을 그대로 묘사한 것이다. '아래로-누운-하늘'이란 별자리가 이동하는 모습을 표현한 것이다. 즉 하늘은 머리

---

8) 13박뚠은 마야의 세계가 시작하는 시간이다. 13박뚠 4아하우 8꿈꾸에 마야 세계가 창조되었다.

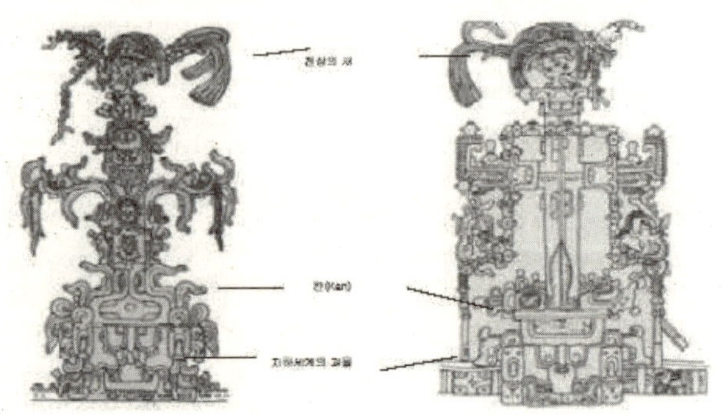

빨렌께의 '잎 달린 십자 신전'과 같은 유적지의 '십자 신전'. 왼쪽의 것은 지하 세계를 딛고 서 있는 '세계의 나무'로서의 옥수수이며, 오른쪽의 것에서는 황도(가로대)와 미리내(세로대)가 교차하고 있다.

위로 평면적으로 펼쳐진 것이며, 아래로 누우면 하늘이 지상 위에 서는 형상이 된다. 이는 밤하늘에서 가장 먼저 떠올릴 수 있는 미리내(은하수)의 이동과 함께 별들이 움직이는 것을 말하는 것이다. 마야 사람들이 주목한 '하늘에 세 개의 별이 놓여 있는 곳'은 오리온자리이다. 오리온자리가 선명히 보이며 미리내가 하늘을 가로질러 우뚝 설 때가 바로 창조의 시간이다. 세 개의 돌을 놓아 화덕을 만들고 옥수수 빵을 구음으로써 빨렌께의 왕가, 다시 말하면 마야의 세계가 시작되었다(정혜주 2005b).

마야 토기. 거북의 등을 쪼개고 '옥수수 신'이 나오고 있다.

마야 사람들은 오리온자리를 거북이라 불렀다. 마야의 토기에 남겨진, 거북의 등을 쪼개고 '옥수수 신'이 나오는 장면은 바로 위에 묘사된, 하늘이 움직여서 새로운 모습을 보이는 것이 지상에 이루어진 모습을 보여 주고 있다. 하늘에서 와까·찬이 일어설 때 땅으로 묘사된 거북의 등에서 첫 아버지인 '옥수수 신'이 나오는 것이다.

　마야의 집 내부에는 중심에 화덕이 있다. 남자들은 자주 다른 쪽에 둘러앉지만 여자들은 항상 화덕에 둘러 앉아 또르띠야를 굽는다. 또르띠야는 옥수수 가루로 재료로 하여 전병처럼 구운, 메소아메리카의 주식이다. 마야 사람들의 우주관에 따르면, 화덕 주위에 세 개의 돌을 놓아 집의 중심을 세우는 것 같이 세 개의 돌을 우주에 중심에 세움으로써 마야 세계가 시작되었다. 마야의 우주관에서 사람이 사는 땅은 네모진 것으로 네 귀퉁이를 빠와흐뚠Pawahtun이라 불리는 신들이 받치고 있고, 가운데에 거대한 나무가 서 있다. 이사빠와 빨렌께에서 볼 수 있는 마야의 십자가는 바로 이 우주관을 표현한 것이다. 시나깐딴의 새 집의 의례에서 네 방향을 세우고 가운데에 중심을 잡는 것은 바로 집 자체를 우주로 보고 의례를 행하는 것을 보여 준다. 십자가로 상징되는 나무를 세워서 세계를 받치고 지하에서 오는 나쁜 기운을 막아야 하는 것이다.

　차물라 마을의 십자가는 와까-찬(들려진 하늘)을 의미하는 '세계 나무'이다. 지상에서 와까-찬을 대신하는 존재는 마야의 왕이었다. 따라서 마야의 십자가는 신이며, 나무이고 또한 인간을 표현한다. 차물라 사람들은 꽃과 소나무 가지로 장식함으로써 십자가를 살아 있는 사람으로 만들었다.

　야수나의 차착 의례 또한 마야 사람들의 우주에 대한 공간 개념을 그대로 반영하고 있다. 제단에서 보이는 중앙에 세워진 '세계 나무'는 거북의 등에서 나오는 '옥수수 신'과 같은 존재이다. 가지 위로 늘어진 나뭇잎들은 빨렌께의 십자 신전에서 볼 수 있는 바로 그 옥수수의 나뭇잎이다. 그 앞의 공간에 야수나의 샤먼은 성스러운 돌과 술을 놓았다. 이 제단의 네 방향에 각각 어린 옥수수나무를 심어서 나-떼-깐 (Na-Te-K'an, 고귀한 첫 나무)을 창조하였다(Schele & Miller 1992)[9].

---

9) 약스칠란(Yaxchilan, Chiapas) 유적지 건물의 여러 대들보에는 방패-재규어

Ⅴ. 메스띠소의 도시에서 나타난 현상

고고학적 유물들에 의하면, 마야 지역의 십자가가 마야의 '세계 나무'를 상징하며 '옥수수 신'을 나태내고 있는 것을, 또한 현재의 의례에서 보이는 공간 및 시간의 표현은 바로 천체의 운행과 그것을 관찰함으로써 볼 수 있는 마야의 우주관을 나타내고 있는 것을 알 수 있다. 즉 오늘날 마야 지역의 농촌 마을에서 흔히 볼 수 있는 초라한 모습의 십자가와 제례 의식은 1,000년이 넘도록 오랜 시간 동안 계속되어 온 것이다.

그러나 이러한 의례와 상징은 농촌 마을에만 남아 있고 대도시에서는 보이지 않는다. 농경 생활에 바탕을 둔 마야 사람들은 삶의 터전이 상업과 공업의 도시로 바뀌면서 자신들의 오래된 우주관과 믿음을 잊어버린 것일까? 그렇지는 않다고 생각된다. 도시에서도 유럽의 성당에 등장하는 전통적인 성모는 영향을 미치지 못했다. 원주민에게는 좀 더 특별한 성모가 필요했다. 도시에서는 원주민과 관계가 깊은 장소에서 원주민에게 친숙한 모습을 한 성모가 발현하는 것으로 나타났다.

시캄보 Xcambo(Yucatan)의 성 처녀

유까딴 반도 북서쪽에 위치한 마을인 첸물 Chenmul의 사람들은 풀숲과 늪에 가려 잊힌 유적지인 시캄보 Xcambo에 가서 기도를 드리고, 정원의 꽃을 가져가서 꽂고 촛불을 켠다. 첸물 사람들에 의하면, 1998년 어느 날 유적지 관리인이 불을 켜려다가 중앙광장에 있는 세노떼에 빠졌다. 잠시 정신을 잃었다가 일어나 보니 그의 팔에는 성 처녀의 작은 상이

왕과 왕비의 왕권 의례를 기록한 돌을새김을 볼 수 있다. 그들은 스스로의 피를 흘려 종이에 모아서 신전에서 그 종이를 태우며 향을 피운다. 그 연기 속에서 조상신이 나타나서 그들의 왕권이 인정된 것으로 알렸다.

124

안겨 있었다. 비슷한 이야기가 지빌찰뚠 유적지의 세노떼에서도 전해진다(Follan과의 대화, 2005). 아깐께Acanceh의 가장 큰 피라미드에도 성 처녀가 살고 있다고 한다. 또한 네 마리의 뱀이 성 처녀를 보호하기 위하여 피라미드의 네 귀퉁이에서 살고 있다고도 한다. 이사말Izamal에도 물이 있는 동굴 속에 성 처녀가 살고 있다는 전설이 있다(Luis Millet과의 대화, 2005). 첸물 마을의 히-맨h-man(오늘날 마야 지역에서 샤먼을 일컫는 말)은 이미 50년 이상 매년 기도와 봉물을 '바람들'과 '시깜보의 성 처녀'에게 바치고 있었다. 현재는 매년 5월의 마지막 일요일에 시깜보 주위의 여러 마을에서 모인 순례자들은 작은 마리아 상을 유적지 내의 성소에 두고 예배하기 위하여 허가를 얻는다. 남자들이 산에 봉물을 바치는 동안 여자들은 음식을 준비한다. 대체적으로 사슴을 구하여 요리한다. 밤에는 십자 피라미드 옆의 작은 오두막에서 음악을 들으며 로사리오를 외운다. 그리고 모든 참여자들이 모여 국물이 있게 만든 사슴 고기를 나눈다. 그 다음 날은 성 처녀와 '바람들'에게 감사의 봉물을 바치고, 참가자들은 다시 음식을 함께 먹는다. 또한 최근에 고고학자들이 보수한, 마을 사람들이 오래전에 세운 예배당에 순례자들은 성스러운 우상과 수지향, 초, 꽃 그리고 성스러운 봉물을 바친다. 거기서 생일에 부르는 스페인어 노래인 「마냐니따mañanita」를 부르기도 하고, 로사리오를 기도하며 첸물 마을의 주임신부가 미사도 본다. (Quintal 2000.)

과달루뻬의 성모 Virgen de Guadalupe

과달루뻬 성모는 잘 알려진 바와 같이 멕시코의 수호 성모이다. 이 성모는 아스떼까의 후예인 후안 디에고Juan Diego에게 다섯 번 발현했다. 첫 번째는 1531년 12월 9일 토요일 이른 아침이었다. 두 번째로 같은 날 오후에 나타났다. 세 번째는 1531년 12월 10일 일요일 떼뻬약Tepeyac

언덕에서였다. 네 번째는 1531년 12
월 11일 월요일, 삼촌인 후아 베르나
르디노Juan Bernardino가 아파서 못 갔
더니 성모가 방문하여 병이 나았다.
다섯 번째는 1531년 12월 12일 화요
일에 성모의 주장으로 대주교를 찾아
가서 망토를 펼치자 성모의 그림과
함께 장미꽃이 나타났다.

　대주교 수마라가Zumarraga는 곧
바로 성모 발현의 기적을 선포하고
예배하였으나 교황청의 입장은 달랐
다. 성모의 모습이 원주민과 유사한
점, 나우아Nahua 주민이 섬기는 대지

과달루뻬의 성모화

의 어머니 신인 또난친Tonanchin을 섬기던 떼　약Tepeyac 언덕에서 발현
한 점을 들어 오히려 과달루뻬를 섬기는 것을 제한하다가, 1895년에
교황청이 인정하고 멕시코의 수호성모로 공표하게 되었다(김세건 2000,
140~141). 이 성모가 오랫동안 인정을 받지 못한 데에도 이유는 있었다.
첫째로 과달루뻬 성모는 나우아뜰Nahuatl로 말하였다. 성모의 얼굴은
혼혈(메스띠소)이었으며, 아직 소녀의 모습을 하고, 입은 옷은 원주민
새색시의 옷의 색깔인 분홍색이며, 덮은 망토는 아스테카 상위 지배계급
의 옷 색깔이었다. 즉 원주민들이 떼뻬약에 발현한 성모를 아스떼까의
대지의 여신인 또난친으로 여길 근거가 있었다. 빠렌떼(Martinez Parente
2001, 21~24)가 분석한 과달루뻬 성모의 상징을 보면 다음과 같다. 성모는
1/4의 초승달 위에 서 있다. 달은 생명과 풍요의 상징이다. 그녀의 자세는
겸허하게 기도하는 모습으로 전통적인 상과 일치한다. 그러나 그렇게
약간 기울인 자세로 오른발의 코끝이 앞으로 약간 나와 있어서 왼발보다

126

조금 앞서 있는 것을 알 수 있다. 발이 오른쪽으로 나온 것은 해가 뜨는 동쪽을 의미하는 것이다. 게다가 망토에서는 햇살이 나오고 있다. 후안 디에고는 성모를 아침 일찍, 해가 뜰 무렵에 만났다. 더욱 중요한 상징은 그녀가 입은 치마 위쪽에 있는 네 개의 꽃잎이다. 이것은 네 방향의 꽃잎, 깐Kan과 같은 개념이다. 멕시코 고원 지역에서는 그것이 네 개의 이전 세계가 지나가고 다섯 번째의 해가 나오는 것을 뜻한다. 따라서 그것은 움직임, 즉 나우이 욜린Nahui Ollin을 상징하는 것이며 태양이 태어나는 순간을 표현한다. 즉, 과달루뻬는 다섯 번째의 태양을 품고 있는 것이다. 그녀가 배 위에 손을 얹고 있고 모습은 바로 아스떼까의 시조 우이칠로뽀츠뜰리Huichiloopochtli 어머니인 꼬아뜰리꾸에Coatlicue 가 아이를 지니고 있던 것과 같다. 그림에서는 색깔도 조화를 이루고 있다. 망토는 녹색과 푸른색, 손과 목은 흰색, 옷은 홍색, 머리칼과 천사와 허리띠는 검은 색으로 우주를 표현하고 있다. 망토는 바람과 물을, 옷은 땅과 꽃들을, 천사 날개의 다양한 색깔은 우주를 상징한다. 이처럼 성모의 모습 자체가 메소아메리카의 우주관을 포함하고 있는 것이다. (Martínez Parente 2001, 21~24에서 요약.)

그녀가 나타난 날도 매우 의미가 있다. 12월 10일은 아스떼까의 달력으로 12 도마뱀(12 Cuetzpalin), 즉 풍요를 상징하며, 12월 11일에는 그녀가 안 나타나고, 12월 12일은 1 죽음(1 Miquiztli), 즉 새로운 생명을 의미하는 것으로 보인다(Martínez Parente 2001, 25). 성모는 배 안에 죽음을 잉태하고 있는데 그가 죽음으로써 그 자신과 인류에게 새로운 생명을 줄 것을 그림 전체가 표현하고 있다. 이는 예수의 죽음이 의미하는 기독교적인 세계관인 동시에 우주의 순환을 상징하는 희생 제의에 기초 한 메소아메리카의 세계관을 그대로 보여 주고 있다.[10] 즉 성모의 발현은

---

10) 메소아메리카의 우주관은 순환론이며, 부활을 전제로 하는 희생 제의가 기
초가 된다. 이는 운 우나푸와 부쿱 우나푸에의 죽음으로 우나푸와 시발란케

스페인사람들에게는 여러 기적 중의 하나였지만, 원주민들에게는 그들의 신의 부활을 의미했다. 가톨릭에서는 단지 구세주의 어머니이나 원주민들에게는 분명히 대지의 신 또난친으로서 인위적으로 단절된 그들의 지나온 세계를 이어주는 끈이었다.

'과달루뻬 성모(과달루뻬 성 처녀)'는 발현한 장소는 물론이고 모습과 의상 등 표현하고 있는 모든 것이 원주민의 여신임을 나타내고 있다. 비록 하얀 얼굴을 갖고 흰 드레스를 입었지만, '시깜보의 성 처녀'에게 예배하는 장소와 사람과 형식은 전혀 기독교적이지 않다. 농촌에서의 삶의 흐름과 전혀 다른 도시의 생활에서 농경 사회의 제례 의식을 답습하는 것은 어렵다. 그러나 그 나름대로 자신들의 우주관을 기독교의 모습에 심어 넣었다.

Ⅵ. 끝맺으며 : 원주민의 문화적 권리

메스띠소, 그들은 누구인가? 원래 마야 사회에서 계급은 사회적 위치에 따라 달랐다. 계급은 왕족, 귀족, 평민 등으로 나뉘었는데, 각각의 계급에 따라 삶을 영위하는 모습은 달랐지만 한 덩어리를 이루는 공동체였다. 그러나 스페인 정복 이후는 계급은 피부 색깔에 따라 나누어졌다. 인디오 Indio[11]는 태어난 땅을 닮은 자연인이고, 메스띠소 Mestizo는 스페인 사람

가 탄생하고 이들이 죽음으로써 지하 세계를 평정하고 '옥수수 신'이 나타나는 신화인 포볼부, 그리고 나나우아친 신이 희생함으로써 태양의 신 토나티우가 나타나고 다섯 번째의 태양의 세계가 시작되는 테오티우아칸 등 메소아메리카의 관념 체계를 보여 주는 신화에서 볼 수 있는 세계관이다.

11) 인디오 Indio는 스페인이 아메리카를 발견했을 때 인도로 착각하여 그 주민을 부른 데서 비롯되었다. 정복의 과정에서 이 용어는 아메리카 원주민을

과 인디오의 혼혈로 인디오보다 한 층위 높은 사회적 위치에 있었고, 라디노Ladino는 메스띠소이지만 스페인어를 완벽하게 구사하고 백인의 모습을 지녀 유럽의 유산에 기대어 살고 생각하는 무리이다. 끄리오요Criollo는 아메리카의 땅에 태어난 스페인 사람들로서 사회의 더 높은 층을 형성하였다(Reed 2002; Bernand 2001, 29~39). 이들의 계급사회는 마야의 계급사회와는 달랐다. 마야 사회는 계급마다 각각 다른 일을 하나 농업에 기초를 둔 사회를 이끌어가야 하는 공동의 목표가 있었지만, 피부 색깔의 계급사회에서는 계급마다 목표가 달랐다.

최초의 혼혈은 유카탄반도에 표류하여, 강제적 또는 자의적으로 귀화한 곤잘로 게레로Gonzalo Guerrero나 헤로니모 데 아길라르Jeronimo de Aguilar와 인디오 공동체의 여자 사이에서 자연스럽게 태어났다. 이들 사이에는 불평등이 없었다. 그러나 이후에 에르난 꼬르떼스와 도냐 마리나(일명 ‘말린체’)에서 비롯되는 메스띠소는 태어날 때부터 이미 정복된 자였다. 더욱이 초기에는 정복자들의 사회에서 받아들였던 이들 메스띠소는 정복이 진행됨에 따라 수직적 사회구조를 이루어가는 중에 밖으로 밀려났다. 이렇게 인정받지 못하는 정체성을 지닌 계층이 인디오와 끄리오요 사이를 연결시키며 식민지 시대를 보냈고 오늘날의 마야 지역의 주민이며 동시에 원주민이라고 분류되어진 계층이다. 정복 이후로 꾸준히 숫자를 늘려 온 이들 메스띠소는 현재 원주민Indígena의 대부분을 이룬다. 이들은 메리다와 같은 도시에 살거나 흩어진 마을에서 공동체를 이루거나 개별적으로 살아간다. 그렇다면 마야 사람들도 자신들을 메스띠소라고 생각하고 있을까?

2005년 1월 29부터 2월 9일 사이에 유적지 치첸이쯔아에 머물며

비하하여 부르는 색채를 띠게 되었으므로, 현재는 이 용어를 사용하지 않고 원주민, 즉 인디헤나Indígena라고 쓴다. 이 부분에서는 당시의 계급 분류를 설명하는 것이므로 ‘원주민’이라는 보편적인 용어와 구별하기 위해 그대로 사용하였다.

여기에서 일하고 있는 메스띠소의 원주민들 여섯 명과 이야기를 나누어 보았다. 그들은 근처 마을의 사람들이었는데, 오후 4시경에 유적지에서의 일이 끝난 후나, 주말, 그리고 발굴 계획이 진행되지 않는 기간에는 각자의 밀빠milpa12)에서 일한다. 밀빠에서는 대체로 기본 식량인 옥수수가 충당되며, 설탕, 후리홀 등은 사서 보충한다. 밀빠를 배당 받지 못한 젊은이들은 식당이나 가게에서 일하거나 정원사 등으로 일한다. 즉 개개인의 땅parcela에 기초하고, 또한 가까이에서 구할 수 있는 단순한 일을 하여 그 어느 쪽도 넉넉지 않은 수입을 보충하여 산다. 그러나 대체로 현재의 생활에 만족하고 있었다. 학력은 모두가 고등학교 졸업 이하였다. 유적지에서 일하지만 마야문명에 대해서 아는 것은 별로 없었고, 보편적인 정령의 개념인 알류스Alux와 절기에 따른 의례에 대해서 많은 이야기를 하였다. 스스로를 누구라고 생각하는지에 대한 질문에는 예외 없이 마야 사람이라고 대답했다. 스페인 사람과의 혼혈에 대해서는 외국인이 자신들의 마을에 들어와서 함께 살며 자식을 낳으니 얼굴 모습과 피부색이 달랐다는 정도로 생각했고, 메스띠소에 대한 개념은 없었다. 유적 현장에서 일하고 있는 사람들 중에서는 대학 출신의 고고학자들만이 스스로가 메스띠소라고 하였다. 마찬가지로 2005년 2월 4일에 있었던 유까딴 주정부의 '원주민 기구La Comisión Nacional para el Desarrollo de Los Pueblos Indígenas'의 주최로 열린 '원주민 토론회Foros de Consulta'에 모인 일반 원주민들도 메스띠소에 대한 개념은 없었다. 이 기구의 주최자들인 대졸 연구원들은 메스띠소를 이해하고 인정했다. 그러나 원하지는 않았지만 혈연적으로 섞인 것 같이 원주민 사회도 두 문화를 조화시킨 새로운 문화가 되어야하지 않겠느냐는 질문에는 동의하지 않았다. 메스띠소 문화의 발전이라는 개념은 현장에서 일하는

---

12) 밭을 일컫는 말. 가족 또는 개인이 나라에서 배당받은 땅은 빠르쎌라 parcela라고 한다.

고고학자와 고고학 연구소에서 이야기를 나눈 인류학자들 외에는 없는 것 같았다. 메스띠소 문화란 외부에서 그들의 문화의 특성을 분류하는 개념에 불과하였다.

이 반응은 상당히 의외였지만, 다시 생각하여 보면 단순한 그들의 대답, '우리는 마야 사람이다'는 당연한 것이다. 마야 사람들은 이미 3000년 전에 이 땅에 살기 시작하여 다양한 형태의 흔적을 남겼다. 초기의 농경 마을 올메까와 떼오띠우아깐에서 피라미드를 세우더니, 이윽고 마야문명을 찬란히 꽃피웠다가, 쇠퇴하여 가고 있는 동안에 스페인으로부터 침략자들이 몰려왔다. 외부인들의 눈에는 침략자들이 이전의 문명을 부수고 그들의 문화와 피를 섞어 새로운 문화를 이룬 것으로 보이지만, 오늘날을 살아가는 마야 사람들에게는 스페인이 지배한 300년 또한 흘러가는 시간의 일부분일 것이다. 그들에게는 살던 곳에서 있을 수 있는 모든 요소가 결합되어 마야문명이 발전되었듯이, 스페인의 침입이 상당히 과격한 변화였기는 하였지만 마야의 역사 속에 포함되어 녹아질 수 있는 또 다른 요소일 뿐이다.

그들은 정복의 상징인 십자가에서, 창조신이자 그들의 선조인 '옥수수 신'이 하늘을 들어 올려 마야 사람들이 살 공간을 마련한 바로 그 순간에 우뚝 서서 두 팔을 길게 뻗고 있는 모습을 보았다. 마야 사람들은 어렵지 않게 십자가를 '들어 올린 하늘(와까 챤', 즉 세계 나무의 나왈[13]인 '옥수수 신'으로 해석하였다. 밤의 어둠의 세계를 이기고 아침에 부활하는 마야인의 첫 아버지 '옥수수 신'이 부활을 상징하는 예수와 동일시되는 것은 당연한 결과이다. 야수나 마을의 조잡하고 초라한 기우제 제단의 상징은 마야의 화려한 피라미드에서 이루어졌던 것과 다르지 않다.

새해의 불 제전에서도 비슷한 것을 볼 수 있다. 산꼭대기의 십자가의 성소는 피라미드의 맨 위에 있는, 의례를 하는 집을 대신하고, 불의

---

13) 모든 사물의 영혼이 특정한 동물, 신, 사람 등 실체로 나타나는 것.

제전의 우두머리와 조수들과 주위 마을의 사람들이 모이는 행사의 모습은 바로 초기에서 고전기로 이어지는 마야 사회조직의 형태를 그대로 보여 준다. 마야의 분산된 촌락은 종교적인 정점으로 모이게 되고 이것이 바로 정치적 통일성을 이루었다. 만약 고전기 마야의 지식층이 이 모든 개념을 오직 그들의 것으로만 발전시켰다면, 마야문명과 함께 이 모든 것들은 사라졌을 것이다. 그러나 이 모든 개념이 아직도 살아 있다는 것은 마야 사람 모두가 공유하였던 것을 의미하며, 현재도 관습적인 의례를 통하여 유지하고 있다.

아직도 의례가 계속되고 있는 농촌 마을과는 달리, 도시에는 식민 초기인 1531년부터 발현한 과달루뻬 성모가 있다. 성모는 출현 장소, 모습, 옷차림에서 또난친을 상징하고 있다. 아스 까의 대지의 여신은 일찌감치 옷을 바꾸어 입어 자신을 유지시켰던 것이다. 그러나 십자가를 중심으로 예배를 한 마야 지역의 도시에서는 제전이 사라지는 1900년 이후에야 성모가 발현하였다. 깜페체Campeche(Campeche), 이사말Izamal (Yucatan), 시깜보Xcambo(Yucatan) 등지에서는 여신이 1900년대 이후의 가치관을 반영하여 백인의 얼굴과 하얀 드레스를 입었다. 그러나 이들의 발현은 모두 마야 사람들의 성스러운 장소인 세노떼와 동굴에서 이루어 졌고, 제례의 순서 또한 불의 제전과 유사하다. 이들 또한 가톨릭의 성모가 아니라 과달루뻬로 대표되는 원주민 나름대로의 성모이다.

사람의 형태를 한 십자가들 또는 과달루뻬로 대표되는 성모들은 '혼합'이라는 뜻의 메스띠소 문명을 상징한다고 보고 있다. 그러나 실제로는 기독교의 옷을 입은 원주민의 우주관을 나타내고 있는 것을 알았다. 메스띠소는 혼합되어 새로운 것이 나타난 혼종의 문화가 아니고 원주민의 사유 체계가 나름대로 시대에 적응한 모습이라고 하겠다. 따라서 원주민은 이 문화의 주체이며 의미를 주는 존재로서, 과거를 돌아보며 유지하고 미래로 자신들의 문화를 이어갈 권리가 있다고 생각한다.

참고문헌

고혜선 옮김 (1999) 『마야인의 성서 : 포폴부』, 문학과 지성사

토베, 칼 (1998), 이응균, 천경효 공역, 『아즈텍과 마야 신화』, 범우사.

김두하 (1991), 『장승과 벅수』, 대원사.

김병모 (1998), 『금관의 비밀』, 푸른 역사.

김세건 (2000), 「성모 과달루뻬신앙의 형성과 의미」, 『한국라틴아메리카학회지』 제13권 1호.

이필영 (1990), 『솟대』, 대원사.

정혜주 (2005 a), 「마야지역 원주민의 문화적 인권에 대한 고찰」, 『한국라틴아메리카학회지』 제18권, 1호.

정혜주 (2005 b), 「태초에 빛이 있었다 : 마야의 천지창조신화」, 『이베로아메리카논문집』 제7권 2호.

정혜주 (2007), 「원주민의 문화의 정체성 탐구 : 십자가와 마야 원주민의 세계관」, 『한국라틴아메리카학회지』 제20권, 3호.

Bernand, Carmen (2001), 'Mestizos, mulatos y ladinos en Hispanoamérica: un enfoque antropológico de un proceso histórico'. Miguel Leon Portilla(ed.), *Motivos de la antropologia americanista*, México: FCE.

Bricker, Victoria Reifler (1981), *The Indian Christ, the Indian King. The historical substrate of Maya myth and ritual*, Austin: University of Texas Press.

Freidel, David, Linda Schele & Joy Parker (1993), *Maya Cosmos*, New York: Quill.

De la Garza, Mercedes (2002), 'Mitos Mayas del Origen del Cosmos', *Arqueologia Mexicana* vol. X no. 56.

Gómez, Magdalena (1995), *Derechos Indígenas: Lectura comentada del Convenio 169 de la Organización Internacional del Trabajo*, México: Instituto Nacional Indígenista.

López Austin, Alfredo (1998), *Breve historia de la tradición religiosa mesoamericana*, IIA, UNAM, Colección, Textos, Serie Antropología e História Antigua 2.

Los Codices Mayas (1985) *Universidad Autónoma de Chiapas.*

Lounsbury, Floyd G. (1980) 'Some problems in the Interpretation of the Mythological portion of the Hieroglyphic text of the temple of the Cross at Palenque', Third Palenque Round Table University of Texas Press, Austin, USA.

Martinez Parente, Margarita Zubiria de (2001), 'La Imagen de la Virgen de Guadalupe', Virgen de Guadalupe, Mexico: Editorial Jilguero S.A. de C.V.

Matos Moctezuma, Eduardo (1998), 'Fary Diego de Landa: ¿ángel o demonio?', Eduardo Matos Moctezuma(ed.), *Los últimos reinos mayas,* México: Jaca book/CONALCULTA, pp. 215-226.

Hammond, Norman (1985). 'The Sun is Hid: Classic depictions of Maya Myth', Fourth Palenque Round Table. The Pre-Colombian Art Research Institute, San Francisco, USA.

Hoepker, Thomas (1998), *Return of the Maya: Guatemala - A tale of survival,* New York: Henry Holt and Company.

Perez Suarez, Tomas (1997), 'El dios del maíz en Mesoamerica', *Arqueologia* No. 25.

Pickand, Martin (1980), 'The First Father legend in Maya Mythology and Iconography', Third Palenque Round Table, Austin, USA:University of Texas Press.

Pina Chan, Beatriz Barba (1990). 'Buscando raíces de Mitos mayas', *Historia de la religion en Mesoamerica y áeas afines, II COLOQUIO*, Mexico:UNAM.

Quintal Aviles, Ella F. (2000), 'Virgenens e ídolos: la Religión en las manos del pueblo', Armando J. Alfonso U. and W. George Lovell(eds.), *Mesoamérica*, Vermont, USA: Plumsock Mesoamerican Studies.

Quiroga, Adan (1977), *La Cruz en America*, Argentina: Castaneda.

Reed, Neson (2002), *La Guerra de Castas de Yucatán*, México: ERA.

Rubial Garcia, Antonio (2002), *La evangelizacion de Mesoamerica*, Mexico: Tercer Milenio.

Sanders, William (1973), 'Cultural Ecology of Lowland Maya', Patrick

Culbert(ed), *The Classic Maya Collapse*, Albuquerque: University of New Mexico Press.

Schele, Linda & David Freidel (1990), *A Forest of Kings: the untold history of the Ancient Maya*, New York: Quill William.

Schele, Linda & Mary Ellen Miller (1992), *The Blood of Kings*, London: Thames & Hudson Ltd.

Schele, Linda & Peter Mathews (1998), *The Code of Kings: The Language of seven sacred Maya temples and tombs*, New York: Scribner.

Sullivan, Paul (1991), *Conversaciones Inconclusas: Mayas y Extranjeros entre dos Guerras*, México: Gedisa.

Tedlock, Dennis (1993), *Popol Vuh: El libro Maya del albor y de la vida y las glorias de Dioses y Reyes*, Mexico: Editorial DIANA. 1985년 키체 마야어에서 영어로 번역하여 첫 출판

Villa Rojas, Alfonso (1986), 'Configuracióncultural de la zona noroeste de Guatemala', Dinámica Maya, Mexico: FCE, p159-180.

Villa Rojas, Alfonso (1995), *Estudios Etnologicos: Los Mayas*, UNAM, Mexico.

Vogt, Evon Z. (1983), Ofrendas para los Dioses, Mexico: Mexico

Vos, Jan De (1998), 'El Mundo maya rebelde', *Arqueología Mexicana*, Vol. 6, No. 32.

라틴아메리카의 다문화주의와 흑인 인권

김영철

Ⅰ. 라틴아메리카의 흑인

민주화 이후 라틴아메리카 국가들이 채택한 헌법은 사회적 소수자들의 권익을 보호할 수 있는 내용들을 담고 있다. 이를 토대로 사회적 약자들이 평등권을 강화시킬 수 있는 권리를 획득했으며 인간답게 살 권리를 확대하기 위해 사회적 연대를 형성했다. 새로운 연대는 사회권에 기초하고 있는데, 그 권리는 실질적 평등과 분배 정의를 핵심 내용으로 하며 권리의 성취를 목표로 한다는 의미에서 능동적인 권리이다. 또한 사회적 연대는 권리를 쟁취한다는 측면에서 사회운동으로 발전하고 있다.

현재 라틴아메리카에는 원주민 운동, 흑인 운동, 여성 운동, 성적 소수자 운동, 농민운동 등 이전과 다른 성격과 형태의 다양한 운동이 전개되고 있다. 각각의 사회운동들은 사회 구성원들의 권리를 증진시키고 정치 세력화하는 경향을 보이기도 한다.

흑인들은 라틴아메리카의 혼혈성, 혼종성, 혼합성으로 인해 인종 정체성

브라질 노예시장의 모습을 담은 기록화

을 형성하지 못하고 있었다. 그러나 민주화 과정에서 문화 운동을 중심으로 인종 정체성을 형성하기 위한 운동이 활발해지면서 흑인과 흑인 문화의 가치가 재평가되었다. 그 결과 1980년대 이후 여러 국가에서 흑인의 정체감 형성과 인권 신장 운동이 빠르게 확산되었다.

그동안 흑인들은 노예 신분의 조상들이 살던 지역에서 오랫동안 살아왔지만 토지소유권이나 문화 집단으로서의 가치를 인정받지 못했다. 민주 헌법은 기본적으로 흑인 문화 공동체의 토지 공동 소유권을 인정했고 그 공동체를 국가의 문화유산으로 인정해 주었다. 흑인들은 이를 바탕으로 자신들의 삶에 대한 자긍심을 높이고 있다.

현재 라틴아메리카에는 콜롬비아의 팔렌케Palenque, 브라질의 킬롬부Quilombo, 베네수엘라의 쿰베Cumbe, 카리브 지역의 마룬Marron 등의 흑인 문화 공동체가 있다. 대부분의 공동체들은 식민 노예 시절에 가혹한 농장주들의 강제 노동을 피해 도망한 노예들이 만들었다. 이들 공동체가

138

다문화주의 헌법에서 보호받는 흑인들의 토지 소유권과 문화권의 대표적인 사례들이다. 여기서는 인종적 관점에서 다문화주의와 흑인을 검토하고 브라질과 콜롬비아의 헌법적 특성과 흑인 인권의 현 단계를 살펴볼 것이다.

Ⅱ. 다문화주의, 인종과 인권

다문화주의는 같은 사회 공간 내에 복수의 문화가 공존하는 것을 인정하고 그에 따라 정책적 정비를 갖추는 것을 포함하는 개념이다. 따라서 다문화주의란 문화적 현상을 포착하고 있는 정태적, 수동적 개념이면서 동시에 국가를 비롯한 사회 관리자의 힘이 작용하여 문화 현상을 주도할 수 있다는 동태적, 능동적 개념이다. 이런 측면에서 다문화주의는 문화 간의 격차와 이질성이 무시되거나 차별되는 것을 전략적으로 방지하고 문화에 따른 사회적, 정치적, 경제적 갈등을 해소하는 목적을 지니고 있다(구견서 2003, 30). 문화를 어떤 사회집단의 삶의 총체라고 정의한다면 다문화주의는 인종적, 민족적, 문화적 차별을 극복하는 것을 뜻한다. 이런 측면에서 다문화주의는 서로의 차이를 인정한 가운데 평등한 대우를 법과 제도로 보장하는 것을 핵심으로 하고 있다(강권찬 2003, 43). 또한 다문화주의는 표면적으로 문화적 다양성을 강조하고 있기 때문에 문화 집단을 구성하고 있는 인종 혹은 민족이 논의에서 가장 중요한 부분을 차지한다. 이런 측면에서 다문화주의보다는 다인종주의가 더 적절한 표현이라는 주장도 있다(정상준 2001, 6).

　　따라서 다문화주의는 한 인종이 다양한 문화를 갖는 것이나 한 문화를 다양한 인종이 공유하는 것 등을 포함할 뿐만 아니라 다양한 인종이 각각의 고유한 문화를 갖도록 공식적으로 인정하거나 정책을 추진하는 것을 말한다. 여기서 말하는 인종은 어떤 공통의 조상이나 육체적 특징, 언어 등의 문화적 요소나 정치적 요소를 공유하는 인류학적 단위이며, 신체적 특징 이외에도 문화적 요소나 역사적 요소 등을 공유하는 민족이라는 뜻까지 포함한 개념이다(박홍규 1996, 86). 이러한 개념은 인종이 단순히 유전학적인 특성만으로 규정되는 것이 아니라 특정한 사회에서 형성된 사회적 구성체임을 명확히 하고 있다.

이런 측면에서 다문화주의와 인종은 다음과 같은 상관관계를 지니고 있다. 첫째, 다문화주의는 인종 차이를 극복하는 데 유익한 이념이며 정책이다. 인종 차이는 문화 차이를 포함하는 개념이기 때문에 문화 차이를 인정하는 정책을 추진하는 개념인 다문화주의는 인종 갈등을 해소하는 데 긍정적인 것으로 평가할 수 있다. 둘째, 다문화주의는 소수민족의 정체성을 추구하여 소수민족 공동체를 형성하는 논리로도 작용한다. 다민족 사회에서 민족적 정체성을 유지시키는 것은 역시 문화적 전통을 계승하고 발전시키고 학습함으로써 가능한데, 다문화주의에는 이런 사회적 제도를 정당화시켜 주는 측면이 있다. 셋째, 다문화주의에서는 인종적 보편주의와 특수주의가 상충되기도 한다. 다문화주의는 다수민족과 소수민족의 존재를 동시에 인정하며 문화의 절대성과 인종의 절대성을 거부한다. 이런 측면에서 다문화주의는 문화적, 인종적 차이를 극복할 뿐 아니라 사회적, 경제적, 정치적 차이를 극복하는 이론과 정책을 함의하고 있다(구견서 2003, 39).

따라서 다문화주의의 과제는 다른 집단에 속한 개인의 인간다움을 인정하고 함께 인간답게 사는 것이다. 그러므로 다문화주의는 민주주의를 의미하며 개인의 권리를 존중하는 것을 뜻한다(정상준 2001, 6). 이것은 다문화주의가 인종적, 문화적 측면의 개인의 권리인 인권을 보장해줄 수 있기 때문이다. 인권은 문화 프로젝트로서 '삶의 권리'를 의미하는 세 가지 측면을 지닌다. 첫째, 전체 국민들에게로 확대되어야 한다는 것인데, 인권의 확대는 교육, 노동, 빈곤, 불평등 등의 문제를 해결하는 것에서 시작된다. 둘째, 모든 시민들에게 삶의 권리를 보장하는 체계라는 특성을 지니고 있다. 따라서 인권 문제가 권위주의 정권기의 정치 폭력이나 물리적 침해 행위를 처벌하는 법적, 제도적 장치를 마련하는 것만은 아니다. 인권은 시민권, 정치적 권리뿐만 아니라 삶의 권리를 포함하고 있기 때문에 다층적인 차원에서의 권리를 말한다. 셋째, 인권 확대는 민주주의의 질적인 수준을 개선시켜 줄 뿐만 아니라 차별적 상황도 개선시킨다. 이런 측면에서 인권은 정치적, 법적 권리뿐 아니라 인간됨을 의미하는 것으로 확대된다.(Garretón 1996, 55~56.)

　　이와 같이 다문화주의는 민주주의와 깊은 관련성을 지니고 있다. 민주주의가 개인적 자유와 선택의 자유를 포함하고 있고 정책 결정 과정에서 시민의 참여와 동의에 기초하게 되는데, 다문화주의 역시 이러한 사회적 환경에서 잘 운용될 수 있다. 이런 측면에서 다문화주의의 인권 이데올로기는 사회 민주화와 균등한 발전을 가능하게 한다. 그러므로 다문화주의는 소수집단의 권리, 집단 내의 개인의 권리, 문화적 권리가 보장되는 체계를 상정하고 있기 때문에 민주국가에서는 모든 시민의 권리 체계로 이해된다(이용승 2004, 182~183).

Ⅲ. 정책으로서의 다문화주의

다문화주의는 정책 내용에 따라 다양한 형태로 구분되어 많은 논의를 불러일으켰다. 이러한 다문화주의는 다원주의와는 정책적 측면에서 차이를 보인다[1]. 다원주의 국가에서는 소수집단의 문화를 보존하기 위한

---

1) 다문화주의는 자유주의적 다원주의, 코퍼레이트 다원주의, 급진적 다원주의, 연방제 다원주의, 분리·독립 다원주의 등으로 정의되기도 한다(구견서 2003,

지원이나 정책이 추진되지 않는다. 그러므로 다원주의 국가의 소수집단의 문화를 보호하고 발전시키기 위한 정책은 자유방임의 형태를 취하고 있다. 또한 다원주의 사회에서는 국가나 관리자가 적극적으로 개입하여 소수집단의 문화를 계승하거나 발전시키지 않고, 대신에 소수집단들이 자발적으로 계승하고 발전시키는 문화를 그대로 존중해 준다(마르코 마르티니엘로 2002, 74). 이런 측면에서 다원주의는 소극적 평등주의라 할 수 있고, 다문화주의는 적극적 평등주의라 할 수 있다.

또한 다문화주의는 소수집단과 그 문화를 보호하고 발전시키기 위해 적극적으로 개입하는 것을 뜻한다. 이때 개입 정도에 따라서 '온건한' 다문화주의와 '강경한' 다문화주의로 구분된다. 온건한 다문화주의는 어떤 국가 내에서 발생하는 다문화적 현상과 같은 현상적 특성을 지니고 있다. 반면, 강경한 다문화주의는 국민적 정체성을 확장시킬 것을 제안하며 그 과정에서 민족 집단들을 포함시킬 수 있는 가능성을 제시하기도 한다(마르코 마르티니엘로 2002, 106). 또한 성향에 따라 보수주의적 다문화주의, 자유주의적 다문화주의, 좌파 자유주의적 다문화주의, 비판적 다문화주의로 구분하기도 하고(김욱동 1998, 30), 유형에 따라서는 자유주의적 다문화주의, 조합주의적 다문화주의, 급진적 다문화주의로 나누기도 한다(이용승 2004, 187~189).

어떤 형태의 다문화주의이든 문화와 정체성의 특수성을 지닌 개인들에게 권리를 인정한다. 다문화주의가 주장하는 개인의 권리 인정은 곧 다문화주의에서 인권의 한 측면을 이룬다. 이와 같은 다문화주의는 개인의 권리를 보장해 주기 위해 다양한 내용의 공공 정책을 추진한다. 첫째, 헌법상에 다문화주의적 특성을 인정한다. 최상위의 법인 헌법에서 다문화주의적 특성을 규정함으로써 정책들을 추진할 수 있는 환경이

40~43). 다문화주의는 문화 다원주의나 사해동포주의와 유사성을 지니고 있어 문화적 다양성과 상대성을 나타낸다(김욱동 1998, 40).

마련된다. 둘째, 국가 내의 소수집단들에게 재정적 지원을 해 문화적 다양성을 장려한다. 이를 통해 소외되거나 소멸될 수 있는 소수집단의 문화가 다시 활성화되기도 하고 소수집단이 사회의 일원으로 성장하기도 한다. 셋째, 다문화 사회를 이루고 있는 개개인의 인종적 특성이 보장되는 차별 철폐 정책들을 추진한다. 차별 철폐 정책은 단순히 문화적 소수자에게만 해당되는 것이 아니라 사회적 소수자도 포함함으로써 평등을 추구한다. 넷째, 교육 부분에서 다문화주의 정책을 추진함으로써 어느 정도 구조화된 사회적 통념이나 고정관념을 변화시킨다. 교육 부분의 다문화주의는 단일문화주의에서 벗어난 다원주의 교육에서 시작하여 다문화주의로 발전하는 특성을 지니고 있다. 다섯째, 언어 정책으로 국내의 사회집단 가운데 공식 언어를 사용하지 못하는 사람들에게 소수 민족의 언어 서비스를 제공하는 것 등이 포함된다. 이 외도 다문화 방송, 통역 제도, 인종적·문화적 장애를 극복하기 위한 다양한 정책 영역이 있다(이용승 2004, 187).

　　이처럼 다문화주의 사회를 수용하며, 문화적 다양성을 보장하고, 문화적 차별을 극복하는 과정에서 가장 핵심적인 부분은 헌법이 보장하는 권리, 인종주의 철폐, 교육의 권리 등이다[2]. 이러한 영역들은 인종적, 문화적 차별이 있음을 인정하고, 차별을 극복하기 위한 구체적인 정책들이다. 이를 통해 사회 내에 구조화되어 있는 차별의 구조를 극복할 수 있다. 따라서 다문화 사회인 브라질과 콜롬비아에서 흑인이 다문화주의적인 측면에서 인간답게 살 권리가 보장되고 있는가를 헌법적 측면, 인종주의 철폐와 교육 분야를 중심으로 분석하는 것은 브라질과 콜롬비아 사회의 다문화주의 수준을 파악할 수 있을 뿐만 아니라 흑인들의

---

2) 안드레아 셈프리니는 다문화주의를 문화적 다문화주의와 정치적 다문화주의로 구분하고, 문화주의적 관점에서 볼 때 문화적 대립이 발생하는 곳은 교육, 성 정체성, 개인적 관계라고 지적한다. (Semprini 1997, 45)

인권 보장 정도를 평가할 수 있는 중요한 분석틀이 된다.

Ⅳ. 다문화주의 정책과 흑인 인권

1. 브라질 신헌법과 사회권

1.1 신헌법과 흑인 인권

브라질은 노예제 폐지 이후 흑인의 사회 활동을 법과 제도로 통제하지는 않았지만, 사회에 형성되어 있던 고정관념과 편견으로 인해 흑인들은 평등한 사회적 권리들을 누리지 못했다. 흑인들은 이러한 불평등한 환경에 적응하는 과정에서 자의식이 약화되었으며, 사회 활동을 할 때 자신들을 경멸하는 태도를 접하게 되면서 스스로 흑인임을 거부하는 풍토가 만들어졌다. 그렇지만 경멸적인 사회 풍토에 대해 적절히 대응할 수 없었다. 그것은 브라질이 사회 통합을 촉진하기 위해 인종적 민주주의에 대한 환상을 심어 주었기 때문이고 인종 문제에 대한 공개적인 논의를 금지시켰기 때문이었다.

흑인들은 이러한 사회 환경에서 점점 인종적으로나 문화적으로 흑인의 범주에서 벗어나려고 했고 그 결과 인종 정체성이 희석되었다. 일반적으로 인종 정체성은 자의식과 타자성을 통해 형성되고 강화되는데, 흑인들의 자의식은 점점 약화되었고, 타자성은 법과 제도의 통제 체계가 없었기 때문에 제한적인 영역에서만 작용했다. 결국 인종으로서의 집단적 정체성이 형성되지 않아 미국과 남아공에서와 같은 흑인 운동이 브라질에서는 발전하지 않았다.

미국과 남아공의 흑인 운동은 높은 자의식과 타자성에 기초하여

144

활발하게 진행되어 흑인의 권리를 쟁취했다. 두 국가의 흑인 운동은 정치적 권리와 사회적 권리를 주장하면서 정치 운동으로 성장했다. 그러나 브라질 흑인들은 비교적 앞선 1930년대에 흑인 운동을 전개했음에도 불구하고 엘리트 집단의 이데올로기에 매몰되어 자신들의 권리를 온전히 주장하지 못했다. 이후 흑인 운동은 정치적 권리나 개인적 권리를 주장하는 정치 운동이 아닌 흑인 문화의 가치를 인정받기 위한 문화 운동으로 발전했다. 이 문화 운동은 1970년대에 정치적 자유화가 이루어지면서 확대되었으나 대중적인 운동으로 성장하지 못했다. 민주화 운동이 본격적으로 진행되면서 흑인의 문화 운동은 새로운 국면을 맞이했다. 브라질의 민주화 운동은 도시 노동자들을 중심으로 시작되었는데, 흑인과 물라토가 노동자들의 대부분을 차지했다. 그러면서 문화 중심의 흑인 운동이 사회적 불평등의 개선을 요구하는 신사회운동으로 바뀌었다.

1988년의 신헌법은 다양한 사회계층의 요구와 주장을 수용하는 민주주의 체제이다. 민주주의 체제에서는 출신 지역과 국가, 성적 차이, 피부색의 차이, 경제적 차이로 인해 차별받지 않는다. 이런 측면에서 신헌법은 특정한 집단에게 권리를 인정해 줄 수 있는 근거와 민주주의 실현의 기본적인 원칙을 마련했다. 이와 같이 신헌법은 브라질이 지향해야 하는 민주주의 모델을 제시하고 있다. 다른 한편으로 신헌법은 브라질 헌정사에서 오랫동안 계속되었던 권위주의 체제의 종식을 뜻한다. 단순히 권위주의 정권의 몰락만을 의미하는 것이 아니라 과거에 위정자들이 자행한 인권침해에 대한 처벌도 가능하게 했다. 일반적으로 헌법은 어떤 국가가 특정한 정책 추진을 위한 법과 제도를 마련할 수 있게 한다. 이런 점에서 헌법은 브라질 사회의 변화와 지향점들을 담고 있다.

또한 헌법에는 이례적으로 인디오들의 권익을 옹호하는 규정 등 많은 부분에서 새로운 내용들이 포함되었다. 신헌법 초안은 제헌의회에서 작성되었는데, 흑인 의원인 까를로스 알베르토 지 올리베이라Carlos Alberto de Oliveira를 비롯한 비교적 다양한 계층 출신들이 제헌의회에 참여했다. 까를로스 의원은 흑인의 사화경제적 지위 향상을 위해 필요한 내용들을 제안했다. 그는 의회 연설에서 인종차별을 범죄로 규정해야 하는 이유를 다음과 같이 강변했다.

100년 전 노예제 폐지로 시작된 정치혁명은 아직 끝나지 않았다. 현재 새로운 형태의 인종차별이 존재하며, 흑인들과 그의 후손들인 브라질인의 절반 이상이 그 영향을 받고 있고 시민의 완전한 권리를 누리지 못하고 있다. 인종주의는 시민을 죽음에 이르게 하는 것이기 때문에 인종차별 행위를 범죄로 규정해야 한다.

그의 주장에 따라 1988년 연방헌법 제5조는 모든 사람은 계급에 상관없이 법 앞에 평등하며 모든 브라질인들은 생명, 자유, 평등, 안전과 재산에 대해 침해할 수 없는 권리를 지닌다고 규정하고, 인종차별에 대해서는 다음과 같은 내용을 명문화했다.

'법은 기본적인 권리와 자유에 반하는 모든 차별행위를 처벌한다.'
'인종주의는 보석(保釋)되지 않는 범죄이며 법에 따라 징역에 처할 수 있다.'

인종차별은 이전의 법체계에서는 경범죄였다. 이는 범죄행위가 발생하더라도 벌금과 같은 가벼운 처벌만 받았다. 그렇기 때문에 신고는 되지 않았지만 학교와 직장과 사회생활 전반에서 인종차별이 빈번하게 발생했다. 또한 범죄행위임에도 불구하고 피해자가 신고하지 않았고, 신고해도 조사가 제대로 이루어지지 않았다. 그러나 신헌법에서 차별 행위를 중범죄로 규정함으로써 차별 행위가 중대한 잘못이며 브라질 사회 통합에 심각한 문제를 발생시킬 수 있다는 인식을 확대시켰다.

그렇지만 인종차별 행위에 대한 신고 건 수는 여전히 적다. 그렇지만 신헌법에서 명확하게 중범죄행위로 규정함으로써 사회 전반에서 인종차별에 대한 인식이 점점 변하고 있다. 이처럼 신헌법은 차별받고 있는 사회적 약자의 권리가 침해받지 않도록 보호하고 있다.

신헌법이 다양한 사회계층의 권리를 법적으로 보장하고 있다는 것은 전문前文을 통해 알 수 있다. 전문은 브라질 사회가 다인종적, 다문화적 특성을 지니고 있다는 것을 인정하고 있으며, 이러한 특성을 극대화하고 사회적 통합을 달성하기 위해 다문화주의적인 사회를 지향한다고 밝히고 있다. 또한 전문에는 편견으로부터 자유롭고 조화로운 다원주의적 사회를 발전시킬 것을 재확인하고 있으며, 사회적 소수자인 인디오와 흑인의 문화권을 보장하고 있다. 전문의 다문화주의는 국가가 적극적인 정책적 노력을 통해 문화적 권리가 보장되는 다문화 사회를 만들기 위해 개입할 수 있음을 나타낸다.

이와 같은 전문에 기초하여 헌법에는 차별에 대한 다양한 규정들을 담고 있다. 제4절 제3조에서는 출신, 인종, 성, 피부색, 나이나 기타 어떠한 형태의 차이로 인한 편견 없이 모든 사람들이 잘 사는 사회를 만들고자 함을 밝히고 있다. 또한 제4조에서는 테러리즘과 인종주의를 거부하는 국제 관계의 원칙을 준수한다고 천명한다. 이러한 내용들은 사회적 차별로부터 인권을 보호하고자 하는 대부분의 국가들이 규정하고 있는 것이다.

브라질 헌법은 일반적인 차별 철폐와 더불어 흑인과 흑인 문화에 대해 구체적으로 규정하고 있다. 제6장 제5조에서는 아프리카에서 유래한 흑인 문화, 종교의식과 관습들에 대해 언급하고 있는데, 믿음의 자유, 종교의식의 자유로운 행사, 종교와 예배 장소에 대해 보호받고 침해할 수 없는 권리를 인정하고 있다(United Nations 2004, 11~12). 그리고 제212조 제1항에서는 국가가 대중, 인디오, 아프리카계 브라질 문화뿐만 아니라 브라질 문화 형성에 기여한 모든 표현물을 보호할 것을 규정하고 있으며, 제2항에서는 법으로 다른 민족 집단에서 중요한 의미를 지닌 기념일을 축하하는 것을 인정했다. 역사 인식의 변화는 제1절 제242조에서 찾을 수 있는데, 그 조항은 역사 재평가에 따라 역사 교육과 교과서를 재편성할 것을 주장한다. 이 조항은 브라질 형성에 기여한 문화와 민족 집단의 업적들을 인정해 주고, 역사적 사건들을 교과과정에 포함시키는 다문화주의적 교육 프로그램을 추진할 것을 규정한다.

이러한 법안에 따라 11월 20일이 '흑인 자의식의 날'로 지정되었다. 이날은 식민 기간에 노예 저항운동의 지도자로 영웅적인 활동을 한 줌비Zumbi가 포르투갈 식민 정부에 죽임을 당한 날이다. 줌비는 흑인들에게 저항 정신을 대표하는 인물이다. 기존의 역사 평가에서 줌비는 브라질 사회 통합을 위협한 인물이었다. 그러나 민주화 이후 다양성이 인정되면서 브라질 역사 발전에서 중요한 의미를 지니는 인물로 재평가되었다. 이는 역사상 처음으로 백인이 아닌 흑인의 역사적 업적을 인정해 준 일이며, 흑인의 자긍심을 높여 주는 동시에 소수집단들의 사회적 가치를 인정한 것으로 매우 중요한 의미를 지닌다. 이와 더불어 과거 도망 노예들의 공동체였던 킬롬부를 브라질의 문화유산으로 인정했다. 킬롬부가 문화유산으로 인정받으면서 공동체를 유지하고 있는 킬롬부의 토지소유권을 인정해 주는 획기적인 변화를 가져왔다. 킬롬부는 단순히 문화유산을 보존한다는 차원을 넘어 현재적 차원에서 활용되고 있다. 브라질 정부는 열악한 경제 상황을 극복하기 위한 방법으로 킬롬부의 경제 체계인 공동 생산방식을 지원하는 정책을 추진하고 있다.

1988년 헌법은 민주화 이후 브라질 정치, 경제, 사회, 문화 전반의 민주주의 이념을 담고 있어 매우 중요한 의미를 지닌다. 첫째는 정치적인 측면인데, 1964년 군사 쿠데타 이후 브라질에서 새롭게 마련한 헌법으로서 민주화 과정에서 시민사회가 요구한 시민적 권리와 정치적 권리 모두를 인정하고 있다는 것이다. 법적으로는 민주주의가 주장하는 시민적 권리와 정치적 권리가 온전히 보장된다. 그러나 시민적 권리가 현실적 측면에서도 잘 지켜지는 것은 아니다. 따라서 향후의 문제는 시민적 권리가 잘 보호되고 있는지 감시하고 감독하는 것이다. 둘째는 경제적인 측면인데, 경제 발전 모델의 변화를 가능하게 하는 조항들이 포함되어 그동안 유지되어 왔던 국가 주도의 경제성장 모델에서 벗어나 시장 지향적 경제 모델로의 전환을 가능하게 했다. 그러나 신자유주의는 소외 계층에 대한 보호 장치가 없기 때문에 사회적 약자의 권리가 침해받을 수 있는 가능성이 매우 높다. 셋째는 사회적인 측면인데, 그동안 브라질 사회에서 소외되었던 인종, 집단, 민족에 대한 재평가가 가능하게 되어 그들의 정체성을 형성할 수 있었으며, 인디오와 흑인이 브라질 역사와 문화 발전에 미친 영향에 대한 재평가가 이루질 수 있도록 했다. 넷째는 문화적인 측면인데, 브라질이 지니고 있는 문화적 다양성을 인정하여 다문화주의적인 문화 정책을 추진할 수 있는 토대를 마련했다.

이처럼 신헌법은 브라질 사회 전반에 많은 변화를 불러왔으며 또한 민주주의가 확대되는 데 결정적인 역할을 했다. 또한 신헌법은 흑인들의 존재와 문화유산을 인정해 주는 최초의 헌법이다. 브라질의 인종 관계는 인종 민주주의로 포장되어 조화로운 관계이며 인종차별이 없는 사회로 묘사되었는데, 신헌법은 브라질 사회에도 인종차별이 존재하며 이를 극복하기 위해서는 다양한 법적, 제도적 장치들이 필요하다는 것을 인식하고 있음을 보여 준다.

1.2 확대된 교육의 기회[3]

교육의 권리는 권리를 향유하고 있는 동태적이고 정량적인 부분보다는 그 자체가 지니고 있는 의미가 더 중요하다. 교육의 권리는 차별 없이 누구나 교육을 받을 권리를 뜻한다. 여기서 주의해야 할 것은 법이나 제도의 내용보다는 현실적인 내용이다. 그것은 브라질과 같이 경제적 불균형이 심한 사회에서는 법과 제도의 장치가 평등 원칙을 준수하면서 형성되어 있다고 해도 교육을 받을 수 없는 경우가 많기 때문이다. 교육을 받을 수 있는 환경의 차이가 어디에서 비롯되었는가는 그 사회의 속성을 파악하는 데 중요한 역할을 한다.

신헌법 제205조에는 모든 국민에게는 교육 받을 권리를 지니고 있으며 국가와 가족은 교육의 의무를 지니고 있다고 명시되어 있다. 또한 교육은 사회 협력을 증진시키고 개인의 능력을 개발하는 것으로 시민 정신 함양과 직업교육을 위해 이루어진다고 밝히고 있다. 제206조 에서는 학교교육 접근의 평등, 학습·교육·연구·사상·지식·표현의 자 유, 사상의 다원성, 무상 공교육 등의 기본 원칙을 밝히고 있다. 이와

---

3) 교육의 권리는 능력에 따라 교육 받을 권리, 균등하게 교육 받을 권리로 구분된다. 능력에 따라 교육 받을 권리에 따르면, 교육 받을 자는 인종, 성 별, 종교적 신앙, 사회적 신분 및 재산, 가정환경 등에 차별을 두지 않고 오직 정신적, 육체적 능력에 따라서만 차이를 보인다. 균등하게 교육 받을 권리에 따르면, 국민은 자신의 성별, 종교, 사회적 신분에 의해 교육상의 어떠한 차별도 받지 않는다. 균등하게 교육 받을 권리는 국가가 소극적으로 교육에 있어서 차별적으로 대우하지 않을 것을 의미할 뿐만 아니라 교육의 기회가 모든 사람에게 실질적으로 균등하게 될 수 있도록 국가가 적극적으로 배려할 것을 뜻한다. 교육은 개인의 권리를 신장시킬 수 있다는 측면에 서뿐만 아니라 어떤 사회 내에 형성되어 있는 고정관념을 변화시키고 편견 을 수정할 수 있는 등 구조적 문제를 해결할 수 있다는 측면에서도 중요한 의미를 지닌다.

같이 법적인 차원에서는 차별적인 조항은 없다. 그렇지만 브라질의 교육체계에는 차별적인 상황과 현상들이 나타나고 있다. 교육체계에서의 차별적 상황은 경제문제와 사회문제들이 해결되지 않아 발생하는 것이다. 교육의 권리가 보장되는 것이 중요한 것은 사회 성원들이 개인적 수준에서 자신들의 정체성을 형성하고 차별적 상황을 극복하는 데 교육이 결정적인 역할을 하기 때문이다. 이러한 특성 때문에 다문화주의 정책에서 교육은 차별을 극복할 수 있는 방향으로 진행된다. 다문화주의 교육 정책에서는 교과서의 내용과 고등교육 접근 기회의 평등한 제공이 중요하다(Semprini 1997, 49).

교과서의 내용 역시 사회적 인식이나 헌법에 수용된 내용을 통해 알 수 있다. 동화주의적 입장을 고려한 교과서의 내용은 민족의 우수성, 단일 문화적 특성을 강조한다. 이러한 문화적 특성의 강조는 다른 문화 혹은 외생적 문화를 금기시하는 사회 분위기를 형성하게 된다. 브라질은 독립 이후 동화주의적 입장을 견지하고 있었다. 따라서 국내에 형성되어 있는 각각의 문화는 브라질적(백인적)이지 않으면 정부에 의해 활동이 제한되거나 무시되었다. 브라질적인 문화란 유럽과 백인 문화로 정의되어 있었다. 따라서 유럽적 요소를 지니지 못한 문화는 점진적으로 약화되었고 종국에는 소멸되기도 했다. 사실 동화주의적인 입장을 견지하고 있었던 시기에도 흑인 문화는 일부 지역에서 활성화되었다. 그렇지만 일부 지역에서 활성화된 흑인 문화가 다문화주의적 입장에서 성장했다고 하기 어렵다. 권위주의 정권기간의 흑인 문화는 외생적인 특성을 지니고 있어서 관광 상품으로 활용될 뿐이었다.

그렇다면 다문화주의적 환경에서 브라질의 교과서 내용은 어떻게 변화되었을까? 첫째, 아프리카계 브라질인들과 관련된 내용들이 포함되었다. 개편된 교과과정은 브라질의 역사와 문화를 형성하는 데 영향을 미친 흑인의 업적을 인정해 준다. 따라서 교과서 내용에서도 흑인들의 노예 경험과 노예가 브라질 사회 형성에 기여한 점들에 대한 구체적인 내용들을 포함시키고 있다. 민주화 이전 브라질 역사에서 중요한 인물들은 모두가 백인이거나 백인과 유사한 외모를 지닌 혼혈인들이었다. 그러나 다문화주의에서는 흑인이 국가적 영웅으로 등장한다. 브라질 교과서에서뿐만 아니라 문화적으로 인정되는 대표적인 인물은 앞에서 지적한 줌비이며 그러한 문화유산은 킬롬부이다. 둘째, 관련 도서와 자료에서 인종적 민주화 경향이 뚜렷하게 나타났다. 교과서 저자들의 인종적 다양성이 증가했으며 내용면에서는 브라질 사회 발전에 영향을 미친 다양한 요소들을 다루게 되었다. 셋째, 다인종적 교수법의 필요성을 인식하고 포괄하기 위해 교육체계의 전문가와 교육자가 양성되었다. 이는 다인종적 사회가 습득해야 하는 사회 관습이나 매너를 교육함으로써 차이에 대한 이해를 넓히기 위한 것이었다. 넷째, 소수 인종들이 대학에 접근할 수 있는 범위를 확대시켰다(Porto 2002, 225).

다문화주의 교육정책은 소수의 인종과 민족이 고등교육에 접근하는 데 필요한 적극적 우대 조치들을 포함한다. 이러한 조치들은 그동안 고등교육 접근이 불가능했던 소수집단에게 보상이 될 수 있다는 것과 한계 집단의 통합을 촉진하기 위한 좋은 조건을 제공해 줄 수 있다는 두 가지 가정에 기초하고 있다. 고등교육의 접근은 대학 진학 시 특정 인종의 입학을 우선적으로 인정하는 할당제를 통해 이루어진다. 브라질에서 대학 진학에 대한 적극적인 우대 조치는 브라질 사회에서 인종주의에 대한 논의를 공식적으로 진행시켰다는 측면에서 의미가 있다. 다음으로 할당제는 흑인을 배제시키는 요인이었던 인종주의를 근절한다는 의미를 지닌다. 그리고 할당제는 브라질 역사에서 소외되고 차별받아온 모든 아프리카계 후손들에게 제공되는 보상적 의미를 지닌다. 그리하여 마지막으로 흑인들이 브라질 사회에 통합된다는 것을 뜻한다(Porto 2002, 229).

이와 같이 고등교육 접근의 확대는 흑인들의 사회 통합을 촉진하고 차별을 최소화하는 대안으로 활용된다. 그러나 브라질에서 대학 입학 정원 할당제는 일부 대학에서만 추진되고 있는데[4], 인종차별 철폐의 사회적 효과가 기대되어 법령화를 추진 중이다. 2004년 제3627호 법령을 통해 대학 정원 할당제는 전국적으로 확대되고 있다. 하지만 적극적 우대 조치를 통한 할당제는 어떤 측면에서는 흑인이 주류 사회에 편입되어 가는 과정일 뿐으로 보인다. 따라서 여전히 흑인은 종속적 혹은 의존적이라는 지적이 있을 수 있다. 이러한 할당제보다 좀 더 적극적인 방법은 소수 인종 집단에게만 입학을 허용하는 고등교육기관을 설립하는 것이다. 그러한 대학을 통해 소수민족은 자신들의 문화를 계승하고 발전시키면서 하나의 문화 집단으로 성장하여 다른 문화 집단들과 조화로운 관계를 형성할 수 있을 것이기 때문이다. 브라질에서는 흑인과 혼혈인을 위한 고등교육기관이 상파울루에서 문을 열었다. 줌비두스팔마리스대학Faculdade Zumbi dos Palmares은 정원의 50%까지 흑인과 혼혈인을 우선적으로 선발한다. 이 대학은 비정부기구인 '사회문화발전을 위한 아프리카계브라질인협회Sociedade Afro-Brasileira de Desenvolvimento Sócio Cultural'가 1999년에 흑인들에 대한 편견과 사회적 장벽을 제거하고 흑인의 열악한 교육 환경을 개선하고 고등교육 접근을 쉽게 할 목적으로 설립했다. 입학조건은 모든 브라질인들에게 개방되어 있지만 흑인과 혼혈인들이 유리하다. 그리고 선발도 일반적인 대학과는 달리 면접을

---

4) 2003년 브라질 역사상 처음으로 Universidade Estadual do Mato Grosso do Sul, Universidade de Brasília, Universidade Estadual do Rio de Janeiro, Universidade Estadual do Norte Fluminens, Universidade Estadual da Bahia 에서 약 7천명이 할당제를 통해 대학에 진학했다. 최근 흑인 할당제를 적용하고 있는 대학교가 점점 증가하여 14개 대학에 이른다. 직접적인 할당제 외에 가산점을 제공하는 학교도 늘어나고 있다. Estadão, 2004, 01.28 http://www.estadao.com.br/educando/noticias/2004/jan/28/50.htm

통해서 이루어진다. 교육 내용은 브라질 사회에 통합할 수 있는 언어, 문화, 법학과 사회학을 중심으로 이루어지고 있다.

이와 같이 브라질은 다문화주의 정책을 수용하여 흑인들의 문화권을 보호해주고 있다. 특히 문화가 법이나 제도를 통해 형성되기보다는 일상생활에서 형성되고 학습되는 것을 고려한다면 교육 분야의 다문화주의는 개인적 권리와 문화 집단의 권리를 발전시키는 데 반드시 필요하다. 브라질 정부는 이러한 필요성에 부응하여 교육 내용과 제도를 개편하고 있다. 그러나 여전히 몇 가지 문제점을 지니고 있다. 첫째, 교육 환경의 문제이다. 흑인들이 거주하는 지역은 대부분이 경제 환경이 나빠 학교교육을 시키기 어려울 뿐만 아니라 학교 교사의 수준도 많은 문제를 안고 있다. 둘째, 여전히 바뀌지 않은 교육 내용이다. 일부 내용에 있어서 여전히 동화주의적 내용이 대부분을 차지하고 있다. 셋째, 흑인과 혼혈인이 전체 인구의 과반수이지만 그 가운데 소수만 고등교육을 받을 수 있을 뿐 나머지는 여전히 교육의 혜택을 받지 못하고 있다.

이러한 문제를 해결하기 위해서는 할당제를 전국 대학으로 확대하고 흑인들을 위한 교육체계를 개발하는 것이 필요하다. 또한 흑인들을 위한 고등교육기관을 확대하는 것도 그동안 억압받아 왔던 흑인들의 인권을 확연하게 신장시킬 수 있는 방법이 될 수 있다.

2. 콜롬비아 신헌법과 아프로 콜롬비아인의 인권

2.1. 신헌법의 다문화주의적 특성

콜롬비아의 흑인들에게는 식민, 근대 국민국가 형성, 산업화와 국민연합으로 이어진 과정에서 문화적 권리가 보장되지 않았다. 시민적 권리는 정치적으로나 경제적으로 한계적 삶을 인정받는 것이며, 문화적 권리는 문화적 가치를 인정받는 것이다. 그러므로 시민적 권리를 보호받는 것은 콜롬비아인으로서 그들이 직면하고 있는 상황을 극복하기 위한 것이지 인종적 가치를 인정받는 것은 아니다. 또한 흑인을 계급으로 인식하기 때문에 경제적 권리는 사회운동을 통해서 어느 정도 얻을 수 있다. 그렇기 때문에 민주화가 진전되면 자유권과 사회권은 한계는 있겠지만 개선될 수 있는 여지가 많다. 그러나 문화권은 여전히 풀어야 할 숙제로 남겨진다.

계급적으로 접근한 흑인 운동은 1982년에 벨리사리오 베탕쿠르 Belisario Betancur가 취임하면서 힘을 얻게 되었다. 베탕쿠르 대통령은 라비올렌시아에서 시작된 내전을 종식시키기 위해 평화 협상을 추진하고 다른 한편으로는 민주화를 위한 정치 개혁을 추진했다. 민주화는 국민의 기본권을 보장해 주므로 흑인들의 자유권도 보장될 수 있지만, 그들의 문화권이 보장받기는 매우 어렵다. 국민연합이 추구하는 이상도 여전히 국가의 통일성을 형성하는 것이기 때문이다. 1990년 가비리아 Gaviria 정부가 들어서면서 특정한 엘리트들에게 모든 권력이 집중되는 엘리트 연합 체제인 보수당과 자유당의 양당 구도에서 벗어나 새로운 정치 구조를 형성할 필요성을 제기했고, 이를 제도화하기 위한 헌법 개혁이 추진되었다. 가비리아 정부는 1991년 7월에 부통령제 신설, 지방자치단체장 직선제, 게릴라 전향 집단 및 소수 인종 대표의 제도권 수용 등을 골자로 헌법 개혁을 단행했다(대외경제정책연구원 1996, 80~82). 1990년대 들어 콜롬비아 흑인들은 계급으로서의 권리가 아니라 인종으로서의 권리, 즉 문화적 권리를 회복하는 과정에 진입할 수 있었다.

신헌법은 콜롬비아가 다민족·다문화 국가임을 인정함으로써 계급으로서의 흑인과 인종으로서의 흑인의 법적, 정치적 지위를 확장시켰다. 그동안 콜롬비아는 국가 운영의 기본 원리로 히스패닉, 가톨릭, 스페인어만 인정했다. 그러므로 국내의 다양한 문화 집단과 공동체들은 국민국가의 통일성과 문화적 단일성을 약화시키거나 훼손시키는 것으로 여겨졌다. 이 논리에 따르면, 인디오와 흑인 공동체들이 지니고 있는 독자적인 언어 체계와 공동체적인 삶은 콜롬비아인의 문화적 단일성을 모자이크화하는 것이며 동시에 준엄한 헌법을 위반한 것이었다. 인디오와 흑인은 헌법이 정하는 국민으로서의 권리를 누리기 위해 고유한 언어, 문화, 사회적 네트워크를 포기해야 했다. 국민국가가 지니고 있는 정체성이란 것이 민족주의를 토대로 하고 있다는 점을 생각한다면 어쩌면 당연한 결과였을 수도 있다. 따라서 헌법에서 다문화적이고 다인종적인 특성을 인정한다는 것은 기존의 가치 체계가 변화되었음을 뜻한다.

신헌법은 다인종 사회에서 개별 인종들이 누릴 수 있는 공동체적 삶과 권리에 대한 구체적인 내용을 제시하고 있다. 우선 제2조에서 콜롬비아 국민의 개인적인 가치와 삶의 권리에 대해 규정하고 있는데, "국가는 콜롬비아에 거주하고 있는 모든 사람들의 생명, 명예, 재산, 믿음, 자유와 기타 권리를 보호하기 위해 있다."고 명시하고 있다. 또한 제5조는 "국가는 어떠한 차별 없이 인간의 양도할 수 없는 권리를 보호하고 사회의 기초 단위인 가족을 중시 여긴다."고 규정한다. 국민들이 지닌 시민권을 보장한다는 일반적인 내용임에도 불구하고 새로운 환경에서 적용되는 법 규정은 콜롬비아의 정치적, 사회적 관계를 좀더 민주화시켰다.

그리고 제7조는 "국가가 콜롬비아의 다민족성과 문화적 다양성을 인정하고 보호한다."고 선언한다. 이 짧은 조항이 콜롬비아에 살고 있는 많은 소수민족이나 인종들에게 변화를 가져다준다. 지금까지 근대 국민국가를 건설하기 위해 혼혈을 인종 정체성으로 받아들이면서 개별 인종들이 지니고 있는 인종적 특성과 문화적 독창성은 철저히 무시하거나 배제되었다. 개헌으로 그동안 배제되었던 문화 집단들이 사회 전면에 등장할 수 있게 되었다. 이와 더불어 제8조에서는 개인과 국가가 다양성을 보호할 책임과 의무가 있다고 규정함으로써 문화권의 책임성을 밝히고 있다. 이를 뒷받침하기 위해 제10조는 언어권과 교육권에 대해 명확하게 규정하고 있다. "스페인어는 콜롬비아의 공식 언어이다. 소수민족의 언어와 방언은 그들의 영토에서는 역시 공식 언어이다. 자신의 언어적 전통을 지니고 있는 공동체 내에서 이루어지는 교육은 이중 언어로 한다."

기존 헌법은 스페인어만이 공식 언어이며 스페인어로만 교육한다고 규정하고 있었다. 이 때문에 인디오와 흑인들이 지니고 있던 언어적 특성들은 사라지거나 스페인어화되는 경향이 나타나기도 했다. 새로운 헌법이 이중 언어를 인정함으로써 소수 인종은 자신들의 역사, 삶과 문화를 자신들의 언어로 기록할 수 있게 되었고, 공식문서도 이중 언어로 작성해야 된다. 이런 변화는 교육 과정 변경으로 이어졌다. 사실, 이 조항은 문화 공동체를 이루고 살아오고 있는 안데스 지역의 인디오들의 오랜 요구가 수용된 것이라 할 수 있다. 인디오들은 고유한 문화 집단으로서 구별되는 언어체계, 사회제도, 공동체적 삶을 누리고 있으며 이를 토대로 자율권과 자치권을 포함하는 영토권을 주장해 왔다.

헌법 제13조는 "모든 국민은 법 앞에 평등하고, 정부의 보호를 받을 수 있으며, 성, 인종, 국적, 출신, 언어, 종교, 정치적 의견이나 철학에 대한 차별 없이 동등한 권리, 자유와 기회를 누린다."고 규정하고 있다. 모든 국민이 인간으로서의 동등한 권리를 누리고 보호받을 수 있다는 것을 의미하는 이런 법 규정이 곧 콜롬비아 흑인들의 사회 참여를 비롯한 다양한 활동들을 보장하는 법적 근거가 되었다. 이 조항은 유엔인권위원회가 인종차별 철폐를 위해 제정한 조항이다.

제14조 제17항에서는 "헌법이 발효된 이후 2년 내에 의회가 특별위원회를 구성하고 태평양과 쿠엔카 강 기슭 농촌 지역의 개발되지 않은 땅에 살고 있는 흑인 공동체에게 토지의 공동소유권을 부여한다."는

수정안 제55조를 이행할 의무를 진다고 밝히고 있다. 또한 시행에 필요한 구체적인 절차와 내용, 흑인 공동체의 구성, 역할과 권리에 대해서도 밝히고 있다. 수정안 제55조가 콜롬비아 흑인들의 삶을 변화시키는 기본법이다. 수정안은 흑인들이 제헌의원 선거 과정에서 지원한 인디오 출신 의원들을 통해 제안한 것이며, 흑인들이 인디오와 같은 인종 정체성을 누릴 수 있는 토대가 되는 중요한 절차법이다.

신헌법을 통해 국민들의 권리가 보장되고 있음을 천명했음에도 불구하고 계속되고 있는 내전으로 인해 법질서가 붕괴되고 있다. 따라서 흑인뿐만 아니라 모든 콜롬비아인들은 생명의 위협을 받고 있고, 위법행위로부터 자유롭지 못한 상태에 처해 있다. 이런 상황에서 사회적 소수자인 흑인의 권리가 보호되기는 매우 어렵다. 이에 정부가 흑인들의 인종적 문화적 가치를 인정하는 1993년 제70호 법령을 발표했다. 이 법안은 '흑인법'으로 알려졌을 만큼 흑인 공동체의 문화적 권리와 의무에 대해 규정한 것이며, 콜롬비아의 문화적 다양성과 다문화주의적인 원칙을 강조하고 있다(Agudelo 2005, 15).

헌법 개혁은 보수당과 자유당으로 구성된 정치 엘리트 연합을 해체시키고 다양한 계층의 행위자들이 정치에 참여할 수 있는 기회를 제공하고 있다는 측면에서 민주주의를 확대한 것이라 할 수 있고, 개별 인종과 종족 집단의 사회적 기여와 가치를 인정해 준다는 측면에서 다원주의를 심화시킨 것이라 할 수 있다. 헌법 개혁은 특정한 사안에 대한 법률의 개정과 달리 전체 게임의 룰을 변화시킨다. 여기에 흑인이 새로운 사회 행위자이며, 문화적 존재로 등장했다는 것은 민주주의의 다원성을 확대시킬 수 있다는 측면에서 중요한 의미를 지닌다.

2.2. 흑인 공동체의 집단적 문화권

1993년에 발표된 '흑인법'은 흑인들이 오랫동안 공동으로 거주하고 있는 지역에 대한 재산권을 인정함은 물론 문화권을 인정한다는 의미에서 흑인에 대한 평가가 새롭게 이루어진 사건이라 할 수 있다. 다른 국가와 견주어 콜롬비아에서는 흑인 운동이 늦게 태동되었고 사회운동으로서의 영향력이 크지 않았음에도 불구하고 흑인의 자유권과 사회권을 넘어 문화권이 인정되고 있다는 점은 콜롬비아의 정치, 사회적 환경이 크게 변화되었음을 뜻한다. 또한 내전에 빠져 있는 전체 정치 상황에 비추어 볼 때 제도적인 측면에서 진일보했다는 평가를 받을 수 있다.

흑인법은 이미 개정된 신헌법이 흑인 공동체를 인정하는 수정안을 제출한 데서 시작되었다. 제70호 법령인 흑인법은 제1장에서 법의 목적과 정의를 밝히고 있고, 제2장에서는 법의 원칙, 제3장에서는 공동재산권 인정, 제4장에서는 천연자원과 환경의 보호, 제5장에서는 광물자원, 제6장에서는 인권의 개발과 보호 메커니즘, 제7장에서는 경제 사회 개발 장려 정책 등을 다루고 있고, 제8장은 부칙이다. 공동재산권에 대한 법적 근거는 아메리카 인권 헌장 21조 ("개인은 자신의 재산을 향유할 수 있는 권리를 지닌다.")와 국제노동기구의 제169 헌장에서 규정하고 있는 전통적으로 점유하고 있는 토지에 대한 점유와 소유권의 인정이다. 콜롬비아는 국제노동기구의 제169 헌장에 서명했다(IACHR 2007, 13~14). 법안의 모든 내용이 흑인들의 생활에 영향을 미치는 것들이지만 여기에서는 흑인 공동체의 개념, 공동재산권, 인권과 관련된 부분만 살펴보겠다.

제1장 제1조는 법안이 태평양 연안과 강변의 농촌 지역에서 전통적인 생산방식으로 생활하고 있는 흑인 공동체의 공동 토지소유권을 인정해 주는 데 목적을 두고 있음을 밝히고 있다. 동시에 법안이 인종 집단으로서

의 흑인 공동체의 권리와 문화적 정체성을 보호해 주고 콜롬비아 사회의 다른 집단들과 동등한 기회를 제공하는 메커니즘을 만들기 위한 것이라고 명시하고 있다(Jackson 1993, 1). 이와 같이 법안은 흑인들에게 특정한 지역에 대한 토지 소유권만을 인정하는 것이 아니라 영토권을 인정해 준다는 측면에 그 의미가 있다.

법안이 규정하는 흑인 공동체가 문화적 권리와 자치를 포함하므로 콜롬비아 사회에 또 다른 변화를 가져올 수 있다. 법안은 흑인 공동체를 "자신들의 문화를 지니고 있고, 공동의 역사를 공유하고 있으며, 도시나 농촌 지역에서 자신들의 전통과 관습을 향유하면서 다른 집단과 구별되는 정체성을 지니고 있거나 나타내고 있는 흑인의 후손들의 가족 집단"이라고 정의하고 있다(Jackson 1993, 3). 흑인 공동체는 식민 시대에 도망친 노예들이 만든 문화 공동체인 팔렌케를 지칭하는 것이었다. 따라서 그동안 외생적이고 낙후된 것으로 치부되었던 것이 새로운 관점으로 접근하면서 보전해야 할 문화유산이 된 것이다.

흑인법은 모든 문화 권역의 종족적·문화적 다양성과 평등한 권리를 인정하고 보호하고, 흑인 공동체의 문화적 삶을 존중하는 것을 원칙으로 한다. 또한 흑인 공동체가 자신들과 관련된 정책 결정 과정에 참여할 수 있도록 하고, 흑인 공동체와 자연의 관계를 생각하는 환경보호를 원칙으로 한다. 흑인 문제는 환경보호와 생물 다양성 보존이라는 문제와 결부되어 있는데, 이런 문제들이 법안을 통해서 공식화된 것이다.

법안이 명시하는 토지El Territorio는 태평양 연안, 지역의 강변, 불모지 등으로 매우 제한적인 지역이지만, 다른 지역 흑인 공동체의 요구가 증가하면서 전국으로 확대되어 현재 공동재산권이 인정되는 지역은 5개 권역으로 구분된다. 첫째, 제70호 법령에 따른 태평양 지역의 흑인 공동체 지역, 둘째, 카리브 지역 내륙과 안데스 고원 계곡의 가족 소유 재산, 셋째, 카리브 지역 섬이나 군도, 해안 지역, 넷째, 산바실리오,

산안드레스, 프로비덴시아 팔렌케의 특별 지역, 다섯째 정착 사업이
진행되고 있는 지역이다(Sánchez & García 2006, 26). 여전히 도시 지역,
인디오 영토, 국립공원, 국가 안보와 방어를 위한 지역, 산림과 토지의
이용을 제한한 지역 등에서는 천연자원의 이용과 소유권이 인정되지
않고 있다는 것은 한계이다.

각 공동체는 자신들이 요구한 토지나 공동재산의 관리 행정을 담당할
지역평의회Consejos Comunitarios를 구성해야 한다. 지역평의회는 흑인
공동체의 토지 관리에 대해 최고의 권위를 지니고 있으며, 공동재산권의
보호와 보존, 문화 정체성 유지, 천연자원의 보존과 이용에 대한 감시
등의 기능과 각 공동체의 합법적인 대표, 조정 가능한 내부 갈등의
조정자 등의 역할을 맡게 된다(Sánchez & García 2006, 29; IACHR 2007,
13). 또한 지역평의회는 시행령 제1745호에 따라 농지개혁연구소
INCORA에 해당 지역에 대한 지리적 기술記述, 공동체의 사회조직, 인구
학적 설명, 토지 소유형태, 토지내의 분쟁, 천연자원 이용, 전통적 생산방
식 등을 설명하는 서류를 제출해야 한다. 시행 초기에 지역평의회는
행정기관과는 별도의 독립 기구로 운영될 계획이었으나 현재는 지방
행정기관의 하부 기구로 운영되고 있다. 이런 구조가 공동체의 자치권을
크게 훼손시키고 있다. 공동 소유권은 양도할 수 없으며, 차압의 대상이
될 수 없으며, 인정된 이후 시효가 없이 운영된다. 그러나 내전, 마약
밀매, 구조화된 차별, 벌채와 팜오일 재배와 같은 대규모 농공 산업
개발 프로젝트 등으로 인해 소유권은 심각하게 침해받고 있다.

2.3 문화권의 확대: 영토권

농촌 사람들은 자신의 생계를 유지하고 있는 땅에 대한 물질적, 상징적,
정신적 애착이 있는데, 토지 소유권 주장은 이러한 애착심을 나타낸다.

그러나 토지 소유권 주장은 소유권을 규정하는 기존의 법률과 규칙의 변화를 요구하지 않으며 그 땅에 대한 소유만을 요구한다. 반면 영토권을 주장하게 되면 규칙의 수정을 요구하며 단순히 땅이나 토지에 대한 집단적 소유권을 주장하는 것이 아니라 권력, 정체성, 자치권, 천연자원에 대한 통제권 등을 요구하게 된다. 이 때문에 라틴아메리카에서 종족권Ethno rights은 공식적인 신화인 혼혈성을 비판할 수밖에 없다. 이와 더불어 영토권은 국가와 사람의 관계를 재정립하는 것이어서, 국토 내에서 새로운 영토성Territoriality을 형성하고자 한다. 따라서 영토권이 국가적 분립을 주장하지는 않지만 국토 내에서 자신들의 언어, 문화, 네트워크를 갖춘 자치적 영토를 주장한다. 이런 측면에서 로버트 삭Robert Sack이 말한 것처럼 영토성은 권력에 기초하여 자원과 사람에게 미치게 되는 존재론적 전략이라 할 수 있다(Offen 2003, 45~47). 사람들이 땅을 어떻게 이용할 것인가, 그곳에 대해 어떤 의미를 부여하고 있는가, 그들이 자신들을 어떻게 조직할 것인가가 매우 중요한 요소가 된다. 이처럼 영토권 주장은 기존 지배 체제와 마찰을 빚게 되는데, 콜롬비아에서는 이와 관련된 문제에서 인종적 마찰이 크게 발생하지 않았다는 것이 다른 국가들과의 차이점이다.

이와 같이 흑인법은 사회적, 경제적, 정치적 권리와 인권 보호를 위한 구체적인 내용으로 구성되어 있다는 측면에서 인종차별 철폐법이라 할 수 있다. 일반적으로 인종차별 철폐법은 특정한 인종 집단에 정치, 경제, 사회 분야에서 할당제를 통해 권리를 신장하는 것을 포함한다. 흑인법은 이런 내용을 담고 있다. 첫째, 흑인들을 위해 의회의 2석을 할당하고 있다. 둘째, 흑인들이 거주하고 있는 지역에 대한 집단적 소유권을 인정하고 있다. 셋째, 흑인 커뮤니티가 소유한 땅의 지하자원에 대한 권리도 인정한다. 넷째, 문화와 교육의 권리를 인정한다. 흑인들은 독립된 커뮤니티를 형성하고 있기 때문에 자신들만의 문화를 향유하고 있는

데, 그 문화의 전승이 가능하게 하는 교육의 접근도 확대했다. 다섯째, 흑인들은 토지 이용 계획 수립과 자율적인 지역평의회의 집행부 활동과 같은 사회 정책을 결정하는 데 참여할 수 있게 되었다. 흑인들이 삶의 터전에 영향을 미치는 정부 정책에 참여할 수 있도록 한 것이다. 이는 지역 주민이 개발 문제에 참여할 수 있는 통로를 마련해 참여 민주주의를 확대시킨 것이라 할 수 있다.

Ⅴ. 결론에 대신하여

흑인은 라틴아메리카의 경제적 수탈을 위해 백인들이 강제로 이주시킨 노동력이었다. 주인과 노예의 관계는 식민기를 거쳐 근대 독립 국가가 형성될 때까지도 크게 변하지 않았다. 또한 라틴아메리카에서 노예제가 완전히 폐지된 상황에서도 흑인은 여전히 주변인이었다. 주변인은 문화를 달리하는 복수의 집단에 속하고 이질적인 두 가지 이상의 문화와 집단생활의 영향을 동시에 받고 있지만 그 어느 것에도 완전하게 소속될 수 없는 한계가 있다. 이런 상황의 아메리카 흑인은 아프리카 대륙을 떠나오면서 아프리카인으로서의 자의식은 더 강해졌지만 지리적으로나 문화적으로 멀어졌고, 삶의 공간인 아메리카에서는 아메리카인으로서의 자의식은 형성되지 않았다.

아메리카 흑인들은 다문화주의적 인권이 보장되면서 비로소 아메리카인으로서의 인종적 정체성의 토대가 되는 역사성과 영토성이 확보되었다. 브라질과 콜롬비아에서 도망 노예들이 구축한 흑인 공동체가 국가의 문화유산으로 인정되는 것은 흑인의 역사가 곧 국가의 역사임을 인정한 것이며 흑인들이 구축한 특수한 문화 형태를 영토성을 통해 인정한 것이다. 이것은 흑인들의 권리가 차별적 사회구조로 인해 극복해야 하는 사회권의 단계를 넘어 삶에 또 다른 의미를 부과하는 문화권으로 확대된 큰 변화라 할 수 있다. 또한 사회권인 노동의 권리와 교육의 권리가 확대되어 흑인의 문화권이 항구적으로 향유될 수 있는 틀이 마련되었다. 라틴아메리카에서 흑인들이 경험한 억압, 차별, 폭력, 강제 이주와 같은 희생이 법과 제도로 보상되거나 회복되지는 않겠지만, 라틴아메리카 발전에 공헌한 흑인들의 아픈 기억과 경험들이 가치 있는 것으로 되었다는 것은 의미 있는 변화라 할 수 있다.

민주화 이후 라틴아메리카 국가들이 다문화주의 헌법을 채택함으로써 불가시적인 사회적 약자들인 흑인들이 가시적인 집단으로 바뀌었다. 이런 변화는 수많은 요구와 발전을 통해 더 완성되어야 하겠지만, 흑인들이 노예제 폐지 이후 100여년 만에 라틴아메리카인으로서의 존재적 가치를 인정받았다는 점에서 흑인들의 삶을 변화시키는 제2의 혁명이라 할 수 있다.

참고문헌

강권찬 (2003), 「다문화주의의 현장 ; 이상적 공존제도화의 실현」, 『민족연구』.

강철구 (2001), 『서양문명과 인종주의』, 지식산업사.

구견서 (2003), 「다문화주의의 이론적 체계」, 『현상과 인식』.

김욱동 (1998), 「다문화주의의 도전과 응전」, 『미국학 논집』.

대외경제정책연구원 (1996), 『콜롬비아 편람』, 대외경제정책연구원 지역정보센터.

리카르도 핀존(Ricardo Pinzon) 초청 간담회, 『콜롬비아 내전과 평화운동 : 군폭력과 인권유린』, 2001년 3월 19일, 성공회대.

마르티니엘로, 마르코 (2002), 윤진 역, 『현대사회와 다문화주의』, 한울.

박병섭 (2008), 『다문화주의 철학』, 실크로드.

박홍규 (1996), 「인종차별 철폐협약」, 『국제인권법』 제1호.

이용승 (2004), 「호주의 다문화주의」, 『동아시아연구』, Vol 18. No 0.

정상준 (2001), 「다문화주의를 넘어서」, http://yac.yu.ac.kr/data/2001.11.6.hwp (2005.0630)

차경미 (2008), 「카리브해 빨렝케데산바실리오 흑인 공동체의 저항으로서의 역사, 기억으로서의 문화」, 『라틴아메리카연구』, Vol.21, No.2.

Agudelo, Carlos (2005), *Retos del Multiculturalismo en Colombia: Política y Poblaciones Negras*, Medellín: La Carreta Editores E.U.

Barbary, Olivier & Urrea, Fernando (2003), 'La población negra en la Colombia de Hoy: dinámicas sociodemográficas, Culturales y Políticas', *Estudo Afro-Asiáticos*, No.1.

Barbosa, De Assunção et al. (2003), *De Preto a Afro-Descendente*, São Carlos: Edufscar.

Barbosa, Wilson do Nascimento (2002), Cultura Negra e Dominação, Rio Grande do Sul: Editora Unisinos,

Bernardino, Joaze (2002), 'Ação Afirmativa e a Rediscussão do Mito da Democracia Racial no Brasil', *Estudos Afro-Asiático*, N° 2.

Brasilmar Ferreira Nunes, Deis Siqueira (1999), *Relações Raciais e Grupos Socialmente Segregados*, Brasilía: Movimento Nacional de Direitos humanos.

Camacho, Roberto Pineda (1997), 'La Constitución de 1991 y la perspectiva del multiculturalismo en Colombia', *ALTERIDADES*, 7(14).

Cepeda, Iván, 'Human Rights Defenders in Colombia', (http://www. humanrightsfirst.org/defenders/hrd_colombia/hrd_colombia.asp, 2008/4/25)

Cordoba, Libardo & Obregon, Diego Luis (1992), El Negro en Colombia: *en Busca de la Visibilidad Perdida*, Cali: Universidad de Valle.

Cunin, Elosabeth (2003), 'El negro, de una invisibilidad a otra: permanencia de un racismo que n qiere decir su nobre', *Palobra*, No.5.

Grretón, Manuel Antonio (1996), 'Human Rights in Democratization Processes', Elizabeth Jelin & Eric Hershberg, *Constructing Democracy: Human Rights, Citizenship, and Society in Latin America*, Westview Press.

Inter-American Commision on Human Rights (1999), 'Third Report on the Situations of Human Rights in Colombia'. (http://www.cidh. oas.org/countryrep/Colom99en/table%20of%20contents.htm, 2007/5/23.)

Inter-American Commision on Human Rights (IACHR) (2007), 'Unfulfilled Promises and Persistent Obstacles to the Realization of the Rights of Afro- Colombians', Rapoport Center.

Jackson, Norma Lozano (1993), 'Law 70 of Colombia : In Recognition of the Right of Black Colombians to Collectively Own and Occupy their Ancestral Lands'. (http://www.benedict.edu/exec_admin/intnl_programs/ other_files/bc-intnl_programs-law_70_of_colombia-english.pdf 2007/6/11)

Offen, Karl H. (2003), 'The Territorial Turn: Making Black Territories in Pacific Colombia', *Journal of Latin America Geography* Vol.2, No.1.

Porto, Maria do Rosário S., Canti Afrânio M. & Prudente, Celso (2002), *Negro: Educação e Multiculturalismo*, São Paulo: Panorma.

Sánchez, Enrique & García, Paola (2006), *Más Allá de Los Promedios: Afrodescendinets en América Latina: Los Afrocolombianos*, Washington: The World Bank.

Semprini, Andrea (1997), Multiculturalismo, São Paulo, EDUSC.

Souza, Jessé (1997), *Multiculturalism e Racismo:uma comparação Brasil-Estados Unidos*, Brasilia: Paralelo.

Telles, Edward (2003), *Racismo à Brasileira: Um Nova Perspectiva Sociológica*, Rio de Janeiro: Relume Dumará.

UNITED NATIONS (2004), 'COMMITTEE ON ELIMINATION OF RACIAL DISCRIMINATION CONSIDERS REPORTS OF BRAZIL', http://www.unhchr.ch/huricane/huricane.nsf/view01/09BCBF3661EAACBDC 1256E52002F04EC?opendocument(2005.05.31)

Wade, Peter (1997), *Race and Ethnicity in Latin America*, Chicago: Pluto Press.

민주화, 신자유주의 그리고 여성 인권

이순주

I. '여성 권리'에 대한 다른 접근, '인권'

'인권' 개념은 17~18세기에 국가나 정부의 행위를 통해 제한받는 개인의 삶, 자유, 행복을 추구하는 '정치적' 인권의 개념에서 출발했다. 그 후 그 개념은 19세기 들어 경제권과 사회권을 포함하는 것으로 확대되었으며, 20세기에는 사회·경제적 발전권, 인류의 공동 유산으로부터 혜택을 누리고 거기에 참여할 수 있는 권리까지 포함한 문화적 권리로 확대되었다. 이러한 개념들은 1948년의 「세계인권선언」에 적용되어 있다. 그러나 페미니스트들은 기존 '인권' 개념이 남성의 입장을 바탕으로 하여 개발되어 왔기 때문에 여성의 입장이 배제되어 왔다는 주장을 제기해 왔다. 이러한 인식에 바탕을 두고 이루어진 여성 권리와 관련한 여러 선언들은 기존의 인권 개념에 여성의 입장을 지속적으로 부가하기 시작했다. 또한 1970년대 이후 다양한 여성 단체의 활동들도 개인-국가 간의 개념으로 제한되어 있던 전통적인 인권의 개념을 재정의

하는 데 기여하였다.

　'여성 권리가 곧 인권'이라는 명제는 여성 권리에 관한 논제들이 곧 여성 인권의 한 부분임을 뜻한다. 여성 인권이란 구체적으로는 모든 차별과 폭력으로부터 자유로운 인간으로서의 권리를 뜻한다. 여기서 차별이란 '성에 근거한 차별, 배제, 또는 제한으로서 정치적, 경제적, 사회적, 문화적, 시민적 또는 기타 어떠한 분야에 있어서든 간에 남녀의 평등을 기초해 여성이 행사하는 권리 및 기본적 자유를 해치거나 무효로 하는 효과나 목적을 가진 것'(「여성 차별 철폐 조약」, 1979년)을 뜻한다.

　'인권'이 여성의 발전에서 중요한 명제가 된 것은 1995년 제4차 베이징 세계여성대회 이후다. 이 대회에서 여성 인권은 "보편적 인간의 권리이며, 타인에게 양도될 수 없는 불가분적 권리"로 정의되었다. 또한 여성 권리는 곧 인권임을 명시함으로써 그 범위와 내용이 매우 포괄적인 것으로 인정되었고, 동시에 이 대회에서 정한 행동 강령 12개 중의 하나로 명시되었다. 여성의 평등 및 발전과 관련한 기존의 전략이 경제개발의 촉진이라는 틀 속에서 논의되어 왔음을 생각하면, 이러한 행동 강령의 제정은 획기적 의미를 갖는다고 볼 수 있다.

　'인권'의 틀은 여성 개인과 각 그룹들로 하여금 자신들 인권의 침해에 대해 구체적으로 인식하고 그에 대해 문제를 제기할 수 있는 가능성을 확대했다. '개발'의 틀이 경제개발과 경제활동 참여 증대 등을 통해 여성 발전을 진전시키고자 한 것과는 달리 '인권'이라는 틀은 여성들의 요구를 가장 근원적인 '도덕적' 부분들과 접목시킬 수 있도록 했다.

　'인권'은 여성의 권리 향상을 위해 기존의 접근법이 갖지 못한 중요한 설득과 항의의 도구를 제공했다고 볼 수 있다. '인구와 개발에 관한 국제회의의 행동 프로그램'의 표현을 빌리자면 '인권'은 "그 자체로서 매우 중요한 목표"가 되는 것이다(International Conference on Population and Development, Program of Action, Chapter IV, 4.1). 따라서 인권은 이제까지 우선시되어 온 다양한 국가정책들 — 경제개발, 환경, 혹은 지속가능한 발전, 효율성을 위한 정책들-을 위해 이용되거나 정책 목표의 달성을 위해 미루어질 수 있는 개념이나 가치가 아니다. '인권'이라는 도구는 다양한 국제 협약을 통해 각 국가들이 동의하고 책임 있게 이행하도록 약속되고 송용된다. 이 때문에 '인권'은 여성들의 다른 요구들이 정책적 인 차원에서 국가의 책임을 묻는 것과는 다르다. 국제적으로 보장된 인권 보호에 대한 요구를 거부하거나 침해하는 경우, 국내외적인 문제를 야기하고 국가의 법적 책임을 묻는 것을 가능케 한다. 이러한 의미에서 '인권'의 틀을 통한 여성 문제에 대한 접근은 기존의 접근법과 다르다.

Ⅱ. 라틴아메리카의 여성 인권

20세기 후반 라틴아메리카에서의 인권 문제는 민주화 과정이 진행되는 동안 드러났던 권위주의 국가의 폭압에서 비롯된 다양한 인권침해들이 중심을 이루었다. 일부 국가들에서 수십 년 동안 권위주의 정권이 끝나고 민주화가 진행되는 과정에서도 여성들에 대한 인권침해는 여전히 지속 되었다. 민주화와 거의 비슷한 시기에 시작된 신자유주의 경제개혁은 여성들에게는 또 다른 인권침해의 환경을 조성해 오고 있다. 라틴아메리 카 여성들은 여성으로서 공통적으로 경험하는 인권침해의 유형과 함께 여성 개인이 속한 계급, 직업, 인종, 연령 등에 따른 다양한 경험으로 이중, 삼중의 인권침해를 겪고 있다.

　「국제인권규약」(1848년)에서는 실질적 삶 차원에서의 인권을 시민권 과 정치권과는 다른 경제적, 사회적, 문화적 권리로 규정하고 있다. 시민권과 정치권은 법을 통해 보장됨으로써 바로 이행할 수 있고 강제할 수 있는 특징이 있지만, 경제적, 사회적, 문화적 인권은 '강령'적인 권리로서 사회 내의 다양한 변화와 오랜 시간을 걸쳐 매우 천천히 그 목표에 다다를 수 있다. 즉, 사회적·경제적 권리를 실현하는 것은 정치적 권리를 실현하는 것보다 훨씬 더 어렵다는 것이다. 이 글에서 다루고자 하는 사회적, 경제적 권리는 사회의 자원 재분배에도 영향을 주지만, 여성의 인권과 지위 향상에도 직접적인 영향을 준다. 사회적·경제적 권리란 노동에 대한 권리, 의식주를 포함하여 적절한 질의 삶을 누릴 권리, 사회보장에 대한 권리, 건강한 환경을 누릴 권리, 교육에 대한 권리 등이 포함 된다. 「국제인권규약」 제22조에서 26조까지는 이러한 사회적·경제적 권리의 범주를 정하고 있다.

사회적·경제적 권리가 보장되지 못하면, 여성이 분쟁이나 가정 폭력의 희생양이 되도록 할 뿐만 아니라 다른 기초적인 인권을 누리거나 자기 결정을 하는 데 있어서 부정적인 영향을 미친다. 따라서 사회적·경제적 권리는 여성 인권 보장에 있어서 필수적이다.

라틴아메리카 지역의 여성 운동은 국가기구 수립, 재생산권, 주거 및 가족 관련 법, 고용 차별로부터의 효과적인 보호, 가정 폭력의 추방 및 예방, 보다 평등한 정치 참여 등의 분야에서 중요한 행위자로 빠르게 등장했다. 이 분야들에 아직 많은 변화가 요구되고 있지만 이미 진보를 거듭하고 있다. 예를 들면, 선거를 통한 공직과 사법부 내의 여성 비율이 증가되었고, 고등교육을 받는 여성 비율도 상당히 높아지고 있다. 또한 주로 여성이 희생자가 되는 가정 폭력과 같은 범죄에 대한 경찰의 관심도 과거에 견주어 상당히 많은 변화를 보이고 있다. 이러한 변화의 하나로, 「벨렘 도 빠라Belem do Pará 의정서」는 가정 폭력 행위에 대한 국가의 책임 영역을 만들어 여성 인권과 관련한 공적 영역과 사적 영역의 전통적 구분을 깨뜨리기도 했다.

라틴아메리카 국가들의 헌법에서는 "성별에 따른 차별 금지와 평등" 이 기본 원칙으로 되어 있지만 현실에서 이러한 원칙을 지키는 데는 실패했다. 1994년 초, 미주 국가들에서는 여성에 대한 모든 형태의 폭력을 뿌리 뽑고 예방하기 위한 벨렘 도 빠라 협정을 맺었고, 그 후 여성들은 공식적으로 보호 받게 되었다.

유엔의 체계에서는 젠더 관련 권리 침해에 관한 개인적 청원을 위한 구체적인 기제가 없다. 이와 달리 미주 지역 내에서는 개인이 미주법원 Inter-American Court이나 미주여성위원회Inter-American Commission on Women에 고발하거나 청원을 제출하면, 국가는 이에 대해 보고서를 제출하도록 하고 있다. 이러한 보고서는 여성에 대한 폭력의 근절 및 예방을 위해 채택한 정부의 수단, 폭력의 피해자들인 여성들을 구제하기 위한 방법, 이러한 방법들을 적용하는 데 따르는 어려움, 여성 폭력을 야기한 요인들 등을 포함하도록 되어 있다. 또한 미주 법원의 권고를 따르도록 유도하고 있다.

그러나 미주 국가들에 다양한 기준, 제도, 조약이 존재하지만 라틴아 메리카 여성들은 다양한 형태로 인권침해를 받아 왔다. 결혼한 여성이 직업을 갖거나 공식적인 사회 활동을 하기 위해서는 남편의 동의가 있어야 했고, 부부가 재산을 취득하고 관리하는 과정에도 불평등이 존재했으며, 부모의 권위에도 불평등이 있어 왔다.

라틴아메리카 여성의 30∼70%가량이 정신적 폭력에 시달려 왔으 며, 10∼30%가량의 여성들이 배우자나 연인으로부터 신체적 폭력을 경험했다는 통계가 있을 정도로 인권침해는 매우 심각한 수준이다. 그러나 사회적·경제적 권리를 얻는 것은 현 라틴아메리카 시민 체제 citizenship regime에서는 상당히 어렵다. 또한 기존의 젠더 관계에 심대한 변화와 도전을 필요로 하는 정책들은 받아들여지기 어렵다. 여성에 대한 모든 폭력을 뿌리 뽑기 위해서는, 각 국가들이 법으로 여성에 대한 폭력을 범죄로 다루고 엄격히 처벌하는 것이 필요하다. 그럼에도 각 국가의 법은 폭력을 몰沒젠더적 현상으로 다루고 있다. 라틴 국가들 가운데 네 개의 국가에서만 반反폭력법의 범주에서 여성 폭력을 명시하고 있으며, 대부분의 국가에서는 가족 내 폭력을 범죄로 다루고 있다.

Ⅲ. 라틴아메리카 여성 인권의 법적·제도적 보장

인권의 범주는 매우 광범위하다. 인권의 내용은 「세계인권선언」 이후 「시민적, 정치적 권리에 관한 국제조약」과 「경제적, 사회적 및 문화적 권리에 관한 국제조약」을 통해 편의상의 범주화와 구체화가 가능할 것이다. 전자가 인간의 자유권에 초점을 두었다고 본다면, 후자는 평등을 기본 이념으로 하는 사회권에 중점을 두고 있다.

「경제적, 사회적 및 문화적 권리에 관한 국제조약」을 통해 본 사회적·경제적 인권은 1) 일할 수 있는 권리, 2) 실업으로부터 보호받을 권리, 3)일정 기간의 유급 휴가 등 휴식과 여유를 가질 권리, 4) 건강 및 행복에 필요한 생활수준을 누릴 수 있는 권리, 5)교육 받을 권리, 6)자신의 지적 창조물에 대해 보호 받을 권리 등으로 요약된다. 여성에게는 1) 동등한 노동에 대한 동등한 보수와 함께 남성이 향유하는 것보다 열등하지 않은 근로 조건의 보장, 2) 임산부가 출산 전후에 적정 기간 동안 특별한 보호를 받을 권리가 명시되어 있다. 또한 이 규약에서 선언된 권리를 누리는 일은 남녀 모두 동등할 것을 약속하고 있다.

또한 이러한 권리들은 수차례의 법 개정과 새로운 법안의 신설을 통해 상당한 진보를 거듭해 왔다. 그러나 이러한 법 앞에서의 양성평등과 여성 인구가 노동, 보건, 교육, 법 행정, 공공 행정, 정치 참여 등 일상생활에서 겪는 현실은 상당한 거리가 있다(Toto Gutiérrez 1999, 36).

사례 1. 멕시코

여성 인권을 보장하는 법적·제도적 틀은 국내법과 함께 국제적, 지역적 협약의 체결과 밀접한 관련이 있다. 국제적, 지역적 협약의 체결은 협약 당사국 정부가 협약을 이행하기 위한 기구를 설치하고 법적인 제도를 마련하도록 강제한다. 특히 최근 멕시코에 여성의 인권보장을 위해 기구를 설치하고 제도가 발전한 것도 상당 부분 이러한 국제 협약의 체결에 기인하는 바가 크다. 멕시코는 2000년도까지 45개의 인권 관련 국제 문서에 가입했으며(CONMUJER 2000), 2004년 현재까지 유엔의 인권 관련 의정서에는 총11건 비준했으며, 그 가운데 직접적으로 여성 인권과 관련한 의정서는 「모든 형태의 여성 차별 금지 의정서」(CEDAW) 와 이에 대한 「선택 의정서」(CEDAW-OP)이다.

　인권이 모든 개인의 정신적 및 신체적 일치성의 보호를 원칙으로 한다고 볼 때 여성에 대한 폭력의 근절은 남성과 여성 사이의 평등한 관계를 획득하기 위한 최소한의 규준이 되는 것으로 매우 중요하다 (CNDH 2003, 32). 미주여성위원회CIM는 '벨렘 도 빠라 협약'으로 알려져 있는 「여성에 대한 폭력 근절, 처벌 및 예방에 관한 미주 협약」이 발효된 이후 이 협약의 제10조에 의거하여 미주 각국으로부터 여성에 대한 폭력의 근절, 처벌, 예방에 관한 보고서를 받고 이에 대한 대책을 마련하고 있다. 멕시코 정부에 의하면, '벨렘 도 빠라 협약' 발효 이후 워크숍 등을 통해 법원의 남성, 여성 재판관들에게 양성평등 관점의 적용에 대한 인지도를 높일 수 있도록 했다. 이후 「가족 내 폭력의 예방과 지원 법」을 마련하여 정부 차원에서 쉼터 등을 마련하도록 한 것은 중요한 여성 인권의 법적 진보의 사례이다(CONMUJER 2000, 46). 이러한 긍정적인 사례가 있음에도 멕시코의 협약 이행 성적은 그다지 좋은 편이 아니다. 1995년에서 2003년까지 베이징 회의 이후 여성 관련 협약 이행에 관한의 유엔의 보고서에 의하면, 멕시코는 중남미 국가들 가운데 여성 관련 협약 이행에 있어서 유일하게 후퇴한 국가로 나타나고 있다.

멕시코의 헌법의 기본은 1917년 헌법이다. 이 헌법은 생명의 보장, 자유의 보장, 법적 보장과 함께 모든 인간의 가치를 보장한다. 여성들에게 인간으로서 남성과 동등하게 그러한 권리들을 보장하고 있다. 가장 중요한 것은 헌법 제1조와 제4조이다. 제1조에는 "모든 개인은 이 헌법이 허용하는 보장을 누린다."라고 명시되어 있다. 제4조에는 "남성과 여성은 법 앞에 평등하다. 법은 가족의 발전과 단위를 보호한다."고 명시되어 있으며 관련된 다양한 법을 통해 구체화되어 있다.

31개주와 1연방구로 구성되어 있는 멕시코에서는 구성단위마다 여성이나 미성년자와 관련한 법률의 현실화를 시도해 오고 있다. 그 가운데 여성 인권과 관련한 주요 이슈들은 매우 다양하며 이에 대한 법률 개정을 시도하고 있다[1]. 이 가운데 미성년자 매수에 대한 처벌 강화를 위한 법률 개정은 전체 32개 연방 단위 가운데 30개에서 우선적으로 다루고 있다. 성폭행 피의자나 여성을 납치한 피의자가 피해자와 결혼하는 경우 면죄하지 못하도록 하는 것과 성범죄에 대한 처벌 강화를 많은 연방 단위들이 우선적으로 법률에 담아야 한다고 인식하고 있는 것으로 나타났다. 또한 멕시코에서 공공연하게 이루어져 온 공공 보건 기관에서의 여성 피임 기구 시술을 금하는 내용의 법률 개정도 절반 이상의 주에서 시도해 오고 있다. 이러한 피임 기구 시술의 금지는

---

1) 법률 개정이 시도되고 있는 이슈들에는 미성년자 매수에 대해 가축 절도보다 미약한 처벌이 내려지는 것, 성폭행범이 피해자와 결혼하는 경우 면죄되는 것, 성범죄에 대해 가축 절도보다 미약한 처벌을 내리는 것, 납치범이 피랍자와 결혼하는 경우 면죄하는 것, 피임 강요가 허용되는 것, 이혼한 여성에 대한 보호, 성폭력의 세부 분류, 부부의 공동 책임, 남편과의 거주 의무화에 대한 금지 등이 포함되어 있다.

멕시코 헌법 제4조에서 보장된 배우자가 자녀의 수와 거주 공간을 결정할 자유를 침해해 온 것이어서 이에 대한 여성들의 불만이 컸다(PAN 1999, 4).

여성 인권과 관련한 멕시코 최초의 공공 기관은 1989년에 설치된 멕시코시티 사법사무국Procuraduría de Justicia del Districto Federal 내의 성범죄특별기관이다. 이후 이와 유사한 기관들이 전국적으로 설치되었다(Escobar, 192). 그리고 전문적인 범죄 조사의 필요성이 대두되면서 성폭력특별감찰국Fiscalía Especializada para Délitos Sexuales이 설치되었다. 같은 해 성희롱을 포함한 성폭력에 대한 규정 및 처벌과 관련한 형법도 개정되었다(Cano 1996; Scholtys). 멕시코의 국가인권위원회Comisión Nacional de Derechos Humanos가 수행한 첫 과제는 '가족, 어린이, 여성을 위한 프로그램'이었고, 이를 통해 인권침해에 대한 정부의 관심이 최우선적으로 가족과 여성에 있음을 간접적으로 보여 주었다. 2001년에는 국립여성연구소Instituto Nacional de las Mujeres(INMUJERES)가 창설되어 정부 활동에서 여성들에게 좀 더 많은 기회를 제공하고 요구들을 수렴하고자 했다. 현재 여성 인권과 관련한 NGO와 민간 지원 기구의 수는 600개 이상인 것으로 추산되고 있다(Escobar 2004, 192).

사례 2. 엘살바도르

엘살바도르의 여성 인권은 1983년 제정된 헌법에 기초하고 있다. 1994년 「가족법」, 1972년 「노동법」, 1997년 「형법」, 1997년 「형사소송법」, 1997년 「교화법ley penitential」 등의 일부 조항들에 여성 권리와 관련된 내용들이 일부 수록되어 있다(Naciones Unidas, 1999). 엘살바도르는 유엔 협약 13개, 미주기구OAS 협약 7개, 국제노동기구의 주요 인권 관련 협약 10개를 비준했다. 이러한 국제 협약에 대한 비준이 곧바로 국내에서의 여성 인권 보장을 의미하는 것은 아니지만, 국내법과 국내에서의 여성 인권에 대한 인식 변화를 가져올 수 있다는 점에서 협약 비준은 중요할 수 있다. 중요 인권 관련 국제 협약에 비준해 있음에도 불구하고, 엘살바도르 헌법에는 남성과 여성에게 모든 인권을 평등하게 보장한다는 내용이 포함되어 있지 않으며, 법 조항이나 부가적인 법조문에서는 차별에 대한 개념 정의조차 없는 것이 현실이다(P.D.D.H 2008, 6). 특히 자유무역과 관련된 마낄라 산업에서 여성 인권에 지대한 영향을 미치는 노동 관련 협약들은 최근에 들어 일부 비준되었다. 국제노동기구와의 협약 가운데 여성 노동 관련 협약들인 제3호 「모성보호에 관한 협약」, 제89호 「야간(부녀자) 근로에 관한 협약」, 제103호 「모성보호에 관한 개정 협약」은 아직 비준되지 않았다.

　이러한 현실에서 살바도르여성발전연구소Instituto Salvadoreño para el Desarrollo de la Mujer의 창설은 여성 권리 증진에 중대한 변화를 가져오는 계기였다고 할 수 있다. 미주기구의 여성 인권 관련 협약인 「여성에 대한 폭력의 근절, 처벌, 예방에 관한 협약」은 1996년 11월 28일 발효한 「가정 폭력에 관한 법Ley contra la Violencia Intra-familiar」의 모태가 되었다. 엘살바도르 정부는 이러한 여성 관련 국제 협약 이행을 책임지고, 여성 권리 보호 및 증진을 위해 살바도르여성발전연구소를 설립했다. 살바도르여성발전연구소는 설립 다음 해에 다른 국내 연구 기관 및 시민 사회단체와 공동으로 첫 번째 여성 정책을 만들어냈다. 1999년부터 2004년까지 센순떼 Sensuntepec에 여성 전문 직업훈련 센터를 건립했고 매년 1,152명의 어린이를 보호할 수 있는 탁아소를 건립한 바 있다. 그 밖에도 '농촌 여성 지도자 양성 및 지속 가능한 농촌 발전' 등의 프로젝트를 진행해 오고 있다.

　그럼에도 살바도르여성발전연구소에 대한 평가는 긍정적이지 않다. 이베로아메리카옴부즈맨연맹Federación Iberoamericana de Ombudsman에 따르면, 살바도르여성발전연구소는 여성 정책의 대표 기구이기는 하지만 공공 정책과 행정 등에서 광범위하게 나타나는 차별적인 정책들에 대해 필요한 제안을 하거나 법률적인 조치를 취할 수 있는 능력이 없다. 정부 각 부문의 정책 수립 과정과 구상에 젠더 관점을 포함시키지도 못했고, 각종 의정서의 협약늘을 이행하기 위한 체제를 제대로 갖추지 못한 것으로 평가되고 있다(Escobar 2004, 143).

Ⅳ. 신자유주의 도입과 여성 인권의 현주소

1970년대와 1980년대 경제 불황 타개를 위해 서구 선진국에서 등장한 '신자유주의의 세계화'는 1990년대 사회주의국가들의 붕괴와 급속도로 진행된 개발도상국들의 국제경제체제로의 통합을 통해 전 지구적으로 확대되었다. 이 체제는 '완전경쟁 시장'을 지향하는 시장 메커니즘의 강화를 통해 자원을 효율적으로 배분할 수 있다는 논리와 각국의 비교우위를 통해 국제무역에서 이윤을 최대화할 수 있다는 논리를 내재하고 있다.

중남미 지역에서는 이미 신자유주의가 1970년대 중반부터 실험되기 시작했고, 신자유주의의 개방성은 이러한 변화들을 빠르게 받아들이도록 만들었다. 특히 북미자유무역협회NAFTA 결성 이후 멕시코는 미국과의 국경 지대에 자유무역지대인 마낄라도라를 더욱더 강화했으며, 과테말라, 엘살바도르, 니카라과 등의 중미 국가들도 'Zona Franca'로 지칭되는 자유무역지대를 형성하여 수출을 위한 임가공 산업을 중심으로 한 '마낄라 산업'을 발전시켜 왔다.

국제 자본과 기업들에게 있어서 이점은 이러한 중미 국가들의 마낄라 산업이 자유무역의 혜택과 저임금 노동력을 제공하는 데 있다. 중미

국가들은 노동, 투자, 수출입과 관련한 규제를 최소화하면서 다른 국가들의 자본과 기업을 유치하려 경쟁하도록 강요되었다. 선진국의 이민에 대한 규제 강화로 인해 국제적 이동성이 줄었고, 산업국가에서 이민은 20세기말 마지막 25년 사이에 천 명당 6.5명에서 4.5명으로 감소되었다. 그 대신, 노동에 대한 사회보장이 붕괴되고 노동시장이 '비공식화'되었을 뿐만 아니라 많은 국가에서는 정규, 전일 고용이 아웃소싱, 계약노동, 시간제, 재택근무 등의 다양한 형태로 바뀌었다. 이러한 과정은 세계 노동력의 증가는 물론 노동시장에서 여성을 활용한 결과이다. 노동시장의 여성화는 노동에 대한 제도적 보호 장치가 취약한 중미 지역 마낄라 산업 지대에서도 마찬가지였다(ILRF, 2003).

사례 1. 멕시코

멕시코는 아르헨티나, 브라질, 칠레와 더불어 라틴아메리카의 발전을 이끌어 나가고 있는 국가 가운데 하나이며, 북미자유무역협정의 체결과 무역 개방 등을 통해 세계화의 흐름에도 적극 동참하고 있는 국가다. 이로 인해 멕시코의 민주적인 사회적 발전도 이루어질 것으로 기대하게 한다. 그러나 멕시코 여성 인권은 이러한 기대와는 다르다. 세계경제포럼 World Economic Forum이 보고한 바에 의하면, 멕시코에서 성별에 따라 발생하는 차이는 세계에서 52위이며, 라틴아메리카 국가들 중에서는 9위이다. 멕시코보다 저개발국에 속하는 페루나 우루과이보다도 훨씬 뒤처져 있다(WEF 2005, 8~9). 멕시코는 경제활동 참여, 경제적 기회, 정치적 권한, 교육, 보건 등의 모든 항목에서 매우 낮은 순위를 기록하고 있다.

1) 폭력

여성에 대한 '폭력'은 여타의 '인권'보다도 가장 근본적이고 우선적으로
해결되어야 하는 문제이다. 이는 남성 우월주의와 성별에 따른 역할의
차이에 근거한 사회구조의 한 표현으로 이해된다. 다양한 폭력에 의한
기초적인 인권침해는 자유와 신체적 통합성에 대한 지속적인 공격이
동반되는 경향이 크기 때문에 매우 중요하게 다루어진다. 여성에 대한
폭력의 바탕에는 각 사회의 역사와 문화적 전통, 그리고 남성의 삶과
자신들의 가치가 연관되어 있다고 믿도록 교육 받아 온 여성들의 신념
등 복합적인 요인들이 깔려 있다. 이로 인해 여성에 대한 폭력은 외부로
드러나지 않고 참도록 강요됨으로써 더욱더 그 근절이 어려운 특성이
있다(INMUJERES 2003, 8). 여성에 대한 폭력은 행위자와 장소에 따라
가정 내에서 일어나는 폭력과 가정 외에서 일어나는 폭력으로 크게
구분할 수 있을 것이다.

최근 국립여성연구소와 국립정보지리통계원INEGI이 실시한 '가정
내의 관계 역학에 관한 조사'에 관한 결과 보고서에서는 '양성 간의
폭력 violencia de genero'과 '배우자 폭력 violencia en la pareja'을 정신적,
물리적, 성적, 경제적 폭력으로 나누고, '가정 폭력 violencia intrafamilar'은
정신적 폭력과 물리적 폭력으로 세분화했다. 이 조사는 단순한 통계를
위한 폭력 실태에 관한 조사가 아니라, 경제적 수준, 교육 정도, 거주
지역, 연령 등과 같은 기존의 지표들은 물론이고 매우 세부적인 부분들[2]
까지 포함하며 또한 각 설문과 폭력 정도의 연관까지 분석한 조사였다.

---

2) 배우자와 응답자의 교제 시작 연령, 유아 및 청소년기의 가정 내 폭력 경
   험, 현 배우자와의 동거 기간, 현 배우자에게 다른 이성 상대가 있는지와
   그 상대로부터의 자녀가 있는지 여부, 아내나 남편이 아이들이 잘못한다고
   생각될 때 때리는지 여부, 가족 중에 장애인이 있는지 여부 등 매우 다양
   하고 구체적인 설문이 실시되었다.

또한 여성 결정권 지수와 가정 내에서 여성의 결정의 자유에 관한 조사 등을 통해 배우자 사이의 폭력과 여성 권리 실현의 관계가 분석되었다.

멕시코에서는 배우자와 함께 살고 있는 15세 이상 여성 가운데 44%가 성별 차이에 기인한 가정 폭력의 어느 한 가지라도 경험하고 있다. 이들 가운데 16%가 유년기에 가정 내 폭력을 경험했고, 이 가운데 53%의 여성들이 자녀에게 폭력을 행사하고, 25%가 그들의 남편이 자녀에게 폭력을 행사하는 것으로 나타났다(INMUJERES 2004, 68).

국립여성연구소가 실시한 배우자 폭력에 관한 연구에 따르면, 중등학교를 중퇴한 여성들에게는 폭력을 당한 경험이 많은 것으로 나타났고, 전혀 교육을 받지 못한 여성들과 대학 이상의 고등교육을 받은 여성들에게도 폭력을 당한 경험이 광범위하게 나타나 가정 폭력과 학력과의 연관은 낮은 것으로 확인된다. 반면에 사회적·경제적 수준의 차이는 어느 정도 가정 폭력과의 연관성을 지니고 있는 것으로 나타났다. 배우자 폭력은 사회적 · 경제적 수준이 높은 가정에서 비교적 적게 나타났다. 또 배우자에 대한 폭력의 형태는 농촌 지역보다는 도시 지역에서 정신적, 경제적 폭력이 상대적으로 높게 나타났고, 성폭력은 농촌 지역이 약간 높았고, 신체적 폭력은 도시와 농촌이 거의 유사했다.

가정을 벗어난 사회에서의 여성에 대한 폭력은 성폭행과 구타가 가장 흔한 사례인데, 농촌보다는 도시 지역에서 더 많이 나타난다. 후아레스시Ciudad Juárez와 국경 지역의 공업 도시들의 사례는 국제적으로도 여성에 대한 폭력이 매우 심각한 것으로 알려져 있다. 이에 대한 멕시코 정부의 소극적인 대응은 많은 국제적인 비난을 받아 오고 있다. 후아레스시를 포함한 치와와Chihuahua주 북부 지역에서는 2003년도에 10명 이상, 2004년도에 24명의 여성이 잔인한 방법으로 살해되는 사건들이 있었다. 한 해 만에 58%의 증가율이다. 이 가운데 8건은 아직 밝혀지지 않았다(La Jornada, 2005/ene/5). 후아레스시에서 살해당한 여성에 대한 통계는 명확하

182

지 않다. 한 NGO의 보고에 따르면, 1993년 이후 살해당한 여성의 수는 320명에서 382명 이상으로 추정되고 있다. 대부분의 살해당한 여성들에게는 성폭행, 고문, 구타 등의 심한 신체적 폭력 흔적이 있었다 (NHRC 2005). 국가인권위원회Comisión Nacional de Derechos Humanos, CNDH는 치와와주와 후아레스시 당국에 이러한 사태를 해결하라고 권고한 바 있으나 시 당국은 이를 무시했고, 이러한 상황은 국제사회로부터 '참을 수 없는 정부의 무관심의 전형'(Amnistía Internacional, 2003)으로 비난받고 있다.

2) 노동

멕시코 여성의 노동 권리에 대한 침해는 크게 3가지 유형으로 분류된다. 첫째, 노동할 권리 자체에 대한 침해다. 멕시코의 여러 주의 민법códigos civiles은 가정을 가진 여성에게 노동할 자유를 제한한다(PAN 1999, 44). 결혼한 여성들은 남편이 동의할 때만 경제활동에 참여할 수 있는데, 두랑고Durango, 아구아스 깔리엔떼스Aguas Calientes 소노라Sonora, 누에바 레온Nueva León, 오아하까Oaxaca, 과나화또Guanajuato, 미초아깐 Michoacán, 따바스꼬Tabasco, 멕시코 연방구Distrito Federal de México 등이 여성의 경제활동에 법적 제한을 두었다. (FAO, 1994.)
　둘째, 임금 차별과 셋째, 고용 차별이다. 멕시코의 헌법과 노동법은 '동일한 시간의 동일한 정도의 노동에 대한 임금'을 여성과 남성에게 동등하게 지불하는 것을 의무로 하고 있다. 그러나 여성 노동력은 일반적으로 남성에 비해 저임금 노동에 집중되어 있다. 멕시코는 국제노동기구 ILO의 1961년 「동일 임금에 관한 협정」, 「고용과 직업에 있어서의 차별에 관한 협정」을 비준했다. 멕시코에서의 여성에 대한 고용 및 임금의 차별은 다른 라틴아메리카 국가들에 비해 여전히 높게 나타나고 있다. 1997년의 제네바에서 국제자유노동조합연합ICFTU이 발표한 바에 따르면, 멕시코 헌법상의 '동일 가치 노동에 대한 동일 임금' 원칙은 실제에서는 적용되지 않고 있다(ICFTU 1997).

최근 수년 간 멕시코는 남성 임금 대비 여성 임금 비율을 꾸준히 증가시켜 오고 있지만, 여전히 중남미 전체의 평균인 67.6%에 크게 못 미치고 있다(Valdes E;Muñoz B;Donoso O(eds.) 2004, 31). 여성 노동력은 저임금 직종에 집중되어 있고, 공공 행정에 있어서도 고위직에서 남성 고용 비율은 여성의 3배에 달하는 것으로 보고되었다(ICFTU 1997). 고용 차별 금지는 노동법에 명시되어 있지 않았고, 특히 모성보호 비용을 회피하기 위한 임신 여성에 대한 차별 사례가 다수 보고되었다. 실제로 공기업이나 사기업에서 많은 경우 고용계약을 위한 전제 조건으로서 임신하지 않았음을 증명하는 진단서를 요구하는 것이 하나의 관례였다. 1995년 6월 1일 멕시코시인권위원회La Comisión Mexicana de Derechos Humanos del Districto Federal는 취업을 위한 '비임신 증명서'를 여성들에게 요구하는 것을 지양하도록 멕시코시 정부와 기업들에게 권고하기도 했다(PAN 1999, 44).

멕시코 노동법에서 모성보호에 관한 규정은 상당히 엄격한 편이다. 출산 전후 6주씩 총 12주의 휴가와 고용주에 의해 제공되는 위생적이고 적합한 환경에서의 모유 수유가 보장되어 있다. 고용주는 임신한 여성들에게 완전한 임금을 지급해야 하고 해고할 수 없다. 또한 임신한 노동자는 위험한 일과 독성 물질에 노출되지 않도록 하고 있다. 일부 고용주들은 이러한 고비용을 피하기 위해 고용 전후에 임신 검사를 요구하거나, 과중한 업무나 고난도의 업무를 부과하는 편법으로 스스로 퇴사하도록 유도해 왔다(U. S. Dept. of Labor & U. S. Embassy 2002, 14).

멕시코에서, 특히 마낄라도라 부문에서의 국제무역과 여성 노동력에 대한 차별에는 개연적인 관계가 있다. 마낄라도라 노동자의 대부분은 여성들이다. 그들은 저임금, 저숙련, 그리고 높은 유동성을 특징으로 하는 마낄라도라 노동시장의 매우 취약한 조건에 많은 영향을 받는다. 마낄라도라의 열악한 근무 조건과 저임금, 그리고 여성에 대한 차별에서 비롯되는 낮은 노동비용은 멕시코의 수출에 공헌한다(ICFTU 1997). 마낄라도라에 대한 감독이 용이하지 않은 것은 마낄라도라 내의 기업의 수가 국가노동감독관과 연방보건안전국이 감독할 수 있는 한계를 넘어서기 때문이기도 하다.

멕시코 여성의 경제활동 참여율은 1970년 17.6%에서 2000년에는 36.4%를 기록한 이후, 2003년도에는 35.3%로 감소했다(La Jornada, 2005/03/08). 여성 경제활동 참여율의 감소는 남성과 여성 사이의 교육 기회와 사회참여 기회의 차이에서 기인하는 바 크며, 여성들에게 더욱 많은 불평등을 야기한다. 2000년 현재 멕시코에는 편부모 가정이 360여만 가구에 달한다. 여기서 편모 가구가 81.7%이고 편부 가구는 18.3%다(INMUJERES 2003, 11). 2004년 12월 멕시코 정부는 최저임금을 1일 47페소로 정했다. 이를 달러로 환산하면 하루 4.5달러정도이니, 개인 생활에도 부족할 뿐만 아니라 가족을 부양해야 하는 여성들에게는 턱없이 부족하다(La Botz 2005). 이렇게 저임금은 여성들을 빈곤에 처하게 하는 주요 요인 가운데 하나다.[3] 멕시코 여성들에 대한 노동시장에서의 차별은 편모 가정의 빈곤을 심화시켜 여성 자신뿐만 아니라 그 자녀들의 삶에까지 지대한 영향을 미치고 있다.

---

3) 농촌에서는 이러한 최저임금이 제대로 지켜지지 않을 뿐만 아니라 노동의 기회조차도 부족하여, 경찰과 고객으로부터의 폭력을 감수하고 AIDS 감염에 노출되어 있는 성매매 여성으로 전락하는 경우도 많다(La Botz 2005).

교육은 개인, 가족, 사회의 발전을 위해 필요한 능력 및 지식을 습득하는 중요한 방법이며, 노동시장 진입과 다른 모든 여성 인권 실현을 위한 기본적인 요건이다.

멕시코의 문맹률은 1990년도 12.3%에서 2000년도 9.35%로 감소했지만, 여전히 4%정도의 성별 격차를 보이고 있으며, 농촌 지역으로 갈수록, 연령이 높을수록 격차는 크게 나타났다. 또한 각 주별 여성의 문맹률도 도시와 농촌의 격차가 매우 크게 나타나는데, 가장 높은 문맹률을 보이고 있는 치아파스주(28.9%)는 가장 낮은 누에보레온주(3.8%)보다 7배나 높다(INEGI/INMUJERES 2004).

멕시코에서 여성에 대한 교육은 1970년대 이후 많은 발전이 있었다. 2000년도의 통계에 따르면, 15세 이상 인구 가운데 정규교육을 받지 못한 인구는 남성이 8.7%, 여성이 11.6%정도로 나타나 그 편차는 2.9%로 나타났다. 각 주별 통계에서 교육을 받지 못한 인구의 성별 차이가 가장 크게 나타난 지역은 치아파스Chiapas와 오아하까Oaxaca로 각각 10.2%, 9.5%였다. 교육에서 나타난 전국 평균 성별 격차가 2.9%임을 감안할 때, 농촌 지역에서 성별 격차는 매우 두드러진다(INEGI/INMUJERES 2004, 246).

멕시코에서는 1993년부터 「교육근대화협약Acuerdo Nacional para la Modernización Educativa」으로 중등교육까지 의무교육으로 실시하고 있고, 그 결과 15세 이상 인구 가운데 초등교육을 마친 남성은 19.5%, 여성은 17.5%로, 1990년보다도 남성과 여성 모두 5.9%증가했다(INEGI/INMUJERES 2004, 246). 교육면에서의 성별 격차는 지속적으로 개선되어 오고 있으나, 여전히 여성에 대한 교육은 남성보다 뒤쳐져 있으며, 농촌의 성별 교육 격차가 크다. 그 중요한 결과는 노동시장에서 여성들이 비숙련, 저임금 노동력으로 남게 되는 것이다.

4) 재생산권

멕시코 헌법 제4조에 의해 모든 사람은 자녀의 출산과 그 권리를 인정받는다. 멕시코 연방의 각 주에서는 임신의 지속으로 인해 모성 건강에 치명적인 영향을 주게 될 경우, 기형과 같은 태아의 심각한 문제가 발견되었을 경우, 사고에 의한 경우를 제외하고는 임신중절이 대부분 불법이다. 이는 1931년부터 적용되어 왔다. 이후 2000년 헌법 제148조의 개정을 통해 임신이 여성에게 심각한 건강상의 위험을 가져오는 경우와 동의 없이 이루어진 인공수정의 경우 임신중절을 허용했다. 예외적으로 치아파스주에서만 주 형법 제393조에 의해 경제적으로 어려운 경우와 3명 이상의 자녀를 둔 경우 가족계획에 따른 임신중절을 허용하고 있다(Hernández & Garcete 2004). 2003년 12월에는 멕시코시티에서 임신중절 시술을 범죄에서 제외하는 법안을 통과시켰다.4) 그러나 이러한 법안은 멕시코시티에서만 적용되는 것이므로 여전히 불법 임신중절에 의해 여성이 입게 되는 피해는 심각하다.

멕시코에서는 매년 18만 1천명의 여성이 사망한다. 그 가운데 1,266명의 여성이 '모성 사망', 즉 임신과 관련되어 사망에 처하는데, 매년 1,000여명이 열악한 환경에서 임신중절수술을 받다가 사망하는 것으로 추정되고 있다(Acevedo). 이러한 상황은 농촌의 경우가 더 심각하다. 교육, 비용, 보건 시설 등의 부족으로 인해 농촌에 거주하는 가임 여성의 45%만이 피임법을 사용하고 있으며(La Botz 2005), 원하지 않은 임신은

---

4) 임신중절시술을 '비(非)범죄화'할 것을 먼저 제안한 것은 제도혁명당PRI이었다. 이 법안이 통과되기 까지는 제도혁명당과 민주혁명당PRD 사이에 견제가 상당히 심했다. 이에 관해서는 Lamas 2004, 10~11 참고.

여성들이 불법적인 임신중절을 선택하도록 만들고, 출산하는 경우에도
여성이 갖는 사회적·경제적 제약은 매우 크다.

또 청소년의 임신은 청소년의 교육 기회마저도 상실하게 하는 결과를
가져온다. 멕시코시티의 여자 고등학생의 10~12%가 임신으로 인해
학교를 중퇴하고 있다(La Botz 2005). 여성 단체들은 이러한 사실들을
기초로 하여 여성의 보건에 대한 권리뿐만 아니라 재생산권도 완전히
보장할 것을 요구하고 있다. 재생산권의 보장은 다른 라틴아메리카
국가와 마찬가지로 멕시코에서도 가톨릭 전통5)과 사회 관념에 의해
크게 제약받고 있다.

사례 2. 엘살바도르

엘살바도르는 1980년부터 1992년 유엔의 중재로 멕시코 차뿔떼 에서
평화협정이 맺어지기까지 13년간 극심한 내전을 겪었다. 불평등한 토지
분배 체계와 극심한 빈부 격차가 근본적인 원인이 되었던 이 내전에서는
로메로 주교를 비롯한 성직자들에 대한 살해와 많은 민간인들에 대한
억압이 자행되었다. 내전 기간 동안 엘살바도르인의 100명중 1명이
살해되거나 실종되었다는 통계(Stephen, Cosgrove & Ready 2000)가 있을
정도의 극도의 정치적, 사회적 혼란은 엘살바도르에게 최악의 인권유린
국가라는 오명을 가져다주었다.

내전 시기에 엘살바도르에서는 미국의 카리브지역개발촉진계획

---

5) 가톨릭의 입장에 반대하는 가톨릭 단체로 'Católicas por el derecho a
   Decidir'가 활발하게 활동하고 있다. 가톨릭의 기본적인 입장은 어떠한 경
   우에도 임신중절은 도덕적으로 죄악이라는 것이지만, 이 단체에서는 임신중
   절의 선택도 도덕적인 선택일 수 있다고 주장한다(http://www.catolicasporelde
   rechoadecidir.org/).

Caribbean Basin Initiatives(CBI)에 따라 과테말라, 온두라스와 함께 대미 수출 가공 산업을 발전시키기 시작했다. 이 계획에 따라 급속도로 성장한 중미 지역의 마낄라 산업은 대부분 봉제 산업에 집중되어 있었고, 이 산업 분야는 국가 경제에 기여하는 바가 매우 컸다. 이에 따라 중미 국가들은 마낄라 산업을 경제개발 모델로 인식하고 이를 더욱 강화해 나갔다. 중미 지역에서는 이러한 카리브지역개발촉진계획과 그에 따른 후속정책뿐만 아니라 최근 뿌에블라 파나마 계획Plan Puebla Panamá이 실시되면서 마낄라 지역의 범위와 규모는 지속적으로 확대되어 왔다.

엘살바도르는 칠레, 멕시코와 함께 라틴아메리카에서 가장 개방적인 무역 및 투자 환경을 갖춘 국가로 평가되고 있다(OUSTR 2005). 특히 중미 지역의 마낄라 산업은 그 특성상 여성 노동력에 대한 의존도가 매우 높고, 여성의 삶에 미치는 영향도 지대하다. 따라서 엘살바도르의 사례는 중미 지역뿐만 아니라 신자유주의 정책과 세계화를 통해 수출산업지대를 활성화시켜 온 라틴아메리카 국가에서 여성 인권의 사회적·경제적 측면이 어떻게 나타나는지를 파악하기에 적절한 사례다.[6]

엘살바도르의 경제는 전통적으로 커피 생산과 농업이 중심이었다. 지난 10여 년간 농업 부문은 상당히 정체되는 모습을 보여 왔다. 농업 부문의 수출 감소는 정부의 수출산업부문 집중 정책과 함께 엘살바도르를 중미 지역에서 미국의 중요 교역 대상국으로서 가장 산업화되도록 만들었다(Erricson 2004). 미국은 1980년대 니카라과, 엘살바도르를 비롯한 중미 지역 국가들과 카리브해 지역 국가들의 정치, 사회적 혼란의 원인을 경제적 빈곤으로 보았다. 이들 지역에서의 우익 정권에 대한

---

6) 마낄라 산업지대에서의 여성 인권에 대한 체계적인 연구는 상당히 부족하며, 대부분의 연구들은 실태조사의 수준에서 이루어져 있다. 본 연구는 단기간이지만 현지조사를 실시하였음에도 불구하고 입수할 수 있었던 자료가 매우 제한적이었음을 미리 밝힌다.

지원책의 하나로 1983년에 카리브지역개발촉진계획을 실시했다. 이 계획은 미국이 중미 국가들과 카리브해 지역에 대한 관세를 철폐함으로써 수출을 증대시키고 이를 통해 경제 발전을 도모하고자 한 것이다. 이러한 정책 기조 속에서 1983년에 「카리브지역경제부흥법Caribbean Basin Economic Recovery Act(CBERA)」이, 그리고 그 연장선에서 2000년 10월에 「중미카리브지역무역법Caribbean Basin Trade Partnership(CBTPA)」이 제정되었는데, 이 법안의 대상은 중미와 카리브해 지역 국가들 가운데 총 24개국이다. 이 법안은 중미 지역의 섬유 부문 마낄라의 확대에 직접적인 영향을 줄 것으로 기대되었다.

이러한 무역상의 혜택을 입기 위한 조건으로 미국이 중미 국가들에게 제시한 몇 가지 사항들은 이 지역 마낄라 산업 노동자들의 권리에 영향을 미치는 것이었다. 이를 간략히 살펴보면, 1) 노동자들의 조합 결성권과 단체교섭권 인정 2) 의무노동 및 강요에 의한 노동의 금지 3) 계약 미성년자 최저 연령 설정 4) 최저임금, 노동시간, 노동안전, 보건 등에 있어서의 미성년 노동자들에 대한 최악의 조건을 제거할 것 등이다(Fernández-Pacheco 2001, 9).

이러한 미국의 대 중미 지역 정책 변화에 따라, 엘살바도르를 포함한 중미 지역 국가들은 'zona franca'로 지칭되는 자유무역지대를 형성하여 수출을 위한 임가공 산업 중심의 '마낄라 산업'을 발전 시켜왔다. 마낄라 산업은 멕시코와 미국의 중미 지역에 대한 무역자유화 및 자유무역협정 체결 시도를 통해 더욱 성장하였다. 마낄라 산업부문에 대한 아시아 국가들의 자본 투자 비중은 45% 내외에 이를 정도로 높다. 엘살바도르의 경우, 마낄라 산업은 거의 대부분 섬유 · 의류 · 신발류에 치중되어 있으며 생산된 상품의 최종 소비지는 미국이다(Fernández-Pacheco 2001, 10). 마낄라 산업이 엘살바도르의 국내총생산에서 차지하는 비중은 1990년에서 1999년 사이 평균 20.1%에 달했다.

경제 개방화와 마낄라 산업의 성장은 국가와 지역에 따라서 남성이나 여성에게 상이한 영향을 주었다. 그 결과들은 무역자유화를 동반한 구조조정 정책이 어떻게 적용되었는지에 따라 다르게 나타난다. 특히 여성 고용과 관련하여, 노동시장의 유연화와 임금 제한이 여성들에게는 부정직으로 작용되는 경향이 많다는 점과 공공기업의 민영화가 여성들의 재생산 노동을 가중시킨다는 점에 유의할 필요가 있다.

1990년대 동안 마낄라 산업과 비공식 부문은 엘살바도르를 포함한 중미 지역의 여성의 절반에 해당하는 노동력을 흡수했으며, 이 지역의 1인당 소득은 매년 2%씩 증가했다(Fernández-Pacheco 2001, 8). 중미 지역 마낄라 산업의 노동시장의 가장 두드러진 특징은 여성 노동자의 비율이 매우 높다는 점이다. 엘살바도르의 마낄라 산업 분야는 섬유 및 봉제 등 제조업이 주를 이룬다. 전체 노동자의 1/5을 흡수하고 있으며, 이 산업부문 전체 노동자의 87%가 여성이다. 이들 여성 가운데 88% 이상이 가족의 생계를 책임지고 있는 가장이기 때문에(PDDH, 1998) 마낄라 산업부문 고용은 여성 노동자와 그 여성을 가장으로 하는 가족들의 삶에 지대한 영향을 미쳤다.

엘살바도르 인구는 690만정도(2007년 기준)이며 여성이 전체 인구의 50.9%를 차지한다. 엘살바도르 마낄라 부문 여성의 노동권에 대한 ORMUSA[7])의 조사에 따르면, 도시 지역에서 마낄라 산업에 종사하고 있는 여성 노동자의 비율은 88%에 이른다. 이는 중미 국가들 가운데 가장 높은 비율이다. 평균 나이는 26세이며, 가장 많은 수가 집중된 연령은 24세다. 59%가 독신이며, 24%가 동거자가 있다고 응답했고,

---

7) ORMUSA(Organization of Salvadoran Women for Peace)는 마낄라 지역(자유무역지대) 공장들에서 노동조건을 비롯한 많은 사항에 대해 감시 활동을 수행하고 있으며, 특히 여성 폭력에 초점을 두고 있다. 폭력 희생자들에 대한 정신과적 지원, 자활 그룹 구성뿐만 아니라 노동을 비롯한 다양한 문제들에 대한 전화 상담도 실시하고 있다.

17%는 기혼자라고 응답했다. 49%는 1~2명의 자녀가 있으며, 22%는 3~4명, 10%는 4~6명이었고, 자신의 소득 전체가 가구 지출로 사용된다는 여성이 60%였고, 절반 이하의 임금을 지원한다고 말한 18%정도는 자녀가 없는 여성들이었다. 59%의 여성들이 결혼을 하지 않은 상태이고, 그 가운데 18%를 제외한 나머지는 상당수가 자녀를 둔 가장이다. 82%의 여성들만이 초등교육을 받았고, 그 가운데 60%는 6학년까지, 나머지 22%의 여성들은 7년에서 9년가량의 교육을 받았다. 나머지 18%는 고등학교까지 교육을 받았으며, 대학교육을 받은 경우는 없었다.

1990년대 동안 마낄라 산업은 급속도로 성장했음에도 불구하고 여성 고용은 매우 불안정한 상태를 지속해 왔다. 카리브지역개발촉진계획 혜택 국가의 확대로 투자 확대에 따른 성장에 대한 기대가 커져 왔지만(Alvarenga Jule 2001, 9), 최근 중국으로의 외국 기업 이전, 국제무역기구에서의 점진적인 비관세장벽 철폐 등의 협정 등은 엘살바도르 마낄라 부문에서의 여성 고용을 매우 불안정하게 하는 요소로 작용해 오고 있다. 자유무역협정을 강화해 온 카리브지역개발촉진계획이 이 지역에서 더 나은 일자리를 더욱 많이 만들어 낼 것으로 기대되었지만 실제 노동시장은 전혀 다른 양상을 보였기 때문이다. 일자리는 오히려 적어졌고, 여성들이 생존을 위해 소규모 자영업을 시작하는 경우가 많아졌고, 노동자들의 노동환경은 결코 나아지지 않았으며, 대부분의 노동자들에게는 휴가, 특별수당, 사회보장 등이 제공되지 않았다. 또 자유무역협정의 긍정적인 측면으로 강조되어 왔던 협정 가입국에서의 노동자들의 임금 및 노동조건들의 상향 동질화는 멕시코를 비롯한 중미 국가들에서 거의 나타나지 않았다. 오히려 엘살바도르의 경우는 최저임금보다 낮은 임금을 받는 노동자들의 비율이 증대되었다. 2003년과 2004년 사이에 한국 기업을 포함한 다수의 기업들이 중국의 값싼 노동력과 미국 시장에서의 제한 약화를 이유로 중국이나 동남아시아 지역으로 공장을 옮기기

192

위해 엘살바도르 자유무역지대에서 철수했다. 일부 기업들은 직원의 수를 절반 이상 감축시키기도 했다(Eugenía Ochoa 2004,13). 그 결과 6천여 개의 일자리가 감소했는데, 그 영향은 직접적으로 여성 노동자에게 미쳤다(Vaquerano, 2004). 또한 공장을 이전해 가거나 엘살바도르에서 철수하면서 노동자의 임금이나 퇴직금 등을 지불하지 않는 경우도 많다.

멕시코 및 중미 지역의 의류 산업 분야에서의 여성 인권에 대한 침해, 특히 임신한 여성들에 대한 인권 남용의 사례는 지금도 매우 심각하다. 각 국가의 노동법에는 여성들의 노동권과 모성권 등에 대한 보호가 명문화 어 있지만, 실제로 이러한 내용들은 지켜지지 않고 있다. 멕시코와 니카라과의 마킬라에서 여성 노동자들의 인권에 대한 침해 사례는 매우 다양하다(Barns and Kozar, 2008). 니카라과의 경우, 마킬라 부문 노동자들의 80%가 여성으로 구성되어 있으며, 이들이 종사하는 분야는 대부분 의류 산업 분야다. 이 부문은 노동집약적인 특징이 있으며, 해당 분야의 기업들은 저급의 기술과 교육 수준을 지닌 여성들을 노동자 로 고용한다. 여성들은 남성에 비해 상대적으로 노동력 착취가 용이하기 때문에 의류 산업 분야에서 가장 많은 차별과 인권유린의 대상이 된다. 1991년 니카라과에서 산업 민영화 이후 자유무역지대에 섬유 공장들이 설립되기 시작했다. 자유무역지대는 수도인 마나과에서 시작되었고, 태평양 연안과 북부 지역으로 점차 확산되었다. 섬유 회사들은 주로 젊은 여성 노동자들을 고용하였는데, 이들은 상당히 위험한 조건에서 노동에 종사했다. 여성 노동자들은 노동 현장에서 건강상의 위험과 함께 성과 재생산과 관련된 보건상의 문제들에 노출되었다. 이는 높은 임신율, HIV 감염 위험, 자궁경부암, 성폭력 및 가정 폭력 등의 사례에서 드러나고 있으며, 실제 여성 인권에 대한 침해의 유형은 매우 다양하게 나타난다.

1) 노동 차별과 인권침해

노동 분야에서 나타나는 여성 차별과 인권침해는 고용 차별, 노동 착취, 의료 및 사회보장에서의 소외, 직장 내 성희롱 등으로 나타나고 있다. 기업의 입장에서 저임금 노동력 활용에 상당한 이점이 있는 마낄라 산업부문은 국제 경기와 노동시장의 변동에 따른 직접적인 영향을 받는다. 중국과 동남아시아 상품들과의 경쟁심화와 경기침체 등의 영향으로, 중남미자유무역협정(CAFTA)이 가져오는 기대에도 불구하고 엘살바도르의 마낄라 산업부문에는 침체 국면이 지속되었다. 이는 꾸준한 고용 감소로 연결되었으며, 2008년 10월과 11월 사이 엘살바도르에서는 18개 마낄라 산업체에서 약 4천여 명이 해고되었다. 이들 가운데 상당수가 보수 및 퇴직금을 받지 못했다(Hernandez, 2008).

엘살바도르 노동법에 따르면, 여성 노동자의 노동시간은 8시간이다. 그럼에도 기업주들은 여성들에게 12시간 일하도록 강요하고 초과 수당을 지급하지 않는다. 의류 한 점 당 평균 27센트를 받음으로써 여성 노동력은 착취당한다. 엘살바도르 노동부의 통계에 따르면 5만 7천여 명의 노동자들이 마낄라 산업체에 근무하는데, 그 가운데 35%만이 의료보험에 가입되어 있고, 사회보장을 위해 임금에서 공제함에도 불구하고 65%는 사회보장의 혜택을 받지 못하고 있다. 의료보험에 가입된 노동자가 질병으로 인해 이를 이용하고자 할 경우에도 적절한 치료를 계속하도록 허용되지 않는다. 임신한 여성 노동자들은 정기적인 검진을 받기가 어렵다. 회사는 출산 전 몇 시간에 대해서만 일하지 않는 것을 허용하고, 산후 조리를 위한 3개월 휴직은 없다. 실직의 두려움으로 인해 여성 노동자들은 임신을 숨기고, 많은 경우에는 힘든 노동으로 강요된 낙태를 행하기도 한다. 키, 몸무게, 나이 등과 같은 신체적 특징에 근거한 차별도 받는다. 대부분 행정직, 관리직, 생산 공정 팀장 등은 여성들의 지적 능력 부족을 이유로 남성에게 맡겨진다. 마낄라 지역에서 고용주나 관리자들에 의해 여성들이 실직 등의 위협과 함께 성희롱의 대상이 되는 사례도 흔하다.

고용조건으로서 여성들에게 임신 테스트를 실시하는 것은 이미 멕시코에서도 문제된 바 있다. 이러한 테스트는 불법인데도 불구하고 수출산업단지 내의 마낄라 산업체들에서 일부 고용주들은 여성 노동 희망자들에게 임신 진단 결과를 제출토록 요구해 왔고, 임신인 경우 해고된 노동자들도 많은 것으로 나타났다(US Department of State, 2005). 법적으로는 남성과 여성 모두에게 가족과 재산 등에 대한 동등한 권리를 보장하고 있으나 실제에 있어서는 다르다. 공무원이 성별에 따른 권리를 부정한 경우 1년에서 3년까지 징역에 처할 수 있으며, 고용주의 경우 노동과 관련하여 여성을 차별하면 6개월에서 2년까지 징역에 처하도록 되어 있다. 그렇지만 보복에 대한 두려움으로 인해 이를 알리기는 매우 어려운 처지에 있다(US Department of State, 2005).

2) 가정 폭력과 여성 살해femicidio

가정 폭력의 가장 큰 피해자는 여전히 여성이며, 살바도르여성발전연구소의 통계에 따르면 가정 폭력은 22% 상승했다. 가정 폭력 피해자의 93.23%가 여성이라고 보고되었다. 살바도르여성발전연구소의 통계에 따르면 2002년에서 2005년까지 82%의 여성이 가정 폭력을 경험했을 정도로 매우 심각한 상황이지만, 가해자들이 기소되는 경우는 매우 적다.

엘살바도르 정부는 1996년 2월 살바도르여성발전연구소를 창설한 이후 여성에 대한 정부 서비스를 강화하기 위해 2002년에 라파스La Paz, 찰라떼낭고Chalatenango, 라우니온la Unión, 까바냐스Cabañas등 4개

지역에 사무국을 설치했으며, 현재는 6개로 증설되었다. 이 사무국들에서는 주로 가정 폭력 피해자, 성폭력 피해자, 피학대 어린이 등에 대한 지원을 실시하고 있으며 가해자와 피해자에 대한 치료도 실시하고 있다(El diario de hoy, 2006/03/31).

그럼에도 2004년 유엔의 특별보고서에 따르면 엘살바도르에서 가정 폭력에 대한 조사가 심도 깊게 이루어 진 적이 없으며, 엘살바도르 내 시민단체들도 가정 폭력에 대한 명확한 정보를 갖고 있지 않다. '삶과 존엄을 위한 여성연맹Las Dignas: Asociación de Mujeres por la Dignidad y la Vida'은 여성 피해자들의 보호 요청이 묵살되거나 거부되는 경우가 많다고 보았다. 이러한 사태는 사회적 압력, 보복의 두려움, 공개와 치욕에 대한 두려움, 행정기관에 의한 차별적 대응, 법체계에 대한 낮은 신뢰도 등에서 기인한다. 2004년 1월에서 4월까지 엘살바도르 전역에서 신고된 가정 폭력은 1,054건인 것으로 여성사무국Oficina de Asuntos de la Mujer에 보고되었다. 이들 가운데 거의 94%의 희생자들이 여성이었고, 이 중 20%가 법에 따라 처리되었다. 엘살바도르는 내전 이후에도 매우 가부장적인 사회질서를 유지해 오고 있다. 여성들이 전통적인 역할을 단절하고자 하거나 남성 지배를 받아들이지 않을 때, 그리고 부당함을 호소할 때, 남성에 의한 가정 폭력이 용인되고 있으며 여성들을 생명의 위협에 처하게 하기도 한다(Hufstader).

여성 살해는 멕시코의 후아레스시에서 매우 대표적으로 벌어지는 것으로 알려져 있다. 후아레스시는 마낄라 지대로 편입되면서 여성 살해가 매우 심각해진 사례다. 여성 살해는 이제 멕시코만의 문제가 아니라, 자유무역지대가 활성화되면서 곳곳에서 더욱 심해지고 있다. 엘살바도르 전체 살해 사건 가운데 여성 피해자의 비중은 9%정도(2004년)지만, 여성들이 경험하는 폭력과 사회적 불안은 상당하다. 여성 피해자들의 평균 연령은 25세이며 실제 피해자 가운데 이 연령에 해당하는

멕시코 후아레스 지역에서 벌어진 여성 살해 사건의 피해자를 기리는 십자가

여성은 25.5%정도다. 이는 전체 연령 여성의 평균 피살 비율보다 약 3.4배가 높다(Masferrer, 2004). 심각성이 높은 곳은 자유무역지대인 라 리베르따드La Libertad로 2006년 한 해 동안 82건의 여성 살해가 있었고, 산살바도르, 산따안나, 산미겔, 아포파 등 여성 살해 범죄가 가장 많은 지역들8)은 마낄라 산업지대에 속한 도시 지역이다.

3) 노동조합

엘살바도르 노동자들의 결사의 자유는 법적으로 인정되어 있지만, 노조 등록 절차가 까다롭고, 반反조합적인 해고 및 정직에 대한 안전장치가

---

8) 산살바도르 36건, 아포파 24건, 산따안나 23건, 산미겔 22건. ORMUSA, 2007.

매우 취약하여 노동자들의 권리를 적절히 보장하지 못하고 있는 것으로 평가되고 있다. 엘살바도르의 현행 노동법상 고용주의 중요한 역할은 일자리의 제공이 아니라 급료의 지불이다. 현재 노조 지도자들이 선출되면 사법부의 승인이 없는 한 임기 만료 후 1년 이내에 그들을 해고하거나 정직시키는 것이 금지되어 있지만, 해당 기간 동안 급료를 지불한다면 이들을 작업장에서 배제한다고 하더라도 법에는 저촉되지 않는다. 이는 노조 지도자들을 작업장과 다른 노조원들로부터 격리시킴으로써 노조를 약화시키고 해체시키기 위해 고용주들이 주로 사용하는 방법이다 (KOILAF 2003, 29~30). 노조 활동 참여율이 저조한 이유는 이러한 엘살바도르 노동법의 허점들에서 기인한다. 엘살바도르에서 여성들의 노동시장 참여는 지속적으로 증가해 왔지만, 노동조합 가입률은 매우 낮은 편이다. 또한 노동조합에서 지도부에 속하는 여성들은 매우 드물고 대부분의 노조는 남성들이 주도하고 있다. 2002년 엘살바도르 사회보장 노동부Ministerio Trabajo Previsión Social의 통계에 따르면, 138,447명의 노동자들이 노조에 가입되어 있는데, 그 가운데 여성은 11,740명으로 겨우 9%정도에 이른다. 노조에 가입한 여성들은 제조업에 종사하거나 공무원인 경우가 대부분이다. 근원적으로 노조 활동이 매우 어려운 상황에서 여성 노동자들의 저조한 노조 참여는 노조도 남성 중심으로 움직이게 하는 경향을 낳고 있다.

4) 성매매와 아동노동

마낄라 지역을 포함한 도시 지역 성매매의 피해는 주로 여성과 남녀 아동들이다. 엘살바도르는 성 착취를 목적으로 하는 인신매매의 공급원, 중간 경로, 소비처이기도 하며, 강제 노동의 희생자가 많은 곳이다. 그렇지만 엘살바도르 정부에는 인신매매의 정확한 통계가 없다. 살바도르의 아동들과 여성들은 농촌과 동부 지역에서 도시 지역으로 성매매를 위해 팔려 온다. 또한 사회적·경제적으로 더욱 열악한 상황에 있는 인근 니카라과와 온두라스 등의 국가들에서 성매매를 위해 여성들과 아동들이 수입되기도 한다(P. D. D. H. 2008, 13). 엘살바도르에서는 성매매를 권유하거나 성매매 행위를 한 자에게 대가를 제공하는 것은 불법이지만, 성매매 그 자체만으로는 불법이 아니다. 성매매는 성인 여성뿐만 아니라 아동에서도 큰 문제가 되어 왔다. 도시 지역에서 가사 노동을 위해 고용되어 있는 수천 명의 여아들은 성희롱에 취약한 상황이다. 60%의 아동노동자는 하루 16시간의 노동과 1개월 동안 1, 2일정도의 휴일을 가지면서 육체적 성학대나 정신적 학대를 고용주로부터 받은 것으로 보고되었다. 또한 노동하는 시간과 수업하는 시간이 겹치고 교육비가 지나치게 비싸기 때문에 지속적인 학교교육을 받는 것도 쉽지 않다(Human Rights Watch 2004).

5) 제도적 차별

엘살바도르 여성들은 최근 30여 년간의 경제성장과 경제활동 참여의 증가에도 불구하고 가정과 사회에서 여전히 지위가 향상되지 못한 상태이다. 많은 여성들이 임금노동시장에 참여하지만, 여성에게 주어진 다양한 임무들로 인해 공동체, 예술 등 다양한 활동에 참여하는 것에 제약을 받는다. 그렇지만 엘살바도르 여성들은 남성들보다 더 적극적으로 공동체 및 지역 활동에 참여하고 있다.

정부 정책은 엘살바도르 여성들의 이러한 불리한 상황들을 개선하는데 별 도움이 되지 않은 것으로 평가되고 있다. 국민공화연맹 ARENA 정부가 여성들을 한 가족의 어머니로서 가사 노동을 가장 최우선적으로 해야 하는 존재로 인식함으로써 전통적인 관점에서 벗어나고 있지 못하기 때문이다. 그 사례는 '독신모獨身母 지원' 프로그램에서 명확하게 드러난다. 이 프로그램은 자녀를 양육하고 있는 독신 여성의 수입원이 단일하다는 것을 전제한다. 또 이 제도는 여성 가구주의 사회적 요구에 초점을 두고 있지만, 정부는 여성 가구주들에게 주택, 보건, 교육 등 사회적 기초 서비스를 제공하겠다는 약속을 이행하고 있지 않다. 특히 노동시장에 참여하고 있는 여성들은 수혜 대상에서 제외되어 있다.

은행의 신용 공여 체계도 여성 노동자들에게는 매우 불리하다. 여성 노동자들은 낮은 임금으로 인해 주택 구입을 위한 대출이 매우 어렵다. 따라서 과밀 상태에서 살거나 변두리에 위치한 열악한 주택에 살 수밖에 없다. 여성이 가장인 경우, 열악한 주거 환경은 여성의 부담을 더욱 가중시킨다.

V. 결론 — 넘어야 할 산들

여성 인권에 대한 국제적 공감대의 형성과 여성 인권 보장을 위한 법적·제도적 차원에서의 사회 및 경제권 보장은 멕시코 여성의 실질적인 삶 속에서 실현되지 않고 있다. 멕시코 정부가 여성 인권과 관련하여 비준한 국제 협약은 다양하고도 많지만, 이를 이행한 정도는 다른 라틴아메리카 국가들에 비해 매우 저조했다. 또한 여성에 대한 가정과 사회에서의 폭력, 노동에서의 차별, 교육 기회의 부족, 재생산권 등을 통해 살펴본 사회적·경제적 인권은 매우 열악한 수준에 있었다.

본 연구를 수행하는 과정에서 정부와 여성 단체들의 인권에 대한 관심 분야는 다르다는 것을 인식할 수 있었다. 여성에 대한 폭력의 철폐는 정부, 여성 단체, 학계 할 것 없이 가장 기본적이고 최우선적으로 해결되어야 할 문제라는 데 공감하고 있었다. 특히 '가정 폭력' 문제는 사회문화적 이유로 극히 사적인 부분으로 인식되어 왔으나 국내외적으로 여성 인권이 강조되면서 공론화된 대표적인 분야라고 할 수 있다. 이 외에 정부기관들에서 관심을 집중하고 있는 여성 인권 분야는 교육, 모자 보건 등과 같이 정부 정책의 수립 및 수정을 통해 비교적 빠른 시간 내에 개선될 가능성이 높은 분야들이었고, 최근에 정부는 여성 재소자의 인권에 관해 관심을 기울이고 있기도 하다.

반면, 여성 단체들은 여성의 재생산권에 높은 관심이 있다. 재생산권에 대한 요구는 여성의 자기 신체에 대한 결정권뿐만 아니라 보건권의 획득과 연계되고 있다. 또한 '경제적 자립과 빈곤 탈피'는 여성들의 사회적·경제적 인권을 위해 가장 중요한 부분 가운데 하나다. 특히 여성에 집중된 빈곤의 탈피, 혹은 경제적 상황의 개선을 위한 정책은 여성뿐만 아니라 사회 전반에 긍정적인 효과를 낸다는 점에서 각국 정부의 입장에서도 매우 유효한 정책이 될 수 있다. 이러한 측면에서 '인권'의 틀은 기존의 '개발'의 틀과는 달리 여성 인권의 침해에 대해 구체적으로 인식하고 해결책을 모색할 가능성을 확대하고 있음에는 분명하다.

엘살바도르는 라틴아메리카에서 가장 개방적인 무역 및 투자 환경을 갖춘 국가 가운데 하나로 평가되었으며, 이와 함께 자유무역지대도 활성화되었다. 마낄라 산업은 다른 중미 국가들에서와 마찬가지로 섬유 및 봉제 분야에 집중되었고, 노동자의 87% 이상이 여성에 편중됨으로써 중미에서 그 비율이 가장 높다. 내전이 종료된 지 약 15년 지난 현재, 엘살바도르에는 여전히 인권 보호를 위한 법적, 제도적 체계가 미흡하며, 여성 인권 보호에서 보자면 더 열악하다. 엘살바도르의 법적, 제도적 환경으로 보자면, 유엔, 미주기구, 국제노동기구 등의 중요한 협약들에 대한 가입과 비준이 여전히 이루어지지 않고 있다. 최근 여성 권리 및 인권과 관련한 각 국가 내에서의 변화들이 국제 협약의 비준으로부터 시작되는 경향이 있다는 점을 감안하면 여전히 갈 길은 멀다. 또한 이미 가입한 협약들도 실제로는 수출산업지대를 활성화하기 위해 기업들을 유치할 수 있는 느슨한 형태로 적용됨으로써 여성 노동자들에 대한 인권 수준은 국제 협약의 기준과도 상당한 거리가 있다.

미낄리 산업의 성장은 값싼 노동력을 바탕으로 한 저비용 생산을 전제로 한다. 저비용 생산이 전제로 된 이러한 산업의 성장은 다른 산업 분야보다도 훨씬 유연한 노동시장을 요구하고 임금 제한과 낮은 복지 수준을 유지하도록 만든다. 따라서 일반적인 산업 분야에서도 나타날 수 있는 여성 노동자들에 대한 인권침해보다 더 심각하게 된다. 엘살바도르의 노동법에는 기업들이 노동자들에 대한 인권 남용을 바탕으로 이러한 전제들을 활용할 수 있는 여지가 충분히 있다. 엘살바도르 노동자들은 권리를 적절하게 보장하지 못하는 노동법으로 인해 인권침해를 경험한다. 여성 노동자들은 이러한 취약한 노동법뿐만 아니라 정부 정책과 노조 내에서도 차별을 겪음으로써 매우 복합적이고 다층적인 인권침해를 경험하고 있다. 엘살바도르 마낄라 산업부문의 여성 인권은 멕시코 및 중미 지역 다른 국가들과 상당히 유사한 상황이다. 마낄라 산업은 중미 노동자들에게 새로운 노동 기회를 제공했지만, 노동조건이나 삶의 질 향상과 노동자 권리의 보호와 강화에는 부정적인 결과를 가져온 것으로 평가될 수 있을 것이다. 기업 내에서의 여성에 대한 인권침해뿐만 아니라 마낄라 산업이 확산되어 있는 지역 전체 사회 내에서 부차적인 지위에 있는 여성들에 대한 인권침해 — 가정 폭력, 여성 살해, 성매매, 아동노동 — 도 그러한 부정적인 결과와 함께 간과될 수 없는 것이다.

중미와 남미 일부 국가에서 여성 대통령이 등장했고 여성이 시민으로서 갖는 정치적 권한이 확대되어 가고 있다. 그럼에도 라틴아메리카 여성의 사회적·경제적 인권은 아직 갈 길이 멀다. 이는 시민적·정치적

권리가 법적·제도적 개선을 통해 즉각적으로 변할 수 있는 것과는
달리 사회적·경제적 권리는 사회의 전통 및 관습, 관념의 영향을 크게
받으며, 상황의 개선에 오랜 시간과 노력이 필요하기 때문이다. 여성
인권에 대한 광범위한 사회적 공감을 확보하는 일, 국제인권협약과
인권 관련 법안들을 현실로 변환시키는 일 등은 사회적, 종교적, 문화적
변화가 없이는 근원적으로 이루어질 수 없다. 이러한 변화와 새로운
'인권 문화'의 수립을 좀 더 적극적으로 유도해 내기 위해서는 라틴아메
리카 각국 정부의 정책과 법을 개선하려는 노력이 매우 중요하다. 정부
부처의 상호 협력과 시민사회와의 보다 유기적인 유대가 담보된다면,
통합적인 여성 정책 수립에 많은 도움이 될 것이다. 최근 라틴아메리카
정부가 여성 연구소를 통해 학계 및 사회단체등과 유기적인 관계를
확대하여 정책을 개선하려 노력하는 것을 보면 여성 인권 증진에 긍정적
인 기대를 갖게 된다.

참고문헌

이순주 (2002), 「칠레 여성 정책의 변화와 여성발전」, 한국외대 박사학위논문.

아이프 짐, 김형식/여지영 역 (2001) 『인권과 사회복지실천』, 인간과 복지.

Acevedo, Marta. 'Miradas Sobre el Aborto' http://www.gire.org.mx

Amnistía Internacional (2003), 'Muertes intolerables.' México: 10 años de desapariciones y asesinatos de mujeres en Ciudad Juárez y Chihuahua, Londres, Agosto.

Arguello, L; Alvarado, A; Marsal, G; Cuadra, R (2001), 'Sexual and reproductive health for textile industry workers in Nicaragua,' *Sexual Health Exchange*, no.4.

Beristáin, Laura Salinas(coord.) (1995), 'Los derechos humanos en las leyes mexicanas, Situación de la mujer en México'. *Aspectos jurídicos y políticos*, Mexico: Comité Coordinador para la IV Conferencia Mundial de la Mujer, Consejo Nacional de Población/ Fondo de Población de las Naciones Unidas.

Bunch, Charlotte (1990), 'Women's Rights as Human Rights: Toward a Re-Vision of Human Rights', *Human Rights Quarterly*, Vol.12,.

Cano, Gabriela (1996), 'Más de un Siglo de Feminismo en México,' *Debate Feminista*, Vol.14, Octubre.

CNDH, Comisión Nacional Mexicana de Defensa y Promoción de los Derechos Humanos A.C. (2003) 'Manual para Promotoras y Promotores de Derechos Humanos. Derechos de la Mujer. Mecanismos para Combatir la Discriminación.'

Coupal, Françoise P. (1995), 'Participatory Project Design: Its Implications for Evaluation. A Case Study from El Salvador' (http://www.mosaic-net-intl.ca/elsalvador.html)

de Pazos, Margarita González (1987a), 'La mujer en la Constitución de 1917', *Alegatos*, No. 6.

_______________________ (1987b), 'Las reivindicaiones femininas y el derecho internacional', *Alegatos*, No.7.

Editores (2005), 'La desigualdad de género: grave injusticia del sistema social', *Estudios Centroamericanos*, Año LX, Julio-Agosto, 2005.

Eisler, Riaine (1987), 'Human Rights: Toward an Integrated Theory for Action', *Human Rights Quarterly*, Vol.9.

Equidad de Género (2004). *Agenda de Estadísticas Básicas del Presupuesto Federal 2004*, Mexico: Equidad de Género: Ciudadanía, Trabajo y Familia A.C.

Eriksson, Jenny (2004), 'Restricted Possibilities of Unionization Within Maquila Industry in El Salvador'. (http://theses.lub.lu.se/archive/sob/soch/soch04027/SOCH04027.pdf.)

Escobar, Guillermo ed., (2004), *Derechos de la Mujer, II Informe sobre Derechos Humanos*, Madrid: Trama Editorial.

Eugenia Ochoa, María (2004), 'La Liberalizacion del Comercio, Los Tratado de Libre Comercio y la Situación y Condicion Laboral de las Mujeres en El Salvador: Una Aproximación al Tema', Bernarda: *La Revista de Maquila*, No.5, Sep-Oct., ORMUSA.

Falcón, Marta Torres (2002). 'De la invisibilidad a la propuesta de un nuevo paradigma: El debate actual sobre mujeres y derechos humanos', *Estudios sobre las mujeres y las relaciones de género en Mexico:aporte desde diversas disciplinas*, coordinado por Elena Urrutia. México D.F.: El Colegio de México.

FAO, 'La mujer en la agricultura, medio ambiente y la producción rural: El Salvador' (http://www.rlc.fao.org/mujer/situacion/pdf/els.pdf)

Fernandez-Pacheco, Janina (eds.) (2001), *Enhebrando el hilo: mujeres trabajadoras de la maquila en América Central: Contexto económico y social del empleo en la maquila textil y de vestuario, San José*, Costa Rica: OIT.

Forti, Sarah (2005) 'Challenges in the implementation of Women's Human Rights: Field Perspectives', Conference Paper: The Winners and Losers from Rights-Based Approaches to Development.

Hernández de Menjivar, Rosa Virginia. 'Discriminación, Explotación y Empleo Precario en El Salvador: El Caso de las Maquilas' (http://www.unige.ch/iued/new/information/publications/pdf/yp_silcence_pudique/15_Eco_

Maquilas.pdf)

Hernández, Guadalupe (2008/11/20), 'Maquila pierde 4,000 empleos' (http://www.elsalvador.com)

Hernández, Juan Carlos and Norma Ubaldi Garcete (2004), *Los Derechos Reproductivos en la Legislación y en las Políticas Públicas de México*, Mexico D.F.: Grupo de Información en Reproducción Elegida, A.C.

Hufstader, Chris (2005/07/07), 'Cambiando el legado de violencia en El Salvador' (http://www.oxfam.org/es/programs/development/camexca/salvador.htm)

Human Rights Watch (2004) 'El Salvador: Girls Working as Domestics Face Abuses', *Human Rights Watch*, 15 January.

ICFTU, International Congederation of Trade Unions (1997), 'Internationally -reorganized Core Labour Standards in Mexico: Report for the WTO General Council Review of the Trade Policies of Mexico' (Geneva, 7-8 October 1997) http://www.itcilo.it/english/actrav/telearn/global/ilo/standard/mexico.htm

ILRF(International Labor Rights Fund) (2003), 'Statement Regarding the Central Amreican Free Trade Agreement(CAFTA)' (www.quixote.org/uest/advocacy/fair-trade-cafta-labir-ilrf-nov-2003.pdf.)

INEGI/INMUJERES (2004), *Hombres y Mujeres en México*, 8a edición.

INMUJERES(2003), 'Las mexicanas y el trabajo II'.

INMUJERES(2004), 'Violencia de género en las parejas mexicanas: Resultados de la Encuesta Nacional sobre la Dinámica de las Relaciones en los Hogares 2003'.

KOILAF(한국국제노동협력원) (2003), 「엘살바도르 진출기업 노무관리 안내서」.

Konrad-Adenauer-Stifting e.V.(ed.) (2007), 'Los Tratados Internacionales sobre Derechos Humanos vigentes en Centro América y República Dominicana'. (http;//www.kas.de)

La Botz, Dan (2005), 'Mexican Women 2005: Their Condition an Indictment of Neoliberal Capitalism and Free Trade', *Mexican Labor News & Analysis*, Vol. 10, No. 3. March. http://www.ueinternational.org/

Masferrer, Roberto (2005), 'El Salvador , Uno de los países más violentos de Centro America', Bernarda: *La Revista de Maquila*, No.2, marzo-abril.

Naciones Unidas, Oficina del Alto Comisionado para los Derechos Humanos (2000), *Normas Nacionales E Internacionales de Protección Contra La Discriminación* de la Mujeres.

Nielsen, Jesper (2007), 'Export Processing Zones or Free Zones - the experience seen from a trade union point of view' (http://www.labour-inspection.org/EPZ. experiences.tradeunionpoint.htm)

Nuestras Hijas de Regreso a Casa(NHRC), A. C. (2005), 'Actualización de los casos 2005' http://www.mujeresdejuarez.org/

Office of the United Nations High Commissioner for Human Rights, (http://www2.ohchr.org)

Office of United States Trade Representative(2005), 'Sixth Report to Congress on the Operation of the Caribbean Basin Economic Recovery Act (December 31, 2005)'.

OIT (1996), *La Situación Sociolaboral en las Zona Francas y Empresas Maquiladoras del Istmo Centroamericano y República Dominicana, San José, Costa Rica*.

ORMUSA (2007), 'El Derecho de las Mujeres a una vida libre de violencia', Primer Seminario regional sobre Femicidio. http://observatoriolaboral. ormusa.org/foros/2007_Seminario_Regional_Feminicidios.pdf

Procuraduria para la Defensa de los Derechos Humanos (1998), *Los Derechos Humanos y la Maquila en el Salvador*, San Salvador: PDDH.

Rojas Rojas, Cristián (2000), 'Execution of The Platfom of Action', Fourth World Conference on Women/ Beijing+5: MEXICO, Summary Report. México: CONMUJER.

Scholtys, Britta. 'Esperanza Brito: La Historia del Feminismo en México', http://www.nodo50.org

Shultz, Jim (2002), 'Promise to Keep : Using Public Budgets as a Tool to Advance Economic, Social, and Cultural Rights', Reflections and strategies based on a three-day dialogue between international human rights and budget activities, convenced by the Mexico City office of

Ford Foundation and FUNDAR-Center for Analysis and Research, in Cuernavaca, Mexico, January.

Stephen, Lynn & Serena congrove, Kelley Ready (2000), *Aftermath: Women's Organization in Postconflict El Salvador*, Washington: Center for Development Information and Evaluation, U.S. Agency for International Development.

Toto Gutiérrez, Mireya (1999), 'Tendencias y Perspectivas de Los Derechos de la Mujer', *Memoria del Seminario, Los Derechos de la Mujer en la Legislación nacional*. Mexico D.F.: Academia Mexicana de Derechos Humanos.

U.S Dept. of Labor Bureau of International Labor Affairs and U.S. Embassy (2002), 'Foreign Labor Trends: Mexico'.

U.S. Department of State (2004), 'EL Salvador: Country Reports on Human Rights Practices' (http://www.state.gov/g/drl/rls/hrrpt/2005/61727.htm)

_______________________ (2005), 'EL Salvador: Country Reports on Human Rights Practices' (http://www.state.gov/g/drl/rls/hrrpt/2005/61727.htm)

United Nations-Office of the United Naitons High Commissioner for Human Rights (2004), 'Status of Ratifiantion of The Principal International Human Rights Treaties'.(06/09)

Valdes E. ;Muñoz B.; Donoso O.(eds.) (2004), *1995-2003: Have Women Progressed? Latin American Index of Fulfilled Commitment*, FLACSO/UNIFEM.

Valdés, Teresa (2000), *De lo social a lo político: La acción de las mujeres latinoamericanas*, Santiago, Chile: LOM ediciones.

Vaquerano, Glenda (2004). 'La Maquila baja sus exportaciones ocasionando pérdida de empleo en el sector Las más afectadas... las mujeres', Bernarda: *La Revista de Maquila*, No.4, Julio-agosto.

World Economic Forum (2005), *Women's Empowerment: Measuring the Global Gender Gap*, Geneva: World Ecomomic Forum.

Young, Linda Wilcox (1998), 'The Impact of Neoliberalism on Women in México: A Survey of the Evidence and Prospects for the Future', paper prepared for delivery at the 1998 meeting of the Latin American Studies

Association, The Palmer House Hilton Hotel, Chicago, Illinois, Sep. 2
    4~26, 1998.

'Situación jurídica de la mujer rural en diecinueve países de América Latina'
    http://www.fao.org/documents/show_cdr.asp?url_file=/docrep/U5615E/U561
    5E00.htm

http://www.catolicasporelderechoadecidir.org/

인터뷰 (2005/02/02) Araceli Vázquez Alarcón, INMUJERES

인터뷰 (2005/02/04) Erika Estrada, GIRE

인터뷰 (2005/02/07) Marta Torres Falcón, PIEM, El Colegio de México

El Diario de Hoy (2002/03/31)

La Jornada (2002/11/26)

La Jornada (2005/03/08)

라틴아메리카의 이민과 인권:
제노포비아를 중심으로

임상래

Ⅰ. 서론

오늘날 우리는 이민과 이주의 시대에 살고 있다. 지구촌 인구 35명 가운데 한 명이 자기가 태어난 곳이 아닌 나라에서 살고 있으며 그런 인구의 숫자는 약 1억 7,500만 명에 달한다. 또 지구상의 거의 모든 나라는 나가는 이민, 들어오는 이민, 통과하는 이민 가운데 최소 하나 이상의 이민과 관계가 있으며, 이는 글로벌리제이션의 중요한 특징으로 더욱 강화되고 있는 추세이다. 따라서 이민과 이민자 문제는 어떤 특정 국가만이 아닌 지구촌 모두에 해당하는 문제가 되었다.

라틴아메리카 역시 마찬가지이다. 아니, 오히려 라틴아메리카는 지구상의 다른 어느 지역보다 더 '이민적'인 곳이다. 라틴아메리카의 탄생은 '아메리카'에 '라틴'이 오면서 이루어졌기 때문이다. 콜럼버스의 신대륙 도착 이후 유럽의 라틴계 이민자들이 이곳으로 몰려오면서 '인디오'의 아메리카는 '라틴'적인 아메리카로 재탄생하였다. 이후 라틴아메리카에서 이민은 일시적이고 돌발적인 사건이 아니라 대륙 간 또는 국가 간에 이루어지는 일상이 되었다. 이처럼 라틴아메리카는 이민의 대륙이라고 할 수 있으며 따라서 이민자 인권에 관한 문제는 라틴아메리카에서 항존하는 것이었고, 특히 최근 들어 라틴아메리카 국가 간의 이민뿐만 아니라 역외 국가로의 이민이 더욱 빈번해지면서 이민자 인권 문제는 더 큰 관심을 불러일으키고 있다.

이주자의 인권이 제대로 실현되지 못하는 것은 이민자가 이민국 사회에서 구조적으로나 문화적으로 취약한 조건에 있기 때문이다. 먼저 이민자는 구조적으로 취약하다. 이민과 관련된 법이나 제도와 같은 권력 구조는 이민자에게 절대적인 영향을 미치는데 이들은 여기에서 비보호와 무력의 상태에 있다. 따라서 이민자는 일종의 권력의 부족 상태에 있으며 이것은 해당 국가의 권력 구조에 의해 강제된 조건이라고 할 수 있는 것이다. 따라서 이민자는 인간적으로 열등하지 않지만 구조적으로 '허약한' 존재가 되는 것이다. 다른 하나는 문화적 취약성이다. 이것은 내국인이 외국인이나 이민자를 근거 없이 비난, 거부, 무시, 차별하는 언행으로 구체화된다(Martínez Pizarro 2008, 327). 특히 자기와 다르다는 이유만으로 외국인을 무조건 거부하고 경계하는 외국인 혐오 현상xenophobia은 아메리카뿐만 아니라 전 지구적인 이슈로 부상하고 있다.

이 글에서는 이민자 그룹에게 가해지는 반反인권 또는 비非인권의 조건과 양태를 연구하여 라틴아메리카에서 이민과 인권의 관계를 조망하고자 한다. 특히 라틴아메리카에서 점증하고 있는 제노포비아를 고찰함으로서 이민자 인권 문제의 현황과 의미를 살펴보고자 한다. 이를 위해 이글은 먼저 라틴아메리카의 이민 지형도를 개괄하고, 여러 유형의 이민자 인권 문제를 연구할 것이다. 이어서 남미와 중미에서 각각 역내 이민의 중심국으로 부상하고 있는 칠레와 코스타리카의 사례에서 라틴아메리카의 반이민-반외국인주의의 함의를 분석하고 이를 통해 '외국인 백만 시대'에 들어선 한국 사회에 주는 의미를 궁구해 보고자 한다.

Ⅱ. 라틴아메리카 이민의 동향[1]

1980년대 이후 오늘날까지의 라틴아메리카 이민의 가장 큰 특징은 미국을 중심으로 한 역외 이민이 증가하고 그동안 정체되었던 중남미 국가 간의 역내 이민이 다시 회복되고 있다는 점이다.

1. 미국 이민의 증가

출이민과 입이민을 비교한 순이민율을 볼 때 현재 라틴아메리카는 해외로 떠나는 이민자가 더 많은 대륙이다. 이중 라틴아메리카 사람들이 가장 많이 이민하는 국가는 미국이다. 중남미에서 미국 이민은 1990년대 전체 이민의 절반 정도를 차지했지만 현재는 거의 3/4에 달하고 있다. 현재 미국에는 총 1,800만 명의 라틴아메리카 출신 이민자가 있는 것으로 추산되고 있는데 이는 소수 인종 가운데 가장 많은 숫자이다.[2]

　라틴아메리카인의 미국 이주는 다른 어떤 이민 그룹보다 더 빠른

---

1) 이 장은 『라틴아메리카의 새로운 지평』(강석영 외, 한국문화사, 2007년)에 실린 필자의 「라틴아메리카와 이민: 국제 이민의 특성과 추세를 중심으로」를 수정하고 요약한 것이다.

2) 2007년 통계에 의하면 현재 미국에는 총 4,500만 명의 히스패닉 인구가 있다. 이중 2,700만 명은 미국 태생이고 1,800만 명은 라틴아메리카 태생이다.(Statistical Portrait of Hispanics in the United States, 2007, Pew Hispanic Center, http://pewhispanic.org/files/factsheets/hispanics2007/2007_Hispanic Profile _Final.pdf, 2009.6)

속도로 증가해 왔다. 1970년 170만이었던 라틴아메리카 이민자는 2000년 1600만 명으로 거의 열 배로 늘어났고 지금도 계속 증가하고 있다.

　중남미 이민을 국가별로 살펴보면 멕시코 출신이 가장 많은데 이들의 숫자는 라틴아메리카 전체 이민자의 58%를 차지한다. 1970년 76만 명이던 멕시코 이민자는 2000년 920만 명으로 '폭발'하였는데, 이러한 추세는 국경을 맞대고 있는 지리적 인접성, 양국 간의 경제적 · 사회적 격차, 미국 이민을 성공의 지름길로 바라보는 멕시코 사회의 분위기 등으로 계속될 것으로 전망되고 있다. 이 외에도 과테말라, 엘살바도르 등의 중미 이민이 많으며 카리브의 아이티, 자메이카, 도미니카공화국 사람들도 미국으로 이민을 많이 간다. 다른 국가에 견주어 낮은 비율이지만 쿠바계 이민도 지속적으로 늘어나고 있다.

　국내외적으로 라틴계 이민은 다중적 의미를 갖는다. 잘 알려진 바와 같이 이들의 정치·경제적 역할과 비중은 계속 확대되고 있다. 특히 히스패닉은 미국 경제의 생산자와 소비자로서 미국에 기여하고 있다. 또 이들이 본국에 보내는 달러와 미제美製 문화는 중남미를 발전시키고 변화시키는 중요한 원천임에 틀림없다. 반대로 이들이 미국에 들여오는 새로운 전통, 생활, 가치, 습관은 미국을 문화적으로 더욱 풍요롭게 만드는 요인이다. 반면 불법 이민은 라틴아메리카 이민의 그림자이다. 현재 중남미 출신 불법 이민자 숫자는 전체 불법 이민자의 약 80%에 달하는 것으로 추산된다. 관련 연구에 의하면 1986년 320만 명이던 중남미 출신 불법 이민자는 2002년 930만 명으로 거의 세 3배로 늘었다고 한다. 불법 이민과 불법 체류 문제를 해결하기 위해 미국 정부는 '초청 노동자 프로그램'을 도입하고 이민법을 강화하는 등의 일련의 조치를 취하기도 했지만 불법 이민은 쉽게 줄어들지 않고 있는 실정이다.

2. 역내 이민의 변화와 경향

라틴아메리카 국가 간의 이민을 얘기할 때 우선적으로 언급해야 할 나라는 멕시코이다. 멕시코는 라틴아메리카 최대의 이민국이다. 우선 주변의 중남미 국가에서 많은 이민을 받는 나라이다. 그러나 멕시코는 나가는 이민이 많은 나라이기도 하다. 중남미에서 온 이민자의 대부분과 많은 멕시코인이 아메리칸 드림을 아 미국으로 이주한다. 멕시코는 나가는 이민과 들어오는 이민을 비교해 볼 때 출이민이 더 많다. 반면 남미의 이민 중심국인 아르헨티나는 들어오는 이민이 더 많다. 아르헨티나는 역사적으로 유럽과 주변국에서 많은 이민을 받아들인 국가였는데, 최근 경제가 회복되면서 다시 남미 국가들로부터 이민자 유입이 증가하고 있다.

〈표 1〉 중남미 주요국 순이민율(1950년~2000년)

국 가/연도	1950~1955	~1960	~1965	~1970	~1975	~1980	~1985	~1990	~1995	~2000
중남미 평균	0.6	-0.3	-0.8	-0.9	-0.8	-1.1	-1.5	-1.4	-1.3	-0.9
멕 시 코	-1.4	-1.2	-1.5	-1.8	-2.7	-2.7	-3.4	-4.1	-3.7	-3.3
아르헨티나	3.4	1.4	1.2	1.1	2.3	-1.6	0.6	0.8	0.7	0.7
칠 레	-1.3	-1.1	-0.8	-0.7	-1.6	-1.5	-1.0	-0.6	0.0	-0.7
코스타리카	0.0	0.0	0.0	0.0	0.0	2.5	2.5	1.7	3.8	6.9

출처 : Chackiel 2004, p. 77.

멕시코, 아르헨티나와 함께 칠레와 코스타리카는 새로운 이민 중심국으로 부상하고 있는 나라이다.

칠레는 남미 이민의 새로운 중심국이 될 가능성이 높은 나라이다.

칠레는 전체적으로 나가는 이민이 많은 나라이지만 최근에는 입이민이
크게 증가하고 있다. 임금 수준이 높고 고용 기회가 많은 것뿐만 아니라
정치적으로나 사회적으로 안정되어 있기 때문에 주변국에서 지속적으로
이민이 유입되고 있다. 또 군정 기간 칠레를 떠났던 사람들의 역이민도
늘고 있는 상황이다. 특히 인접국인 페루인의 이민이 최근 수년 간
크게 증가하여 칠레 사회의 새로운 이슈가 되고 있다.

코스타리카는 미주 대륙에서는 미국, 캐나다에 이어 세 번째로 많은
이주자(관광객 포함)를 받아들이는 나라이다. 코스타리카 전체 인구 430만
명 가운데 외국인은 무려 42만 명이나 된다. 코스타리카에 외국 이민이
많은 것은 이 나라의 정치적 · 사회적 조건 때문이다. 코스타리카는
다른 중미 국가에 비해 인구나 국토는 대규모가 아니지만 일인당 생산은
중미에서 가장 높으며 빈곤 인구 비율도 가장 낮다. 또 중미에서 가장
높은 경제성장을 거듭하고 있고, 중남미에서 유일하게 군대를 보유하지
않는 나라이다. 전통적인 미국의 우방국으로 미국의 영향을 많이 받아
서구식 민주주의를 택하고 있다. 이러한 정치적 · 사회적 안정과 지속적
인 경제 발전으로 인해 코스타리카는 많은 이민자가 선호하는 국가이다.
특히 코스타리카에는 니카라과 이민자가 많은데, 이는 11년 동안 계속된
내란으로 1979년부터 많은 니카라과 사람들이 코스타리카로 이주하였
기 때문이다.

3. 역외 이민의 확대와 다양화

미국을 제외한 라틴아메리카 역외 이민의 '빅 3'는 스페인, 캐나다,
일본이다.

라틴아메리카 이민의 기원이 스페인이란 것은 주지의 사실이다.
식민 시대가 열리면서 라틴아메리카에 온 스페인 이민은 식민 사회의

상층부를 이루었고, 독립 이후에도 이러한 유럽 이민은 계속되었다. 독립 이후 중남미가 새로운 근대국가로 발돋움하기 위해 택한 것은 유럽의 제도, 문물, 사람들을 들여오는 일종의 유럽화 전략이었기 때문이었다. 그래서 1850~1950년에 350만 명의 스페인 사람들이 라틴아메리카로 이주하였다.(CEPAL 2006, 20)

그러나 지금은 정반대의 상황이 벌어지고 있다. 라틴아메리카에서 스페인으로 이민이 날로 늘어나고 있다. 1960~70년대 스페인으로 이주하는 중남미인은 소수의 이민자와 정치적 망명자뿐이었지만, 1990년대 이후부터 스페인 이민은 비약적으로 증가하기 시작했다. 1991년 21만이던 라틴아메리카 출신 이민자는 10년 만에 84만으로 4배가 되었다. 2004년 1월 통계에 의하면 현재 스페인에는 120만 명의 중남미 출신 이민자가 있다. 이는 전체 외국인의 절반에 달하는 숫자이며 이러한 추세는 계속 이어질 것으로 전망되고 있다. 이제 스페인은 미국에 이어 두 번째로 중남미인들이 많이 이주하는 국가가 되었다.

다음은 캐나다이다. 캐나다에는 2001년 현재 약 60만 명의 라틴아메리카 출신 이민자가 있다. 이는 전체 이민자의 11%에 해당하는 규모이다. 캐나다에 중남미 이민이 크게 늘어난 것은 1980년대 이후이며, 국가별로는 자메이카, 가이아나, 트리니다드토바고, 아이티, 엘살바도르 순으로 카리브 출신이 많다는 특징을 보인다.

캐나다는 인구의 18%가 이민자인 '이민 국가'인데, 정부의 이민정책의 핵심은 자국 내의 노동 수요, 난민과 망명의 허용 등을 바탕으로 이민 희망자의 능력, 지식, 나이, 노동 경험, 적응력, 언어 능력 등을 고려해 이민을 결정하는 것이다. 따라서 캐나다로 오는 중남미 이민자는 주로 전문직이 많으며 이 추세는 앞으로도 계속될 전망이다.

중남미에서 일본으로의 이민은 최근의 일이다. 대부분의 중남미 이민은 1990년대 이후에 이루어졌는데, 이는 일본 정부가 취한 이민정책의 결과라고 할 수 있다. 1990년 일본 정부는 브라질과 페루에 거주하는 일본계 이민자 후손에게 일본 입국과 체류를 허용하는 프로그램을 시행했고, 이로 인해 브라질인과 페루인의 일본 이민이 크게 늘었다. 일본에 있는 중남미 이민자 숫자는 312,000명(2000년 기준)에 달하고 있으며, 이는 일본 내 전체 외국인의 19%에 해당하는 숫자이다. 국가별로는 브라질 이민(81%)이 가장 많고, 다음으로는 페루(14.8%)와 볼리비아(1.3%) 출신이 많다. 특히 브라질 이민은 한국과 중국에 이어 일본에서 세 번째로 큰 이민 그룹이다. 관련 연구에 의하면 1994~1997년 단 3년 사이에 일자리와 임금 등 양호한 노동 조건으로 인해 브라질 이민자 숫자는 7만 명이나 늘어났다.

라틴아메리카인의 일본 이민은 미국이나 유럽의 경우와 비교해 불법 이민이 거의 없고 대부분이 정식 입국자란 차이가 있다. 또 이민자들의 다수는 일본계 후손이며 이민 알선 업체를 통해 일본 기업에 고용된 경우가 많아 미혼 남성이 많다는 특징이 있다.

Ⅲ. 라틴아메리카의 이민자 인권 실태

라틴아메리카에서 이민자가 겪는 인권의 침해는 크게 ① 밀입국과 인신매매, ② 불법 이민자의 구금과 추방, ③ 국경 지역의 폭력, ④ 이민자의 불완전한 통합 등의 단계별로 살펴볼 수 있다(Martínez Pizarro 2008, 307~330).

1. 밀입국과 인신매매

이민자에 대한 인권침해의 시작은 모국에서부터라고 할 수 있다. 이민을

'감행'할 수밖에 없는 열악한 삶의 조건, 특히 밀입국과 인신매매도 '불사'하게 만드는 환경은 그 자체가 비인권적인 것이기 때문이다.

합법적인 입국의 가능성이 전무할 때 결국 이민자는 자의(또는 속임수에 빠져)로 이민을 알선하는 조직과 접촉하게 된다. 밀입국의 가장 단순하고 흔한 형태는 돈을 주고 취약한 부분을 알아내 국경을 넘는 것이다. 일단 월경에 성공하면 그 이후의 모든 위험은 이민자가 알아서 해결해야 한다. '눈을 감고도 갈 수 있다'는 이른바 '장님 통로(puntos ciegos)'도 있지만[3] 대부분의 국경은 목숨을 걸어야 하는 위험한 곳이다.

이민 브로커는 인터넷이나 신문을 통해 국경을 통과시켜 주고 일자리를 제공한다는 광고로 사람들을 유인한다. 그러나 일단 밀입국에 성공하면, 온갖 이유를 붙여 큰 액수의 대가를 요구해 이를 빌미로 이들에게 강제력을 행사한다. 따라서 이민자들은 이들의 강요에 의해 불법 계약을 맺어 강제 노동의 피해자가 되기도 한다. 여성의 경우에는 여권 등의 서류를 빼앗기고 매춘을 강요당하기도 한다. 멕시코, 브라질, 수리남, 콜롬비아, 도미니카공화국에서 미국, 스페인, 영국 등으로 밀입국하는 이민자들이 이런 범죄의 희생자가 되는 경우가 많다.

2. 불법 이민자의 구금과 추방

불법 이민자에 대한 구금과 추방도 이민자 인권을 위협하는 상황과 관련이 깊다. 대부분의 나라에서, 밀입국자나 불법 체류자에 대한 체포-구금-추방의 사법적 과정은 법률에 의해 정해져있지만 이것이 항상 지켜지는 것은 아니다. 따라서 이 과정에서 이민자들에게 반인권적인

---

3) 니카라과 국경 지역에서 수 킬로만 검문소를 우회하면 코스타리카로 '안전하게' 입국할 수 있다. 이런 지역에는 7~10달러 정도를 받고 숙소를 제공해 주는 집도 있다.(Tráfico de Migrantes)

행위가 가해지는 경우가 많다. 미국의 국경수비대Immigration and Naturalization Service(INS)도 이와 전혀 무관하지 않다. 그들이 행사하는 물리력에 의해 불법 월경자들이 비인권적 취급을 당하거나 부상을 입거나 심지어 목숨을 잃는 경우도 있기 때문이다. 대부분의 경우 무혐의나 증거 부족으로 종결되곤 하지만, 때론 이런 일들이 미국과 멕시코간의 외교 문제로 이슈화되기도 한다.

또 추방이나 강제 출국은 이민자 인권을 중대하게 위협한다. 특히 국경을 넘다 적발되어 출국되는 경우보다 몇 년씩 이민국에서 살다가 쫓겨나는 경우에 본인이나 가족에게 가해지는 고통은 더욱 크다. 모국으로 추방되어 온 이민자는 모국 사회에 재적응-재정착하는 어려움을 겪어야 하며 또 경우에 따라서는 이민국에 남겨진 가족으로 인해 원치 않는 가정 해체를 겪어야 하기 때문이다.

3. 국경 지역의 폭력

국경 지역에서 행해지는 다양한 형태의 폭력도 이민자에 대한 인권침해의 중요한 유형이다. 이 경우 여성들이 남성보다 더 취약하다. 과테말라-멕시코 국경에서 멕시코로 입국하는 이민자에게 멕시코 공권력에 의해 행해지는 폭력이나 부정부패는 이미 잘 알려진 사례이다.

또 최근 미국-멕시코 국경의 경비가 강화되어 밀입국이 더 어려워지면서 국경 지역에서 증가하고 있는 사망 사고도 국경의 폭력과 관계가 깊다. 국경순찰대를 피해 험한 수로나 산골짜기 등으로 달아나다 익사하거나 동사하는 경우도 있고 사막에서 길을 잃어 목숨을 잃기도 한다. 또 국경 지역의 미국 농장주들은 자신의 농장을 통과하는 불법 이민자들을 체포하여 경찰에 넘기기도 하고, 또 이 과정에서 이민자가 다치거나 목숨을 잃기도 하며, 물과 음식을 얻기 위해 농장에 접근하다 총격을 받는 일도 생기곤 한다.

4. 이민자의 불완전한 통합

이민자 인권에 대한 중대한 위협 가운데 하나는 소외와 배제인데, 이는 이민국 사회에 대한 불완전한 통합에서 비롯된다. '다르지만 평등하다'는 인식에 기반한 사회 통합은 현재 여러 논쟁과 도전에 직면해 있다.

이민자는 단지 국적이나 인종이 다르다는 이유만으로 사회생활에서 불이익이나 제약을 받으며 때론 제노포비아의 타켓이 되기도 한다. 또 이민자 후손의 본국 역이민이나 불법 이민자에 대한 사면과 난민의 수용을 둘러싸고 찬반의 대립이 있으며, 단지 '싼' 노동력을 얻기 위해 외국 이민자를 '이용'하는 것을 두고도 이견이 있다.

미국-멕시코 국경 지대

특히 라틴아메리카 이민이 많은 유럽이나 미국과 같은 선진국에서 일고 있는 반이민주의는 우려할 만하다. 개발도상국의 이민자는, 국내 노동시장을 위협하고 사회복지를 축내고 마약 복용이나 테러처럼 사회 안전에 반하는 행위의 '범인'으로 간주된다. 애리조나와 캘리포니아에서 활동하는 미니트멘(Minutemen)[4]은 대표적인 반이민주의 단체라고 할 수 있다. 그러나 이들 국가는 이민자 노동력을 필요로 하는 구조를 갖고 있기 때문에 이러한 반이민주의는 이민자의 사회 통합뿐만 아니라 국가 경제를 위해서도 도움이 되지 않는다.

Ⅳ. 라틴아메리카의 제노포비아

1. 제노포비아와 인종차별

제노포비아는 일반적으로 사회의 일부 계층이 가지고 있는 외국인에 대한 거부, 차별, 천시와 같은 부정적 인식이나 태도를 뜻한다.[5] 따라서 제노포비아는 외국인이나 이방인에 대한 심리-사회적 현상인 동시에 권력적이며 정치적인 작용이기도 하다. 제노포비아의 행태는 크게 문화

---

4) 미니트멘은 멕시코 이민을 반대하는 일종의 사설 국경 경비 단체라고 할 수 있다. 이 이름은 미국 독립혁명 당시 명령을 받으면 '일분' 내에 출동하는 태세를 갖추었다고 해서 붙여진 메사추세츠 지역의 독립군 민병대에서 비롯되었다. (케네스 데이비스, 120.)

5) 제노포비아의 xenos는 외국인, 이방인을 뜻하며 phobos는 두려움을 뜻한다. 따라서 우리말로는 외국인 혐오나 기피로 해석되나 경우에 따라서는 인종 차별의 한 형태로 쓰이기도 한다(http://en.wikipedia.org/wiki/Xenophobia). 제노포비아는 외국인이나 타지인에 대해 두려움 또는 거부감으로 정의되기도 한다.(L. Sills 1968, 81)

적 침해와 물리적 폭력으로 나눌 수 있는데, 전자에는 이들에 대한 거부를 표현하는 문신, 현수막, 전단지, 연설, 캠페인이 있으며, 후자에는 공격, 추방, 린치, 방화, 살인 등이 있다. 오늘날 폭력을 수반하는 제노포비아는 법과 제도로 금지되어 있기 때문에 오히려 문제가 되는 것은 외국인에 가해지는 경멸이나 천시와 같은 '생각'의 차별이라고 할 수 있다.

우리는 종종 인종차별과 제노포비아를 혼용하는데, 타인에게 가해지는 권리의 침해라는 면에서 제노포비아와 인종차별은 다르지 않다. 그러나 제노포비아가 다른 나라 사람을, 인종차별이 다른 인종의 사람을 대상으로 한다는 면에서는 차이가 있다.

그러나 여기서 주의할 것은 인종이란 개념의 추상성과 모호성이다. 예를 들어, 현재는 백인으로 간주되는 아일랜드인들이 미국 역사 초기에는 백인으로 간주되지 않았다는 사실은 인종이 불변의 생물학적 개념이라기보다는 사회적·정치적 맥락에서 이해될 수도 있는 관념임을 보여주는 것이다.[6] 또 라틴아메리카에서는 인종간 혼혈의 진행으로 국적과 인종의 구분은 무의미한 경우가 많다. 즉, 인종과 인종(차별)주의란 것이 생물학적 차이보다는 정치·경제적 조건에 의해 형성되는 추상이라는 것이다. 따라서 타국인과 타인종의 구분으로 제노포비아와 인종차별을 나누어 이해하기는 어렵다고 할 수 있다.

인식론적으로는 제노포비아와 인종차별을 구분할 수 있다. 제노포비아와 인종주의는 인식관계에서는 주체와 객체로서 병립한다. 즉, 현상학적으로 인종주의와 제노포비아는 같은 행동을 지칭하나, 대상에 의해 인식되는 차별과 천시는 인종주의인 반면에 주체에 의해 경험될 때

---

6) 1700년대 중반 뉴욕에서 노예들의 반란 모의가 있었는데, 여기에는 흑인들과 함께 일부 아일랜드인들도 참여하였다. 당국 조사에서 아일랜드인들은 흑인들과 마찬가지로 '모든 백인'을 죽이려 했다고 대답했다. 당시 이들은 백인으로 간주되지 않았었다.(빌 플레처 주니어 외, 7, 15)

그것은 제노포비아이다(Mushakoji 2004, 27). 예를 들어, 칠레에 이주한 페루인에 대한 차별은 페루에게는 인종차별이며 칠레에게는 제노포비아로서 경험되는 것이다. 따라서 제노포비아와 인종차별은 인과관계에 있는 것이 아니라 같은 명제의 두 '버전'이라고 할 수 있다. 또 제노포비아나 인종주의 모두 다른 문화를 가진 외국인에 대한 거부와 제외를 의미하지만 제노포비아에서는 문화적 차이와 격리를 주장하더라도 이들이 사회적·문화적으로 동화되면 수용할 수 있다는 측면에서 인종주의와는 차이가 있다고 할 수 있다.

라틴아메리카에서 제노포비아와 인종차별은 기나긴 '차별'의 역사에서 그 뿌리를 찾을 수 있다. 유럽인이 아메리카에 온 이후 원주민은 자신들의 땅과 문화를 빼앗기고 식민 체제의 최하위에 놓이게 되었고 그 후 오랜 기간 차별의 대상이 되어 왔다. 이는 오늘날 일상의 삶에서도 쉽게 찾아 볼 수 있는데 특히 언어문화를 통해서 잘 확인할 수 있다. 아르헨티나에서 파라과이와 볼리비아 이민자를 '검은 머리cabecitas negras'라고 부르는데, 이 말은 '젊은 이민자'라는 뜻도 담고 있지만 아이마라 부족을 비하하는 것이다. 칠레에서 페루 사람과 에콰도르 사람을 촐로cholos라고 부르는데, 이는 혼혈인 '놈'이란 의미를 갖고 있다. 또 페루에서 에콰도르 사람들을 모노monos(원숭이)라고 지칭하는데, 이는 과야킬 출신을 낮춰 부르는 말이기도 하다(Hopenhayn 2001, 43). 이처럼 특정 종족에 대한 경멸이나 비하를 외국인과 동일시하는 언어문화는 인종차별과 결부된 라틴아메리카 제노포비아의 일면을 보여 주는 것이라고 할 수 있다.

2. 제노포비아와 반이민주의

외국인을 대상으로 하는 제노포비아는 근본적으로 반이민주의와 밀접한 관련을 갖는다. 때로는 제노포비아가 반이민주의로 구체화되고 다시 그것이 제노포비아를 강화시키기도 한다.

코스타리카 사람들이 니카라과 이주자에 대해 갖는 반감인 니코포비아Nico-phobia는 일부 여론이 만들어 내는 이민자와 관련된 부정적 인식, 즉, 니카라과 불법 이주자들이 코스타리카 사람들의 일자리를 위협하고 범죄와 빈곤을 확산시키고 사회제도와 서비스를 혼란스럽게 한다는 인식에 근거한다. 이러한 정서는 니카라과 이민자가 증가할수록 더욱 커지고 있다. 이중 가장 고전적인 반이민주의는 이민자들이 코스타리카인들의 일자리를 빼앗고 근로조건을 악화시킨다는 주장이다.

그러나 외국인을 고용하는 가장 큰 이유는 내국인이 그 일을 하지 않기 때문이다. 농장이 이주 노동자들의 '인큐베이터'가 되는 것은 농장의 일이 힘들어 내국인이 기피하기 때문이다. 동시에 코스타리카의 이민 노동자는 내국인 노동자들이 떠난 자리를 메우고 있다. 최근 코스타리카에 대한 외국의 투자가 증가해서 새로운 일자리가 늘어나고 임금이 상승하여, 예전의 가정부는 더 많은 월급을 받을 수 있는 공장으로 이직하였고, 소농은 농산물 회사의 노동자가 되었고, 일급 노동자는 건설 회사의 직원이 되었다. 니카라과 이주 노동자들은 이들이 떠난 자리에서 대신 일하고 있는 것이다. 따라서 45만의 니카라과 노동자가 생산하는 연간 총생산 240억 달러는 코스타리카 경제에 더해지는 플러스인 셈이다(El Nuevo Diario, 2002/12/15).

마찬가지로 니카라과 출신의 노동자들은 코스타리카의 실업의 증감과도 거의 무관하며, 또 소비하는 것보다 더 많이 생산하며, 받는 복지 서비스보다 더 많은 세금을 낸다. 오히려 이들은 더 젊고 더 역동적이며 더 의지가 강하기 때문에 보건 서비스나 복지 서비스를 내국인보다 덜 소비한다는 연구도 있다(Rosero 2004, 78).

칠레의 경우도 마찬가지이다. 칠레의 반이민주의에는 기본적으로 두 가지 논리가 있다. 하나는 이민자들이 내국인의 일자리를 뺏어 고용 문제를 악화시킨다는 것이다. 그러나 이는 현실적으로 타당하지 않다. 페루 이민을 최대 65,000 명으로 추산한다 해도 이 숫자는 칠레 경제활동 인구의 1%도 되지 않고 또 이들이 모두 노동시장에 들어간다 하더라도 고용에는 큰 영향을 미치지 않기 때문이다(Martínez Pizarro 2003, 23). 게다가 페루 이민의 다수를 차지하는 여성들의 대부분은 칠레 여성들이 기피하는 가사 노동에 종사하고 있기 때문에 칠레에서 페루인이 고용 문제를 야기한다고 보기는 어렵다. 또 다른 논리는 페루 이민자들이 칠레의 교육과 보건 등 복지 서비스를 '낭비'하여 국가 재정을 악화시킨 다는 것이다. 하지만 이 역시, 코스타리카의 경우와 마찬가지로 다수의 페루 이민자들이 세금을 납부하고 내국인보다 오히려 복지 서비스를 덜 받으므로 설득력이 없다. 칠레에서 이민자들은 아주 사소한 복지 서비스를 받기 위해서도 노동계약을 증명해야 하는 등 복잡한 절차를 걸쳐야 한다(Stefoni 2002).

　　따라서 칠레와 코스타리카의 경우를 통해 볼 때 라틴아메리카의 반이민주의는 논리적으로 설득력이 약하다고 할 수 있다.

3. 제노포비아의 사회인구학적 조건

일반적으로 어떤 나라에서 외국인이 많아지면, 내국인은 이로 인해 생겨날 사회적·경제적 변동을 우려하게 되고 이들에 대해 경계심이나 두려움을 갖게 된다. 칠레와 코스타리카는 이를 가장 명확하게 보여 주는 사례라고 할 수 있다.

　　칠레의 경우를 보면, 1990년대 이후 외국 이민의 유입이 늘어나면서 각종 매체에서는 이민자의 '물결' 또는 '침공'이란 표현들이 등장하기 시작하였고, 특히 1990년대 중반 이후 페루 이민이 급증하면서 이민자들 때문에 실업 문제가 악화되고 임금이 하락한다는 불만과 우려가 고조되었다. 실제로 칠레 내의 최대 이민자 그룹은 아르헨티나인이지만 칠레에서 페루 이민자를 반대하는 움직임이 더 활발한 것은 페루 이민의 사회인구학적 특성 때문이라고 할 수 있는데, 이중 가장 핵심적인 것은 페루 이민이 '급증'했다는 사실이다. 통계에 의하면 1992년에서 2002년 사이 페루 이민자는 7,649명에서 37,860명으로 단 10년 만에 5배로 증가하였다. 이는 다른 주변국에서 온 이민자의 경우와 비교할 때 놀랄 만한 수치이다. 또 페루 이민자들은 무려 78%가 수도권에 거주하는데(Bazo Pacheco 2004, 2), 이러한 인구학적 특징이 페루 이민자를 많아 보이게 만든 측면도 있다.[7]

코스타리카의 니카라과 이주자의 경우도 비슷하다. 니카라과 이민자들이 급증한 것은 1990년대 중반부터이다. 코스타리카는 오랜 기간 동안 이웃 나라인 니카라과로부터의 이민에 익숙해 있었으나 갑자기 많은 이민이 몰려오자 이들에 대해 심리적·정서적 거부감을 갖게 되었다고 할 수 있다. 2004년 12월 공식 통계에 의하면 코스타리카에 거주하는 니카라과인은 총 216,000명이다. 그러나 다수의 불법 이민자가 있기 때문에 이를 포함하면 니카라과 이민자수는 최소 40만, 최대 70만으로 추산된다. 이는 코스타리카 전체 인구가 420만 명임을 감안해 볼 때

---

7) 눈에 더 잘 띄기 때문에 실제보다 더 많아 보인다는 '가시성(visibility, visibilidad) 가설'은 그 나름의 설득력이 있다. 페루 이민자가 수도인 산티아고에 다른 이민자 집단보다 더 밀집하여 거주하기 때문에 마치 그 지역에 페루 사람들만 있는 것 같이 보인다는 주장이 있다. 또 페루 이민자는 아르헨티나 이민자와 비교할 때 인종적으로 더 두드러진다. 아르헨티나인과 칠레인은 인종적으로 유사하나 페루인은 외형적으로 원주민적 요소가 더 강해 더 눈에 잘 띄고 그래서 더 많아 보인다는 것이다. 이런 것들로 인해 칠레인들은 페루 이민자를 더 주목하고 경계하게 된다는 것이다. (Stefoni 2004, 322)

적지 않은 숫자이다. 따라서 코스타리카 사람들은 니카라과 이주자에 대해 주의와 경계심을 갖게 되었고, 이것이 '코스타리카의 모든 악은 니카라과 이민자에게서 나온다'라는 니코포비아의 형성에 한 원인이 되었다고 할 수 있다. 또 칠레의 페루 이민자의 경우와 유사하게 니카라과 이주자들도 거주와 노동에서 높은 밀집도를 보인다.8)

이처럼 제노포비아는 이민자 그룹의 갖는 사회인구학적 특성과도 밀접한 관계를 갖는다고 할 수 있다.

4. 제노포비아의 국가주의적 성격

제노포비아는 내국인이 외국인에 행하는 작용이기 때문에 내국인과 외국인의 국적 국가 간의 관계와도 연관되어 있다. 국가는 개인 또는 집단의 이해의 동질 공동체이다. 따라서 국가는 외국인에 대한 반응과 행동의 공동체라고 할 수 있다. 그래서 외국인에 대한 차별은 국가로부터 나온다고 이해할 수 있으며 따라서 제노포비아를 분석하기 위해서는 해당 국가 간의 관계를 이해하는 것이 필요하다.9)

---

8) 수도인 산호세에서 니카라과 이주자들은 라 까르뻬오la Carpio, 로스 기도 스los Guidos, 엘 빠르께 델라 메르 el Parque de la Merced 등 몇 지역에 모여 살고 있으며 또 생업도 가사, 건축, 사설 경비 등 특정 분야에 몰려 있기 때문에, 실제보다 그 숫자가 더 많아 보인다(Rosero 2004, 77).

9) 라틴아메리카의 인접국 관계는 고유의 '정치 문화' 속에서 이해해야한다는 입장도 있다. 아르헨티나의 역사학자 알베르토Luis Alberto는 외국인에 대한 차별은 민족주의의 소름끼치는 '왜곡'이라고 평한바 있는데, 그에 의하면 라틴아메리카에서 이웃은 협력자이기보다는 경쟁자이며 나아가 위협자가 될 공산이 크다. 비록 북미자유무역협정, 남미공동시장(메르코수르), 안데스 공동체 등과 같은 협력과 통합의 움직임이 있지만, 남미 국가의 국민들 간의 관계는 그렇지 않다는 것이다. 그에 의하면 "서로에 대한 불신이 내재 적으로 존재하며 때론 먼 나라보다 라틴아메리카의 이웃 국가를 서로 더

코스타리카와 니카라과 양국의 관계는 전반적으로 원만한 편이다. 그러나 코스타리카와 니카라과는 국가적 전통과 문화에서 매우 상이하다. 중미 대부분의 국가들에는 원주민 또는 메스띠소 인구가 많지만, 코스타리카는 스페인계 백인(백인 혼혈인 포함) 인구가 90% 이상인 나라이다. 또 수도 산호세는 '유럽이 되고 싶었던 도시una ciudad que quiere ser Europa'라는 별명을 가졌을 만큼 서구화를 추구한 도시여서 중미의 다른 도시들보다 훨씬 더 유럽적이다. 이 외에도 코스타리카에서 원주민 문화의 전통이나 유산은 매우 미약하다. 따라서 코스타리카에는 니카라과 등 주변 혼혈 국가를 무시하고 경시하는 사회적 분위기와 경향이 남아 있는 편이다. 중미 주변 국가들과 상이한 코스타리카의 인종과 문화와 유럽 지향적－백인중심주의적 전통은 니코포비아를 형성하는 하나의 배경이라고 할 수 있다.

칠레의 페루 이민자 문제는 국가 관계와 제노포비아가 더 밀접하고 적극적인 연관성을 가질 수 있음을 보여 주는 경우라고 할 수 있다.

양국 간의 교류와 의존이 더 확대되고 있음에도 불구하고[10] 칠레에서의 반페루주의와 페루인의 반칠레 감정은 심각한 편이다.

페루와 에콰도르는 아마존 유역의 영유권 문제로 수차례 국경 분쟁을 겪은 바 있고 1995년에도 분쟁이 발발하였다. 당시 칠레 정부는 페루 몰래 에콰도르에 무기를 판매하였는데, 10년이 지난 2005년에 이 사실이

경계한다"(Braun).

10) 경제적 · 사회적으로 양국 간의 상호 의존은 지속적으로 확대되고 있는 추세이다. 양국 간 교역과 투자, 특히 칠레의 페루 투자는 계속 늘고 있으며, 2006년 8월에는 양국 간 자유무역협정이 체결되었다. 2004년에 칠레를 방문한 페루인은 19만 명으로 사상 최고를 기록했고, 53만 명의 칠레 사람들이 페루를 방문하여 페루는 칠레 사람들이 아르헨티나에 이어 두 번째로 많이 여행하는 나라가 되었다(Fuentes 2005, 74). 또 페루인의 칠레 이민이 최근 지속적으로 증가하는 있음은 이미 주지의 사실이다.

언론에 보도되어 양국 간에 심각한 외교 문제로 비화되었다. 진행되던 자유무역협상이 중단되었고 외교관계는 단절 직전까지 악화되었다. 이뿐만이 아니다. 두 나라 간에 벌어지는 국제 경기, 특히 인기가 높은 월드컵 예선과 같은 축구 경기는 남미에서도 가장 치열한 라이벌전으로 간주되고 있다. 또 장비 현대화라는 미명하에 양국 간에 보이지 않는 군비경쟁이 끊이지 않고 있으며, 많은 페루 사람들은 칠레를 '남미의 이스라엘'이라 비난하며 칠레 사람들은 페루가 가장 잘 하는 것은 이웃 나라에 '불평하기quejarse'라고 비꼰다.11)

이러한 국가 관계의 기저에는 그럴 만한 역사적 배경이 있다. 칠레는 북쪽으로는 아타카마 사막, 서쪽으로는 태평양, 동쪽으로는 안데스, 남쪽으로는 남극과 접하고 있어, 마치 대륙의 섬과 같다. 이러한 단절적 지리 환경으로 칠레인은 외국과 외국인에 대해 비교적 폐쇄적이고 차별적인 성향을 보여 왔다(Doña 2004). 또 칠레는 페루, 볼리비아와의 전쟁을 통해 국경을 확대해 왔기 때문에 주변국에 대한 주의와 경계심이 강하다고 할 수 있다. 특히 1879년 태평양전쟁에서 승리하여 페루로부터 아리카와 타라파카를 획득하여 현재의 국경을 획정하였다. 따라서 페루와 칠레는 국경을 놓고 대립하고 있다. 여기에 최근에는 해양 국경 문제가 더해져 양국의 감정은 더욱 악화되어 있다. 특히 국경 문제는 '영토 수호'의 깃발을 내세워 국민들을 왜곡된 민족주의나 제노포비아로 몰아넣을 개연성이 있어 이를 우려하는 목소리가 적지 않다.

이처럼 양국 간의 비우호적인 관계와 역사는 페루 이민자에 대한 제노포비아와 일정한 연관성을 갖는다고 할 수 있다.

---

11) 양국 관계는 마치 우리나라와 일본과의 관계와도 유사한 면이 있다. 비슷한 시각으로 페루-칠레 관계를 독일-불란서의 경우와 비교하는 연구(Cisneros 2005, 79)도 있다.

Ⅴ. 반이민과 이민 : 다문화주의를 향하여

오늘날 우리는 '이민'과 '반이민'이 동시에 나타나는 시대에 살고 있다고 할 수 있다. 국경과 국적을 초월한 이민은 계속해서 확대되고 있으며 이와 동시에 이민을 반대하고 이민자를 차별하고 거부하는 반이민 역시 강화되고 있는 '이중적인' 환경에 놓여 있는 것이다.

라틴아메리카도 예외가 아니다. 살펴 본 바와 같이, 칠레의 페루 이민자와 코스타리카에 사는 니카라과 이민자는 '2등 시민'으로 취급받기 일쑤이며, 미국으로 간 라틴아메리카 이민자의 사정도 별반 다르지 않다.

물론 출세하고 성공하여 자신의 '꿈'을 이루는 이민자도 있다. 그러나 다수의 이민자들에게 그건 역시 '꿈'일 뿐이다. 이들은 구조적으로 약자일 수밖에 없는 환경에 있기 때문이다. 이들은 자기가 태어나지 않은 곳에서 살아가기 위해 남의 나라의 사회적·경제적 조건들을 무조건 받아들여야 하는 조건에 있다. 이들은 이민자라는 사실만으로 직장이나 관공서에서 차별을 받기도 하며, 때로는 모국의 문화적 정체성을 상실하는 어려움을 겪기도 한다. 또 이민자가 많아지면 많아질수록, 이들에 대한 내국인의 차별, 반감, 경계, 혐오감이 커져 더 힘든 상황에 처하게 된다.

이민을 반대하는 자들의 근거에 등장하는 '단골 메뉴'는 이들 때문에 일자리가 줄어들고 범죄가 많아지고 국고가 낭비된다는 것이다. 그러나 여러 연구는 이러한 논리가 옳지 못하다는 것을 보여 주고 있다. '우리는 그들과 다르다'라는 문화 우월주의나 인종차별주의도 문화학적으로나 생물학적으로 합리적 근거가 희박한 일종의 허구이다. 또 이민자와 외국인을 반대하고 차별하는 것은 전쟁과 탄압을 피해 주변국으로 이민해야 했던 라틴아메리카의 오랜 정치사를 돌이켜 볼 때 도덕적이지도 못하다.

세계는 지금 '불편한' 공존의 시대에 있다. 이민은 한편으로는 다문화 사회로 갈 수밖에 없는 흐름을 만들어내고 다른 한편으로는 이를 거부하고 저항하는 조건을 형성하고 있다. 이 동시적이고 양면적인 상황에서 우리가 주목해야 할 것은 이민자의 삶과 인권은 이들만을 위해 있는 어떤 특수한 것이 아니라 내국인과의 동등함을 보장하고 인정하는 것을 전제로 한다는 것과 이를 위해서는 법과 제도뿐만이 아니라 연대와 소통, 그리고 관용의 문화와 운동이 요구된다는 사실을 삶의 차원에서 인식하는 것이다.

오늘날 한국 사회는 국내에 거주하는 외국인이 백만을 넘어서서 이미 다인종·다문화의 사회로 진입하였다고 할 수 있다. 한국 사회에는 이주 노동자, 결혼 이민자, 난민, 탈북자, 귀국한 재외 동포 등 다양한 인종과 문화 배경의 사람들이 살고 있다. 또 이주민과 한국인 사이에서 태어난 '다문화 가정'의 자녀들도 점점 많아지고 있다.

그러나 다른 한편으로 한국 사회는 아직도 의식이나 정책면에서 단군 '신화'와 같은 순혈주의와 단일민족주의가 굳건하게 숭상되고 있는 사회이다. 우리는 우리를 다문화 사회라고 하지만, 유엔 산하 인종차별철폐위원회CERD는 한국에 민족 우월적인 단일민족 개념에서 벗어날 것을 권고하고 있다. 정부는 이주민 정책을 다문화주의에 입각해 전환한다고 하지만 실상은 별로 그렇지 못하다. 내국인과 외국인간의 차별은 물론이고 이민자간에도 등록과 미등록, 재외 한인과 기타 외국인, 선진국 출신과 개발도상국 출신간의 구분과 위계는 더욱 커지고 있다는 의견이 많다. 마찬가지로 이민자와 이민자 공동체를 배려하고 존중하는 시민사회의 노력도 아직 미약하며 무엇보다도 다문화 사회의 주체라고 할 수 있는 이주민의 목소리는 사회 어디에서도 찾아보기 힘든 것이 한국의 현실이다.

자칭 '다문화 사회' 한국은 스스로의 다문화주의를 비판적으로 성찰해야 할 시점에 있다고 할 수 있다. 이런 면에서 라틴아메리카의 이민과 반이민의 경험과 고민은 우리에게 시사하는 바 크다 하겠다.

참고문헌

빌 플레처 주니어 외 (2004), 지주형 역, 『정체성 싸움 서구의 인종주의』, 미
    세기.

임상래(2007), 「라틴아메리카와 이민: 국제 이민의 특성과 추세를 중심으로」,
    강석영 외, 『라틴아메리카의 새로운 지평』, 한국문화사.

케네스 데이비스 (2003), 이순호 역, 『미국에 대해 알아야 할 모든 것, 미국
    사』, 책과함께.

Bazo Pacheco, Francisco (2004), 'La visión desde los migrantes', *Encuentro
    Perú-Chile El desafío de la solidaridad: Los migrantes peruanos en Chile*,
    Lima.

CEPAL (2006), *Migración Internacional, Derechos Humanos y Desarrollo en
    América Latina y el Caribe*.

Chackiel, Juan (2004), *La dinámica demográfica en América Latina*, Santiago
    de Chile: CEPAL.

Cisneros, Luis Jaime (2005), 'La guerra que nos delató', *Ideele*, No. 171,
    Lima, 2005. 6.

Fuentes, Claudio (2005), 'Perú-Chile: Para iniciar un nuevo tipo de
    relación', *Ideele* no. 171, Lima, 2005. 6.

Hopenhayn, Martin & Alvaro Bello (2001), *Discriminación étnico-racial y
    xenofobia en América Latin y el Caribe*, Santiago: CEPAL.

L. Sills, David (ed.) (1968), *Encyclopedia of the Social Sciences*, Vol. 12,
    MacMillan & Free Press.

Martínez Pizarro, Jorge (2003), *El encanto de los datos. Sociodemografía de la
    inmigración en Chile según el censo de 2002*, Santiago: CEPAL.

Martínez Pizarro, Jorge (ed.) (2008), *América Latina y el Caribe: migración
    internacional, derechos humanos y desarrollo, Comisión Económica para América
    Latina y el Caribe*, Chile: CEPAL.

Mushakoji, Kinhide (2004), 'The Phenomenon of Xenophobia in Relation to
    Racism and Racial Discrimination', UNESCO, *Studies on Human Rights
    2004 Struggle against Discrimination*, Paris.

Rosero, Luis (2004), 'Retos de la inmigración nicaragüense a Costa Rica', *Actualidad Económica*, No. 307, Costa Rica.

Stefoni, Carolina (2002), 'Inmigración en Chile. Mitos que confunden', *El Metropolitano*, 2002/4/30

Stefoni, Carolina (2004), 'Inmigración y Ciudadanía: La Formación de Comunidades Peruanas en Santiago y la Emergencia de Nuevos Ciudadanos', *Política*, No. 43, Santiago: Universidad de Chile, 2004.

Braun, Maria & Helena Rovnerei, 'America Latina: el miedo al vecino' (http://home. arcor.de/tpsipol/19980303.html)

Doña, Ciristían & Amanda Levinson (2004), 'Country Profile, Chile: Moving Towards a Migration Policy, Migration Information Source' (http://www.migrationinformation.org/ Profiles/display.cfm?id=199)

Tráfico de Migrantes Estudio de caso: Costa Rica (2000), 「코스타리카 이민 외국인국 & OIM」 (http://www.crmsv.org/investigacion/EstudioCR.htm, 2005.1)

'Statistical Portrait of Hispanics in the United States', 2007, Pew Hispanic Center(http://pewhispanic.org/files/factsheets/hispanics2007/2007_Hispanic% 20Profile_Final.pdf, 2009.6)

http://en.wikipedia.org/wiki/Xenophobia

El Nuevo Diario (니카라과 중앙 일간지) 2002/12/15

피노체트는 왜 체포되었을까?
– 남미의 과거 청산과 인권의 국제성

곽재성

I. 들어가며

1998년 10월 16일, 칠레의 피노체트 장군은 치료를 위해 영국에 도착한 지 얼마 되지 않아 전격 체포되었다. 사실 대통령을 그만둔 10여 년 전부터 매년 한두 차례 영국을 방문해 왔던 피노체트의 입장에서 보면, 이건 잘못돼도 한참이나 잘못된 것이었다. 1982년 포클랜드/말비나스 전쟁 당시 모든 중남미 국가들이 아르헨티나를 지지할 때도 피노체트의 칠레는 영국을 지지했을 뿐 아니라 군사기지까지 제공했다. 따라서 영국을 편안하게 느끼고 또 영국 정부가 자신을 보호해 주리라는 것을 믿어 의심치 않았던 것이다. 그런데 이는 너무 갑작스런 일이었다. 더구나 며칠 전 영국에 입국할 때만 해도 공항에서 VIP 대접을 받았는데 어떻게 하루아침에 이렇게 달라질 수 있는 것인가? 피노체트 입장에서 보면 심히 배은망덕한 사건이 아닐 수 없다.

　중남미의 인권을 논할 때 가장 먼저 떠오르는 얼굴은 바로 칠레의 피노체트 장군이다. 1973년의 쿠데타로 아옌데 정권을 무너뜨리고 집권한 이후 1990년까지 칠레를 철권으로 통치하며 온갖 인권 탄압을 자행한 바 있기 때문이다. 자신의 신변 안전에 대해 철저히 대비해 온 피노체트가 체포될 수 있었던 배경에는 스페인 사법부의 끈질긴 노력이 있었다. 피노체트가 영국행 비행기를 타기 2년 전, 스페인 최고형사법원Audiencia Nacional의 카를로스 가르시아-카스테욘Carlos García-Castellón 판사는 스페인 사법 당국이 국외에서 일어난 집단살해, 테러, 고문에 대해서도 법적 조치를 취할 수 있다는 근거를 찾아내었다. 그는 스페인 법원에 아르헨티나 군부와 칠레의 피노체트를 기소하였고, 수백 명의 희생자와 그 가족들이 마드리드의 법정에서 과거의 인권 탄압에 대한 생생한 증언을 남겼다. 가톨릭교회가 수집한 독재 시대 17년간의 각종 문서도 공개되었다.

　1998년 피노체트가 영국에 도착하자, 사건을 맡은 발타사르 가르손Baltazar Garzón 판사가 즉각 영장을 발부했고, 마드리드로부터 이를 전해 받은 영국 경찰은 피노체트를 체포하였다. 가르손은 영국과 스페인이 체결한 「범죄인인도협정」과 「유럽테러협약」에 의거해 피노체트의 신병을 인도해 달라고 영국 측에 요구했고, 영국 법원은 일년 반 동안이나 피노체트를 연금하며 이 사건을 심리하였다. 한편, 이미 '스타일을 제대로 구긴' 칠레 정부는 피노체트가 종신 상원의원으로서 대통령의 특명전권대사를 겸하고 있기 때문에 면책특권이 있음을 주장하며 강력히 항의하였다. 그러나 토니 블레어 노동당 정부는 면책특권은 영국을 방문하는 정부 관리나 신임장을 제정한 외교관에 한한다고 지적하며, 스페인의 요구가 법적으로 아무런 하자가 없음을 확인하였고 피노체트를 연금하였다.

　드디어 영국 상원의 재판부는 11월 25일 피노체트가 집권 기간에 저지른 잔혹 행위에 대해 국가원수로서의 면책특권을 갖지 않는다고 최종 판결했다. 그러나 스페인으로 인도할 법적인 절차가 완료되었음에도 불구하고, 영국 정부는 치매 등 건강상의 이유로 그를 칠레로 돌려보냈다.

이와 같은 '피노체트 사건Caso Pinochet'은 인권에 대한 국제적인 관심을 촉발시켰다. 어떤 의미에서는 피노체트가 석방됨으로써 결과 없이 끝났다고 할 수도 있다. 그동안 각국 정부를 비롯하여 국제사면위원회Amnesty International 등 국제 인권 단체들은 피노체트에 대한 준엄한 심판을 강력히 요구했으나 국익을 인권보다 중요시한 영국 정부의 결정에 막혀 성사되지 못한 것이다.

그러나 피노체트 억류 사건이 결코 헛된 일은 아니었다. 앞으로 각국의 독재자들은 재임 중에 인권유린 등 반인권적인 행위를 하면 세계 어느 곳에서든지 체포될 수 있고 법의 심판을 받을 수 있다는 선례를 만들었기 때문이다. 일국의 국내 법원이 전직 국가원수가 저지른 국제적인 인권 범죄에 대해 초국적 사법권을 행사한 최초의 사례인 본 사건은 1948년의 「세계인권선언」 이후 '종이 선언'에 머물러 있던 인권 보호를 위한 국제적 공조가 한 단계 진전되었음을 보여 주었다. 과거 청산이 국내에서뿐만 아니라 국제적인 압력 또는 공조를 통해서도 이슈가 될 수 있고 해결점을 찾을 수 있다는 가능성을 제시한 것이다.

과거 청산의 국제화에 대한 사례를 다루게 될 이 글에서는 우선 배경 제시를 위해 칠레와 아르헨티나의 경험을 중심으로 남미 과거 청산의 성과와 한계를 파악하고자 한다. 언뜻 보면 이 사건은 칠레만의 사례 같지만 사실은 그렇지 않다. 스페인을 비롯한 제삼국으로 과거 청산의 국제화가 진행되면서 아르헨티나와 칠레의 사례를 주 대상으로 했기 때문에, 두 국가에서 벌어진 과거 청산의 국내적인 실패 경험을 언급할 필요가 있는 것이다. 나아가 '피노체트' 사건에 있어서 과거 청산의 국제화 과정을 여러 행위자 중심으로 서술할 것이며, 결론적으로 본 사건에서 핵심이라 할 수 있는 근거인 '보편적 관할권Universal Jurisdiction'의 효과를 법과 정치의 갈등, '정의 확립' 개념의 정의, 보편적 관할권 행사와 민주주의라는 세 가지 차원에서 논의할 것이다.

Ⅱ. 왜 자국에서 과거 청산을 제대로 하지 못했을까?
- 남미 과거 청산의 성과와 한계

남미 국가 가운데 칠레와 아르헨티나는 전혀 다른 민주화 과정을 거쳤지만, 제대로 된 과거 청산을 하지 못했다는 점에서 공통점이 있다. 두 나라의 민주화 과정을 권위주의 붕괴의 유형에 따라 분류하자면, 아르헨티나는 '와해collapse'이고 칠레는 '타협transaction'에 속한다. 이러한 분류는 자연스럽게 와해를 통해 민주화가 이루어지면 과거 청산이 용이한 반면에 타협을 통한 민주화는 과거 청산을 어렵게 만든다는 가설을 도출해 낸다. 와해를 통한 민주화의 경우에는 기존 권위주의 체제가 통제력을 상실해 스스로에 대한 안전장치를 마련하지 못한 채로 퇴각하기 때문에 민간 정부의 과거 청산이 용이하다는 것이며, 타협을 통한 민주화의 경우에는 군부가 완전히 물러나지 않은 상태이기 때문에 과거 청산이 어렵다는 가설을 세울 수 있는 것이다. 실제 '타협'으로 분류되는 칠레의 경우, 군부의 후견 하에 민주화를 진행했기 때문에 견고한 안전정치와 군부의 힘이라는 장벽에 막혀 과거 청산 작업은 민주화 초기부터 난항을 겪었다.

그런데 군부가 '와해'된 아르헨티나에서도 과거 청산에 실패한 이유는 무엇일까? 군부가 몰락하여 독재 시절의 인권침해에 대한 단죄가 이루어지는 듯했으나 여전한 군부의 위협과 메넴 등 민간 정권의 의지 부족으로 뜻을 이루지 못했기 때문이다.

결국 양국의 과거 청산은 국내에서 자율적인 해결의 실마리를 찾지 못한 채 국제화 과정을 거쳐 후일 다시 국내에서 청산이 시도되는 공통된 모습을 보였다. 이 장에서는 우선 국제화 이전인 1998년까지의 양국의 과거 청산 작업과 그 한계를 짚어 보도록 한다.

1. 칠레의 사례

피노체트는 자신의 재임에 신임을 묻는 1988년의 국민투표에서 패하자 다음 해의 대통령 선거를 약속대로 실시하였고, 중도좌파의 연합 후보였던 아일윈Patricio Aylwin이 군부와 우파를 대표한 비시Büshi를 물리치고 대통령에 당선되었다. 민주 세력의 관점에서 보면 이는 오랜 민주화 투쟁의 결과이자 독재 정권의 패배였지만 군부의 입장에선 엄연한 양보였다.

군부의 위상이 여전히 막강했고 '보호 민주주의'라는 방식으로 민주화가 진행되어서 피노체트에 대한 처벌이 국내에서 이루어지지 못했고 인권 문제의 해결은 진실 규명의 차원을 벗어나지 못했다. 칠레의 경우, 보호 민주주의를 구성하는 기본 바탕은 민간에 대한 군부의 우위 지속, 미래의 진실 규명 작업에 대비한 군부의 안전장치 마련이었다.

첫째, 최초의 안전장치는 1978년으로 거슬러 올라갈 수 있는데, 군사평의회Junta는 장래에 단행될지 모르는 군부에 대한 법적 대응을 원천적으로 봉쇄하기 위해 1973년부터 1978년의 기간 동안 군부가 저지른 인권침해에 대해 책임을 묻지 않는다는 내용의 포괄적인 사면법blanket amnesty을 제정하였다. 따라서 인권 탄압이 가장 심했던 이 기간 동안의 범죄는 법적인 처벌이 불가능했다.

둘째, 법적인 안전망에 더하여 정치적으로 군부가 선택한 안전장치는 우파를 정치권의 강력한 대항 세력으로 양성하는 것이었다. 이를 위해

상원의원 임명제를 도입하여 정족수의 3분의 1에 해당하는 상원의원을
피노체트가 임명하였고, 선거구당 2명의 의원을 선출하는 중선거구제를
법제화시켜 우파의 당선을 유리하게 하여 하원에서의 발언권을 제고시
켰다. 이는 전체 의석의 반 정도를 중도좌파의 콘세르타시온(Concertación,
집권연합)이 차지한다는 가정 하에 우파가 개헌 저지선인 3분의 1정도의
의석을 확보할 수 있다는 계산에서 나온 치밀한 전략이었다.

셋째, 군부의 우위와 실질적 영향력을 지속할 수 있는 제도적 장치를
만들어 두었다. 1980년의 헌법과 1989년의 「국군조직법」을 통해 어떠
한 후임자든 군부의 기득권을 침해하지 못하도록 했다. 예를 들면, 군부가
국가안전보장위원회Consejo Seguridad Nacional를 통해 주요 국가정책에
대해 거부권을 행사할 수 있도록 했고, 육·해·공군과 경찰군Carabineros
의 수장에 대한 대통령의 임면권을 제한했다. 이는 곧 헌법상 피노체트가
군 통수권자로 남아 있는 1998년까지 피노체트는 군부를 통해, 그 군부는
각종 제도와 정치권을 통해 민간 정부의 활동을 감시하고 군부에 도전하
는 권력 행사를 제한하고자 하는 포석에서 나온 조치라고 할 수 있다.
동시에 1989년의 「국군조직법」은 미래의 국방 예산이 1989년도보다
적게 책정되는 것을 금지했고 매년 국영동광회사CODELCO 순이익의
10퍼센트를 국방 예산으로 돌려야 한다는 점을 명시했다. 이는 풍부한
재정 확보를 통해 군부의 진정한 우월권을 공고화하려는 계산에서 나온
조치이다. 이상과 같은 모든 안전장치를 보호하는 최후의 보루는 바로
헌법이었고, 개헌 저지선을 확보할 만큼의 우파의 의회 진출이 어느
정도 보장된 상태에서 절차에 따른 헌법 개정은 불가능했다.

넷째, 피노체트 자신에 대한 철저한 보호조치도 잊지 않았다. 퇴임
직전의 개헌을 통해 1998년 3월까지 군 통수권자의 지위를 갖도록
하고 1998년 3월 이후에는 면책특권을 갖는 종신 상원의원으로 자신의
신분을 보장하였다. 정권은 넘겼지만 그는 여전히 군을 통솔하는 막강한

권력의 핵심으로 남아 있었던 것이다. 그리고 현직에서 물러난 다음에도 자신에 대한 단죄가 이루어지지 못하도록 면책특권을 미리 부여하는 치밀함을 보였다.

마지막으로, 이와 같은 법적·제도적 안전장치에 더하여 피노체트가 개인적으로 확보하고 있는 최후의 보루는 비밀경찰을 통해 작성해 놓은 정치인, 법조인들에 관한 개인별 비밀 파일들이다. 그는 자신과 군의 위상에 위협을 느낄 때마다 'X파일'의 존재를 암시하여 민간 정치인들을 암암리에 협박해 왔다.

그러나 놀랍게도 민주 정부는 이와 같은 어려움을 뚫고 과거 청산을 시도한다. 1988년 국민투표에서 예상을 뒤엎고 피노체트가 패하자 기독교민주당DC과 사회당PSCh을 위시한 중도 정당과 좌파 정당의 연합체인 콘세르타시온은 힘을 얻었고 이듬해의 대통령 선거 실시 이전에 민주화 개혁에 관해 군부와의 협상에 돌입했다. 협상의 골자는 상원의원의 수를 늘려 피노체트가 지명한 의원의 비율이 5분의 1을 넘지 못하게 한 것, 국가안전보장회의에서 군인의 수가 절대다수를 이루지 못하게 한 것, 동시에 동 회의의 권한과 기능을 축소하여 자문 기구로 만든 것이다. 또한 헌법 개정을 위한 찬성율도 3분의 2에서 5분의 3으로 축소되었다. 그러나 나머지 안전장치의 핵심은 군부의 뜻대로 보존되었다. 따라서 군부의 안전장치를 완전히 제거할 수 없었기에 민주화된 시점에서도 대통령의 권한 행사나 (헌)법 개정, 그리고 집권 세력이 취할 수 있는 과거 청산 및 민주화와 관련된 정책은 여전히 제한을 받을 수밖에 없었다. 사실 콘세르타시온은 1989년의 상원 선거에서 22대 16으로 우파에게 승리하였지만, 피노체트가 지명한 8명의 상원의원 탓에 오히려 22대 24로 열세에 몰리게 되었다. 결국 헌법 개정은 우파의 힘이 지속되는 한 불가능하였고 오랜 시간이 지난 2005년 9월에야 이루어지게 되었다. 공포된 새 '민주헌법'은 퇴역 군인과 경찰 수뇌부에게 할당됐던 4석을 포함해 임명직 상원의원 9개 의석을 없애는 등 과거의 독소 조항을 모두 없앴다.

또한 아일윈 행정부는 군부의 권한 축소를 위해 노력했다. 그 대표적인 사례가 1990년 피노체트 장군이 제청한 군 고위 장성의 인사와 승진에 대통령이 거부권을 행사한 사건이다. 이 사건은 군 수뇌부의 구성에 대통령도 어느 정도 관여할 수 있는 가능성을 열어 준 계기가 되었다. 아일윈 시절 가장 주목해야 할 활동은 1990년과 91년 동안 칠레를 흥분시켰던 레틱 위원회Rettig Commission[1]의 보고서이다. 보고서는 인권 탄압의 원인들을 분석하였고, 개별 사례들을 기술하면서 정보기관, 군, 사법부의 행태를 낱낱이 파헤쳤다. 피해자에 대한 보상과 권리 회복의 차원에서 사망자와 실종자의 가족에게 각종 사회보장 혜택을 부여할 것도 명시하였다. 또한 이와 같은 범죄가 다시 발생하지 않도록 실종자에 관한 업무를 전담하는 공공 기관의 설치를 주장하기도 했다. 그러나 정부가 이 보고서에 따라 인권침해 사범을 기소하거나 특단의 조치를 취한 것은 아니다. 아일윈 대통령이 이 보고서를 손에 들고 텔레비전에 출현해 가장 강조한 부분은 관련자에 대한 '처벌'이 아닌 '용서와 화합'이었다. 관련자 처벌을 통한 '정의 확립'에 있어 정부 차원의 대처는 지극히 미비했다. 한 예로 민주화 시기의 처음 5년 동안 단 한명의 고위 장교도 기소되지 않았다는 사실을 들 수 있다. 인권 문제에 관한 재판이 군사법원을 거치지 않고 통상의 법원에서 신속하게 이루어지도록 하는 개혁이 시도되었지만 별 성과를 거두지 못했다. 무엇보다도 인권 문제를 담당한 판사들이 군부의 눈치를 보느라 관련 군인들의 소환을 꺼렸기 때문이다.

---

1) 위원회의 위원장이었던 레틱Raúl Rettig의 이름을 따서 일반적으로 이렇게 불렸으며, 정식 명칭은 진실화해위원회Comisión Nacional de Verdad y Reconciliación이다.

아일윈의 뒤를 이어 1994년에 대통령에 오른 프레이Eduardo Frei Ruiz-Tagle는 칠레 역사상 가장 싱거운 선거를 통해 당선되었다. 무려 58퍼센트라는 전폭적 지지는 군부에 대한 민간 정부의 위상을 높일 수 있는 계기가 되었다. 그 첫 번째 시도로 프레이 정부는 상원의원 임명제의 폐지와 국가안전보장위원회의 재구성을 골자로 하는 헌법 개정안을 1995년에 의회에 상정하였다. 여당은 군사정부와의 단절을 꾀하고 있던 중도우파의 국가개혁당Renovación Nacional과 손을 잡는 데 성공하여 개헌안은 통과되는 듯 했다. 그러나 중선거구제를 존속시켜야 자신들에게 유리한 일곱 명의 국가개혁당 소속 의원들이 극우파인 민주독립연합Unión Democrática Independiente과 손을 잡는 바람에 개헌안은 통과되지 못했다. 개헌 실패는 역으로 우파를 결속시키는 결과를 낳아 그 이듬해에 다시 상정된 개헌안도 부결되었다. 이와 같이 아일윈과 프레이, 두 민간 정부는 군부의 제도적 유산을 타파하고자 부단한 노력을 기울였지만 견고한 안전장치의 테두리를 벗어날 수 없는 한계를 보였고 따라서 과거 청산 작업도 한계를 보일 수밖에 없었다.

　이상에서 살펴본 바와 같이 칠레에서는 과거 청산 노력은 있었지만 그 성과에 있어서는 분명한 한계를 드러냈고 몸통 격인 피노체트의 처벌은 요원해 보였다. 이러한 시점에서 1998년 런던에서의 피노체트 체포 사건은 칠레의 과거 청산에 있어 결정적인 전환점을 제공하였다.

2. 아르헨티나의 사례

비델라Videla 등이 주축이 된 아르헨티나의 군부는 1976년 쿠데타를 일으켜 군사독재 시대를 열었다. 그 후 1983년 12월 알폰신Raúl Ricardo Alfonsín 대통령의 민간 정부가 들어설 때까지 7년 동안 군사정권은 민간인에 대한 살해, 투옥, 고문, 강제 추방 등 반인륜적 범죄를 저질렀다.

정부의 공식 발표에 따르면 약 10,000명이 사망하거나 실종되었지만, 인권 단체들은 30,000명 이상의 국민들이 목숨을 잃었거나 행방불명되었다고 주장하고 있다. 또 많은 지식인들이 생명의 위협을 느껴서 본의 아니게 국외로 망명을 떠났는데, 약 만 명에서 5만 명에 이르는 아르헨티나 반체제 인사가 외국을 떠돌다가 일부는 도착지에 정착하고 다른 많은 사람들은 망명지에서 죽거나 고통스러운 나날을 보냈다.

그러던 가운데 아르헨티나의 군부는 1980년대 초의 경제 위기와 포클랜드/말비나스 전쟁에서의 참패로 인해 하루아침에 몰락했고, 1983년 10월 선거에서 집권한 알폰신은 인권 문제 해결에 대한 자율적 지위를 확보하게 되었다. 그는 취임사에서 군부 권위주의 체제하에서의 실종자 문제 처리와 인권 탄압에 대한 엄정한 처벌을 통해 완전한 민주주의 회복을 약속하였다. 취임 직후 알폰신은 군부가 만들어 놓은 '자동 사면법'을 폐기하고 대통령 직속으로 실종자국가위원회CONADEP를 설치하여 군부 통치 기간 동안 일어난 일들의 진상에 대한 조사에 착수했다. 저명한 지식인이자 작가인 사바토Ernesto Sábato가 위원장이었던 실종자국가위원회는 모든 사법기관에 합법적으로 접근할 수 있었고, 필요한 경우 경찰력의 지원을 받을 수 있는 독립적인 권한을 부여 받았다. 인권 단체와 희생자 가족들의 자발적인 도움도 전국에서 답지하였다.

이듬해 그 결과물로 발표된 보고서가 바로 '절대 다시는 안 된다'라는 뜻의 『눈카 마스Nunca Más』였다. 약 5만 여 페이지에 달하는 이 보고서는 실종자 8,960명의 명단과 약 340곳의 비밀 지하 감옥 등 수용 시설의 위치와 실상이 자세히 수록되어 있는 의미 있는 성과물이다. 동시에 알폰신은 군부에 대한 직접 통제에 나섰다. 국방부 장관에 민간인을 임명하고, 국가보안법을 개정하여 군부가 국내문제에 개입할 수 없게 했고, 대통령이 총사령관으로서 군부를 지휘하고 통솔하도록 했다. 또한 장군 정원을 60명에서 25명으로 축소했고, 고위급 장교들을 조기에 전역시키고 젊은 장교들을 중용하였다.

　무엇보다도 알폰신 정부의 가장 큰 공적은 공개재판을 통해 9인의 군사정부 지도자들을 기소하고 처벌한 것이다. 1985년 아르헨티나 연방 법원은 전 대통령 비델라와 전 해군 참모총장 마세라Masera에게는 종신형을, 비올라 전 대통령에게는 징역 17년을 선고하였다. 반면 4명에게는 무죄가 선고되었다.

　애석하게도 알폰신 정권의 과거 청산 노력은 여기까지였다. 그는 1986년 12월에 "60일 이내에 모든 군정 관련자들에 대한 기소를 마무리한다."'는 내용을 골자로 하는 「기소 중지법Ley de Punto Final」을 제정하였고, 1987년 6월에는 중하급 장교들은 단지 명령에 따랐을 뿐이라며 기소 대상에서 제외시켜 주는 「복종 의무법Ley de Obediencia Debida」을 통과시켰다. 이에 따라 인권 탄압 장교들에 대한 기소는 중지되었다. 동시에 군에 대한 처우 개선을 시도하는 등 군부에게 타협안을 내놓기 시작했다. 민주 정부 초기의 강력한 인권 정책 노력이 물거품이 된 것이다. 그렇다면 군부의 와해로 인해 과거 청산이 쉬웠을 법한 아르헨티나에서 이러한 노력에 제동이 걸린 이유는 무엇인가?

　첫째, 야당인 정의당과 의회, 사법부 등 보수파의 조직적인 반발이 있었다. 대선 과정에서 군부와 타협적인 태도를 보인 정의당은 알폰신의 과감한 인권 문제 해결 방식이 오히려 군부를 자극하여 재등장을 초래함으로써 민주주의가 위협받는 상황이 될지 모른다고 경고하면서 관련자의 사법 처리에 반대하였다. 정의당이 다수를 차지하던 의회는 군인에 대한 형사재판권은 오직 군사법원에 귀속한다는 법을 제정하면서 인권 문제의 해결을 더욱 어렵게 만들기도 하였다. 실종자국가위원회의 보고서를 통해 구체적인 증거가 드러났지만 1984년 재판에 회부된 9인의 군정 지도자들에 대해 군사법원은 무죄를 선고했다. 다행스럽게 알폰신은 여론의 도움으로 연방법원으로 이 사건을 이관해 처리할 수 있었다.

둘째, 군부의 실질적 반발에 직면했다. 알폰신의 적극적인 진실 규명 작업으로 2천 명이 넘는 하급 장교들의 범행까지 드러나자, 기소의 위협을 느낀 이들이 집단적으로 반발하고 나선 것이다. 결정적으로 하급 장교들이 주축이 된 군부 쿠데타 때문에 알폰신 대통령은 물러서게 되었다.

셋째, 경제 안정화 정책도 실패하고 급속한 인플레로 경제 위기가 심각해지자 정치적 지지 기반도 매우 약해졌다. 과거 청산을 지속할 여력이 없었던 것이다.

그러나 더 큰 문제점은 1989년에 들어선 카를로스 메넴Carlos Menem 정권에 있었다. 그는 두 차례의 대규모 사면으로 과거 인권유린의 책임이 있는 군인들과 민주화 시대에 네 차례나 반란을 일으킨 군인들을 석방하여 그나마 어느 정도 진행해 놓았던 과거 청산 작업을 완전히 종결지었다. 이는 여전히 군부의 조직적인 반발과 쿠데타 위협이 있었기 때문에 사회 안정을 유지하기 위한 불가피한 선택이었는지도 모른다. 그러나 알폰신과는 달리 메넴은 기본적으로 적극적인 청산 의지가 결여된 정치인이었다.

이상에서 본 바와 같이 양국의 과거 청산 작업은 민주화의 형태와 상관없이 현실적인 한계에 부딪혀 제대로 이루어지지 못했다. 결국 스페인의 사법부가 활발한 조사 활동을 전개하고, 1998년에 피노체트가 체포되면서 과거 청산은 새로운 전기를 맞이했다.

Ⅲ. 과거 청산의 국제화

1. 가르손과 가르시아-카스테욘의 노력

인권 문제는 고도의 정치적인 사안으로 인식되기 때문에 국가는 인권침해 사범에 대한 타국 인도나 국제적 공조 수사에 적극적인 자세를 보이지 않는 경향이 있다. 국가 간 협력이 비교적 잘 이루어지는 마약이나 테러 같은 사안과는 매우 대조적이다. 외교 갈등을 불러올 가능성이 있는 인권 문제에 대해서 국가 간 협조를 기대하기는 매우 어렵다. 그렇지만 스페인 법원에서 피노체트 체포 영장이 발부되어 영국이 이를 집행한 사건은 인권 문제에 대한 국제적 해결에 있어 하나의 전기를 마련한 기회였고, 그 이면에는 가르손 판사와 가르시아-카스테욘 판사의 노력이 있었다.

1996년부터 가르손은 아르헨티나의 '추악한 전쟁' 시기(1976~1983)에 실종되었던 스페인 국민에 대해 관심을 갖기 시작했다. 철저한 조사 활동을 거쳐 1997년에는 아르헨티나의 전 대통령이자 군부 독재자들에 대한 체포 영장을 발부했다. 비록 실제적인 효과는 없었지만 이와 같은 움직임은 과거의 독재자들이 해외여행을 할 경우 체포될 수도 있음을 경고하였다. 실제 그는 전직 아르헨티나 해군 장교 아돌포 실링고Adolfo Scilingo를 스페인 여행 중이었을 때 체포하였다. 실링고는 아르헨티나의 군부가 수감자들을 비행기에서 떨어뜨려 수장시킨 사실을 처음으로 자백했으며(Tizon 1999), 동시에 아르헨티나의 '추악한 전쟁' 기간 중에 자행된 인권침해로 해외에서 재판을 받은 최초의 가해자이기도 하다. (2005년에 재판을 받은 실링고는 총 640년의 징역을 선고받았다.) 가르손은 아르헨티나 독재 정부의 인권 탄압이 나치의 범죄에 버금갈 정도로 중대한 범죄임을 강조하고 스페인은 국제법에 따라 이들을 기소할 수 있다고 주장하여 철저한 조사에 들어갔다. 1998년에는 아르헨티나 군부가 비밀리에 가지고 있던 스위스은행의 계좌를 찾아내기도 하였다.

다른 한편 가르손의 동료 판사인 가르시아-카스테욘은 피노체트 독재 시절 칠레에서 사라진 스페인 국적자 100여 명의 행방을 추적하고 있었다. 특히 군부 통치 시절 남미 각국 정보기관의 공동 작전인 '콘도르 작전Operación Condor'으로 인해 다수의 사람들이 이웃 나라에서 실종된 사실을 발견하였다.

'콘도르'는 권위주의 시절 각국 정보기관의 비밀 협조 조직으로서 타국으로 도망간 반체제 인사를 잡아들여 인도하는 역할을 하였다. 이런 상황에서 고문과 살해 등 광범위한 인권침해가 일어났음은 물론이다. 콘도르 작전에는 칠레를 비롯하여 아르헨티나, 볼리비아, 브라질, 우루과이, 파라과이 등이 참가하였고 피노체트가 이를 주도하였다. 특히 그는 자신의 통치에 반대하는 반체제 인사들을 주변국까지 쫓아가 보복하였다. 1974년 아르헨티나에 망명 중이던 프랏Prat장군이 부에노스아이레스에서 차량 폭발로 살해되었으며, 1976년에는 레텔리에르Orlando Letelier 전 주미 칠레 대사가 미국에서 암살되었다. 이와 같은 작전은 칠레 정보부가 주도했지만 현지 공권력의 비호 없이는 진행하기 어렵다는 점에서, 콘도르 작전의 실체에 대해 세상은 궁금해 하고 있었다. 1998년 초, 가르시아-카스테욘은 워싱턴을 방문하여 미국-스페인의 「사법정보 교환 협정」(1990)에 따라 연방수사국FBI에 콘도르 작전에 대한 비밀 파일을 넘겨줄 것을 요청했다. 그러나 그가 미국에서 넘겨받은 자료 대부분은 이미 알고 있던 내용이었다. 반면 미국의 중앙정보국CIA 쪽의 자료는 거의 받지 못했다. 사실 1970년대 중반 칠레정보국DINA과 긴밀한 협조를 유지한 곳은 미국의 중앙정보국이었는데, 정작 미국의 중앙정보국은 콘도르 작전에 대해 한 번도 밝힌 적이 없다. 위 의문에 대한 해답은 쉽게 찾기 힘들 것이다.

칠레와 아르헨티나의 사례에 대한 조사에는 실종자나 사망자의 가족의 제보가 결정적인 역할을 하였다. 아르헨티나의 경우 조사를 시작했을 당시 스페인 국적 피해자가 10명 미만이었지만 스페인계 후손과 가족을 포함하여 600명 이상으로 늘었고, 칠레의 경우 초기의 7명이 100여명으로 늘어났다.

다른 한편, 칠레 아옌데 대통령의 보좌관 출신인 후안 가르세스Juan Garcés 검사는 1996년에 피노체트를 스페인 법원에 기소하였다. 그의 노력은 실질적 효과는 없었지만, 반대파를 없애기 위한 칠레 군부의 암살 작전인 '죽음의 암살단Caravan of Death'에 대한 생생한 정보를 축적함으로써 후일 가르손의 기소에 중요한 바탕을 마련하였다.

가르시아-카스테욘은 레텔리에르 암살 작전을 주도한 혐의로 칠레에서 실형을 선고받고 복역 중인 마누엘 콘트레라스Manuel Contreras 전 칠레정보국 국장도 면담했다. 콘트레라스는 칠레 정부의 고위층이 자신의 작전을 승인했다면서 진짜 칠레정보국의 수장을 칠레 재판정에 세울 생각이라면 "자신을 세우지 말았어야 했다"고 주장했다(Tizon 1999). 콘트레라스는 사면을 기대하며, 피노체트와 칠레정보국과의 관계라든가 각종 테러를 그가 직접 사주한 정황 등을 생생하게 증언하였다. 가르시아-카스테욘은 인권 범죄에 대한 책임을 물어 피노체트를 기소하기에 충분한 증거라고 생각했다. 그러나 문제는 피노체트가 1990년 정권을 물려주기 전에 자신에 대한 면책권을 만들어 칠레에서 보호받고 있다는 점이었다.

칠레에서 피노체트에 대한 처벌이 불가능하다면 유일한 방법은 그가 해외여행 중일 때 법의 심판을 받게 하는 것이었다. 피노체트에게 사면을 부여한 칠레의 국내법은 해외에서는 적용되지 않기 때문이다. 그러던 가운데 기회가 찾아왔다. 피노체트가 디스크 치료를 위해 유럽의 병원을 물색하기 시작한 것이다. 프랑스는 피노체트의 치료를 거부했지만 영국은 비자를 발급했다. 이 소식을 들은 스페인의 좌파 정당은 그를 '콘도르 작전'의 몸통으로 지목하여 고발하였다. 또한 희생자 가족을 중심으로 하여 피노체트를 집단살해, 테러, 고문 등을 자행한 범인으로 지목하고 체포를 요청하였다.

피노체트를 잡으려면 영향력 있는 사람이 필요했고 '슈퍼 판사'인 발타사르 가르손이 적임자였다. 게다가 콘도르 작전에 아르헨티나가 깊이 관여되어 있기 때문에 가르손은 이미 매우 큰 관심을 가지고 조사하고 있었다. 사건의 단일화를 위해 가르시아-카스테욘은 사건을 가르손에게 넘겼다. 이렇게 하여 아르헨티나와 칠레의 케이스는 모두 가르손 판사의 관할 하에 놓이게 되었다. 가르손 판사는 10월 16일에 피노체트에 대한 국제 체포 영장을 발부하였고, 영국-스페인 간의 조약에 따라 범죄인 인도를 요청하였다. 영장은 인터폴이 런던지방법원에 전달하였고, 법원은 즉시 피노체트에 대한 임시 체포 영장을 발부하였다. 런던의 개인 병원에서 허리 디스크 수술을 받던 피노체트는 결국 체포되었다. 가르손은 일주일 뒤에 고문, 납치 및 살인 교사 등의 혐의를 자세히 밝힌 두 번째 영장을 발부하였다. 특히 두 번째 영장에는 범죄인 인도를 염두에 두고 스페인인, 이탈리아인, 프랑스인들에 대한 인권침해 사례를 밝히는 데 주력했다. (Rothenberg 202, 934~6)[2]

---

2) 부패한 정치인, 마약 조직 두목, 불법 무기 거래상 등을 용기 있게 법정에 세운 것으로 유명한 가르손 판사는 스페인에서 '슈퍼 판사'로 통한다. 그는 고집스러울 정도로 법치주의에 집착하는 법조인으로 알려져 있다가, 피노체트 사건으로 인해 일약 세계적인 인물로 부상하였다. 가르손 판사는 젊었을 때부터 개성 있는 인물이었다. 신학교 졸업을 하루 앞둔 날 지금은 부인이 된 한 여학생 숙소의 창문 밖에서 세레나데를 부르며 구애를 했다는 이유로 학교에서 쫓겨났다. 그 후 주유소에서 일하면서 로스쿨을 간신히 마칠 수 있었다. 가르손은 32살에 마약, 위폐, 테러 등을 전문적으로 다루는 스페인의 특수고등법원Audiencia Nacional 판사가 되어 조직범죄에 대한 강력한 대응으로 주목을 받기 시작한다. 그가 마약 조직 소탕에 성과를 보이는

2. 스페인 내부의 갈등구조

스페인 법은 범죄인에 대한 결석재판을 인정하고 있지 않기 때문에, 피노체트가 없는 상황에서 재판이 진행되기는 쉽지 않을 것으로 보였다. 그러나 일단 담당 판사의 철저한 조사에 힘입어 국제적인 주목을 받게 되었고, 따라서 인권침해 사건의 초국가적인 해법에 대한 법리 논쟁(다음 장 참조)이 활발하게 일어났다. 시민사회도 적극 참여하여 시민행동acción popular이라는 단체를 결성하고 정치적으로 민감한 사안에 대해 법률적인 자문 활동을 벌였다. 특히 스페인의 사회주의자 호세 보렐은 "피노체트 사건은 유럽이 인권을 위해 싸울 자세가 되어 있음을 보여 줄 수 있는 역사적인 기회다. 우리가 피노체트 체포를 포기하면 앞으로 밀로셰비치 같은 인물을 과연 재판정에 세울 수 있겠는가?"라고 협력을 강조하기도 하였다.

　반면 스페인 행정부는 사법부가 적극적으로 수사하고 있는 아르헨티

등 스타로 부상하자 당시 스페인의 수상이던 사회당의 펠리페 곤잘레스 수상은 정치권에 그를 영입하여 마약전의 책임자로 임명했다. 그러나 정부의 부패와 비효율에 염증을 느낀 가르손은 다시 특수고등법원으로 돌아왔다. 대테러전과 국가 안보와 관련한 분야까지 영역을 넓힌 그는 바스크 테러리스트의 수사 과정에서 정부가 주도한 '암살단'의 존재와 테러 피의자에 대한 고문이 있었음을 밝혀내어 바스크 분리주의 운동을 향한 스페인 정부의 '추악한 전쟁'의 실체를 밝혔다. 그 결과, 전 내무장관 호세 바리오누에보 José Barrionuevo가 기소되었고, 이는 곤잘레스 14년 집권에 종지부를 찍는 계기가 되었다. 그렇다고 해서 가르손이 바스크 분리주의를 옹호한 것은 아니었다. 다른 한편으로 그는 테러리즘을 조장하는 바스크의 지역 신문을 폐간하는 조치를 내리기도 하였다. (Rothenberg 2002, 926.) 가르손은 스페인에서 대중적 인기도 누리지만, 항상 협박과 암살의 위협에 시달려 어디를 가던 삼엄한 경호를 받아야 한다. 그의 행보를 보면, 그가 특정 정파나 이념에 구속되지 않으며 오로지 진실과 정의의 원칙에 따라 행동하며 법을 위반하는 사례에 대해서 단호하게 대처하는 법조인임을 알 수 있다.

나와 칠레의 인권침해 사건에 대해 불편한 심기를 노출하였다. 1998년 스페인의 검찰총장은 아르헨티나의 범죄가 스페인 영토에서 발생한 것이 아니고 스페인 국민에 의해 자행된 것이 아니기 때문에 자국 법원에 관할권이 없다는 성명을 발표하였고, 당시 관련국들이 비상시국이어서 집단살해genocide 죄를 적용하기 매우 어렵다는 입장도 피력했다. 그러나 1998년 5월과 9월에 대법원은 아르헨티나와 칠레의 사례가 스페인에게 관할권이 있다고 최종적으로 판결하였다. 그렇다면 스페인 행정부와 사법부 간에 이견이 발생한 원인은 무엇일까?

스페인은 과거 청산 및 독재자 처리에 있어 어두운 기억을 갖고 있다. 스페인 정부에게는 1970년대의 원활한 민주화 이행을 위해 프랑코 지배 기간 동안 악행을 저지른 정부 관료들을 사면한 전력이 있다. 가르손의 행보를 가장 강하게 비판한 사람들은 바로 과거 프랑코 시대에 공직에 있었던 인사들이었다. 또한 일부 스페인 사업가들은 아르헨티나와 칠레의 내정(즉, 과거 청산 작업)에 스페인이 관여해서는 안 된다고 주장했다. 표면적 이유는 피노체트를 처벌하려다가 아르헨티나와 칠레의 민주화가 악영향을 받을 수 있다는 것이었지만, 실상은 자신들의 남미 사업이 피해를 입을 가능성에 대해 걱정한 것이다. 프랑코 시대 때 장관을 지냈으며 칠레에 20억 달러를 투자하고 있었던 사업가 마르틴 비야Martin Billa는 가르손의 행동이 불공평할 뿐 아니라 비현실적이라며 이렇게 말했다. "법관들은 세상에 종말이 와도 정의를 따져야 되고 또 따질 수 있을지 모르지만, 나머지 사람들은 세상의 종말을 피하기 위해 무엇이든 해야 하고 또 할 수 있다."

그렇지만 스페인의 유력 신문 『엘 문도El Mundo』와 『엘 파이스El Paǐs』의 여론조사에 따르면 국민의 70~80퍼센트가 피노체트를 스페인에서 처벌하는 것에 대해 찬성하고 있었다. 또한 이를 계기로 스페인 국민들이 자국의 사법 체제에 대해 느끼는 자긍심이 높아진 것으로 조사되었다.

3. 영국 법원의 심리

피노체트 체포는 사상 초유의 사건이다. 전직 국가원수가 자신의 영토에서 벌어진 인권침해 사건에 대해 타국에서 체포되어 제삼국으로의 송환을 기다리는 것은 세계사에서 선례가 없다. 또한 대부분의 사건이 발생한 지 10년 이상이 경과하였고, 피노체트 자신이 직접 살해하는 등 물리적으로 관여한 사건이 아니기 때문에 그가 체포된 사실은 의외로 받아들여질 수밖에 없었다.

피노체트가 체포되자 그의 변호사들도 발 빠르게 대응하였다. 영국법에 따르면 인도될 만한 범죄를 저지른 피의자를 체포하여 인도할 수 있다. 피노체의 변호인들은 범죄인이 제삼국에서의 범죄에 대해 모국(이 경우 스페인이 아닌 칠레)이 요청할 경우이거나 영국 내에서 저지른 범죄에 대해 제삼국인을 인도할 수 있다고 명시한 영국 법의 조항을 들어 피노체트를 스페인으로 송환할 수 없음을 강조하였다. 또한 국가원수로서 재임 중의 행위에 대한 면책특권을 갖는다고 주장하였다. 일반적으로 현직 외교관이나 국가원수는 타국에서 면책특권을 인정받으며 영국 법도 퇴직 외교관(국가원수 포함)이 공무 수행을 위해 영국을 방문한 경우에는 면책특권을 인정하기 때문이다. 이에 칠레 정부는 피노체트가 종신 상원의원으로서 대통령의 특명전권대사를 겸하고 있기 때문에 외교관 면책특권이 있다고 주장했으나, 영국 정부는 면책특권이 영국을 방문하는 공직자나 신임장을 제정한 외교관에 한한다고 응수하였다. 따라서 영국에서의 심리는 피노체트가 면책특권을 갖는지 아닌지에 집중되었다.

제1차 심리를 담당한 영국 고등법원은 체포영장에 대한 변호사들의 항소에 관련 법을 검토하고 두 건의 체포영장을 심의하였다. 첫 번째 영장은 제삼국 영토에서 벌어진 제삼국인 살해 사건은 영국 법이 명시한 범죄인 인도 조건을 충족시키지 못한다고 기각하였고, 인도할 만한 범죄를 저질렀는지 아닌지가 중요했던 두 번째 영장도 피노체트가 전직 국가원수이므로 면책특권을 인정하여 기각하였다. 고등법원은 피노체트의 손을 들어 주었지만, 영국 검찰이 스페인 사법부를 대신하여 항소할 수 있는 권리를 인정하여 스페인 인도 여부에 관한 심리는 계속 진행되었다. 일단 피노체트는 구금 상태에서 풀려나 런던 근교의 요양원으로 옮겨갈 수 있었지만, 법원은 대법원의 최종 결정이 있을 때까지 출국 금지를 명령하였다.

제2차 심리는 영국의 대법원 격인 상원에서 열렸다. 사건이 정치색이 짙은 상원으로 넘어가자 국내외적인 관심이 더욱 고조되었다. 대처 전 수상은 포클랜드/말비나스 전쟁 당시 영국의 우방이었던 칠레의 대통령을 이렇게 대접하느냐고 비난을 쏟아 내었다. 보수 언론인 찰스 크라우트해머Charles Krauthammer는 피노체트의 체포가 "위선과 자의적인 정의selective justice를 한층 가중시키는 일이며 유럽 좌파들이 스스로에게 위안거리를 주기 위해 저지른 시도"라고 비난했다. 또 다른 피노체트 지지자인 윌리엄 F. 버클리는 "피델 카스트로의 깃발을 휘두르며 칠레를 더럽힌 아옌데 대통령을 축출한 군 지도자에 대한 악의적인 처사"라고 비난했다.

11월 25일, 상원은 3대 2의 결정으로 원심을 파기하고 피노체트에게는 면책특권이 없음을 결정하였다. 쟁점은 피노체트가 국가원수로서 면책특권을 누릴 수 있느냐 없느냐가 아니고, 보편적 관할권의 대상인 테러, 고문, 집단살해 등의 인권침해 범죄가 국가원수라 할지라도 면책대상이냐는 것이었다. 아무리 파렴치한 죄를 저질렀어도 국가원수라는 이유로 면책특권을 부여해야 하는 것이냐는 점이 집중적으로 논의되었던 것이다. 면책이 안 된다는 의견이 우세하였고, 그 근거는 국제적 인권 보호의 기본 원칙에 어긋난다는 것이었다. 이때 예상치 못한 상황이 발생하였다. 피노체트의 변호인단 측에서 상원의원 중의 한 명이 국제사면위원회와 깊은 관련이 있다는 이유로 심리 무효를 주장한 것이다. 상원은 이를 받아들여 재심을 소집하였다.

그런 가운데 12월 1일, 피노체트를 더욱 곤란에 빠트리는 일이 발생한다. 미국의 클린턴 행정부가 미국의 국가 안보보다 인권 보호가 더 우선한다면서 가르손에게 도움이 될 수도 있는 극비 문서를 공개하겠다고 발표한 것이다. 클린턴 행정부의 이 같은 결정에 대해 전직 중앙정보국 관료는 '벌레가 들어있는 통'의 뚜껑을 여는 것과 같다고 불평했다. 미국의 보수파는 공개된 문서 때문에 1970년대 초 닉슨 대통령의 대對칠레 정책을 총괄한 헨리 키신저 국무장관을 비롯해 고위층 인사들에게 불똥이 튀지 않을까 걱정했다. 특히 1976년에 레텔리에르의 차량을 폭파시킨 칠레정보국 요원이 워싱턴에 잠입한 당시에 중앙정보국 국장이었던 아버지 부시 대통령도 곤란해 질 수 있었다.3)

1999년 3월 24일, 영국 상원은 6 대 1의 압도적인 표 차이로 피노체트에게 면책특권이 해당되지 않음을 확인하였다. 동시에 상원은 가르손이 기소한 32개의 죄목 중에서 대부분인 29개를 기각하였는데, 영국 법에 따르면 1988년 이후에 벌어진 고문 범죄에 대해서만 타국에 인도할 수 있다는 판단 때문이었다. 피노체트에게 그리 불리하지 않은 결정도 내린 셈이었다. 그렇지만 10월 초에 법원은 법적, 절차상의 문제가 없으므로 피노체트가 스페인으로 인도될 수 있다고 최종 판결을 내렸다.

---

3) 피노체트 사건에 대한 미국의 공식적 대응은 거의 없었다. 민간단체를 중심으로 의견을 내는 정도였다. 예를 들면 아메리카변호사협회는, 제2차 대전 후 뉘렌베르그나 도쿄 재판 때부터 국가원수는 임기 중의 범죄행위로 인해 심판 받았으며 면책특권은 국가와 관련되어 전용되지 개인에게 적용되는 것이 아니라는 요지의 성명을 발표하였다.

이에 칠레 정부는 10월 중순에 영국 정부에게 인도주의적 차원에서 피노체트를 송환한 것을 공식적으로 요청하였다. 2000년 1월, 피노체트는 7시간에 걸쳐 정밀 건강진단을 받았다. 검사 결과는 외부에 공개되지 않았지만, 뇌 손상이 있어 더 이상 심리나 재판을 진행하기 어렵기 때문에 칠레로 돌려보낼 것이라는 소문이 무성했다. 이와 같은 소문에 유럽 주변국들은 매우 민감하게 반응하였다. 특히 벨기에는 영국을 국제사법재판소에 제소하겠다고 강력하게 항의하였다. 사실 프랑스, 스위스, 덴마크, 벨기에, 이탈리아, 독일, 노르웨이, 룩셈부르크 등 유럽 국가들은 가르손을 지지했으며, 각각 피노체트를 기소하는 등 그 나름의 법적 대응을 진행하고 있었다. 상당수 유럽인들이 피노체트 사건을 나치와 같은 전체주의에 대항하는 행위의 하나의 사례로 여겼기 때문이었다. 가르손의 영장이 발부되고 체포가 단행되자 유럽 의회도 바로 지지안을 통과시킨 바 있다.

그렇지만 영국 정부는 피노체트의 칠레 송환을 결정하였다. 마침내 3월 3일, 피노체트는 칠레 정부가 보낸 전용기를 타고 귀국하였고, 도착하자마자 휠체어에서 벌떡 일어나 지팡이를 하늘로 던져 버리고 영접 나온 군 간부들을 치하하는 모습을 보여 주었다.

IV. 보편적 관할권과 그 효과

최초에 칠레와 아르헨티나의 가해자들을 기소하면서 스페인 법원이 언급한 피해자는 스페인 국민에 국한되었다. 말하자면 수동적 속인주의(또는 피해자 국적 원칙, jurisdiction of passive personality)가 적용되었는데, 이는 국가가 '자국민을 대상으로 한 외국인의 외국에서의 일정 행위를 범죄로 규정하고 그에 대해 형사 관할권을 행사할 수 있는 권리'이다.

　　그러나 그 이후 스페인 국적자 이외의 피해자에 대한 공소가 추가되기 시작하자 '보편적 관할권'의 범주로 넘어가게 되었다. '국제적으로 비난의 대상이 되고 범세계적으로 위법성이 인정되는 행위에 대해 범법 행위의 국제적 공동 제재 방안의 일환으로, 그러한 범법자를 수중에 두고 있는 어떤 국가도 그들에 대한 관할권을 행사할 수 있다.'는 것이 그 논리이다. 국제법상 보편적 관할권의 범주에 드는 범죄가 무엇인가에 대해서는 논란이 있다. 우선 유엔의 국제법위원회(International Law Commission)가 1996년 발표한 「평화와 인류에 대한 죄에 관한 법전 초안Draft Code of Crimes against the Peace and Security of Mankind」에 따르면 집단살해, 반인륜적 범죄, 유엔 및 그 직원에 대한 범죄, 전쟁범죄 등이 보편적 관할권의 대상에 포함된다. 집단살해의 경우, 1948년 유엔이 결의한 「집단살해방지협약Genocide Convention」은 범인에 대한 관할을 집단살해가 벌어진 국가의 사법기관이나 국제 사법기관에 부여하고 있으며, 제삼국 법원의 관할권은 명시하지 않고 있다. 경험적으로 보면 대개 관할권은 국가의 사법 체계가 어떻게 정비되어 있느냐에 달려 있다. 보스니아 전범 재판의 경우, 독일 법원은 보스니아에서 행해진 무슬림에 대한 집단살해 혐의로 보스니아-세르비아인을 법정에 세운 바 있으나, 호주나 스위스 법원은 국내법이 미비하다는 이유로 관할권을 포기한 선례가 있다.

　　국제형사재판소International Criminal Court(ICC)의 「로마규정Rome Statute」에 따르면, 반인륜적 범죄란 민간을 대상으로 의도적으로 행한 체계적인 살인, 말살extermination, 노예화, 추방, 투옥, 고문, 성폭행, 박해, 강제 이주, 인종차별 등을 뜻한다. 이 규정은 제삼국이 갖는 보편적 관할권에 대한 언급하지 않으나, 국제관습법에 의해 그러한 관할권을 인정하는 것으로 해석하는 사례는 있다. 예를 들면 벨기에 법원은 반인륜적 범죄에 관한 국내 처벌이 가능하도록 법을 개정하였다.

이 사건과 관련하여 스페인 법원은 보편적 관할권 행사에 대한 근거를 국내법에서 발견했는데, 「법원기본법」 제23항 제4조에는 "스페인 또는 외국인이 국외에서 저지른 집단학살이나 테러와 같은 범죄는 스페인 법원이 관할권을 갖는다."라고 명시되어 있다(Wilson 1999, 950). 이에 대한 가르손의 입장은 훨씬 진보적이다. 인권침해를 당한 피해자의 국가에서 심판하는 것이 더 이상적이며 정의의 원칙에 부합한다는 것이다. 나아가 그는 피해자 모국의 국내법이나 사법 체계가 국제적인 사안에 대처할 수 없는 경우라면 제삼국의 법원이 이에 대해 적극적으로 대처해야 한다고 주장한다(Rothenberg 2002, 928~929). 따라서 스페인은 자국 영토 밖에서 일어난 외국인의 집단살해 범죄에 대해서도 기소할 권리를 인정하게 되어 보편적 관할권에 대해 가장 진보적인 해석을 하는 국가가 되었다.

그렇다면 위와 같은 인권 탄압 범죄에 대해 보편적 관할권을 행사하는 데 제한 요인은 무엇인가? 카밍가Kamminga는 첫째, 각국의 미흡한 법제도, 둘째, 보편적 관할권을 행사할 기관의 부재, 셋째, 국가원수로서 누리는 면책 특권, 넷째, 이미 사면된 범죄행위, 다섯째, 증거 확보의 어려움, 여섯째, 국제적인 감독 기능의 부재 등을 들었다. 그러나 가르손 판사는 '피노체트 사건'을 처리하기 위해 준비하는 과정에서 이와 같은 제한 요인을 대부분 해결하였다. 법 제도적인 측면인 첫 번째 요인과 두 번째 요인은 스페인 사법부의 진보적인 자세 덕분에 문제가 될 수 없었고, 다섯 번째 요인은 본인과 시민사회의 노력으로 제거할 수 있었고, 여섯 번째 요인은 후일 국제형사재판소가 설립되면서 어느 정도 돌파구를 찾았다. 가장 어려우면서 쟁점이 되는 세 번째와 네 번째의 것은 '피노체트 사건'을 비롯한 몇 번의 경험을 통해 더 이상 장애 요인이 될 수 없다고 보는 경향이 국제사회에서 지배적이다. 특히 국제형사재판소 설립 이후에는, 관할 범죄인 집단살해의 죄, 인도에 관한 죄, 전쟁

범죄 등 중대한 국제범죄를 범한 자에 대한 사면은 국제법상 허용되지 않는다고 할 수 있다. 개별 국가가 이와 같은 범죄를 저지른 사람을 무조건적이고 포괄적으로 사면하는 것을 국제사회는 인정하지 않으며 면책특권도 허용하지 않게 되었다는 것이다. 정식 재판까지는 이르지 못했지만 전직 국가원수가 제삼국 법원에서 심리를 받았다는 사실 만으로도 인권 확립에 대한 국제사회의 공동 노력이라 평가할 만하다.

1. 법과 정치, 사법부와 행정부

이 사건은 영국, 스페인 그리고 칠레 간의 대립이라기보다는, 각국 사법부의 단죄 의지에 정치적 이익과 국제정치적 역할 관계를 고려해야 하는 정치권이 대항한 것으로 조망하는 것이 옳을 것이다. 사실 세 나라의 정치권은 모두 본국인 칠레로의 송환을 강력히 원하였다.

초기에 엄정한 법 적용을 시사한 영국 노동당 정부는 결국 피노체트를 풀어 주었다. 널리 알려진 바와 같이 보수당의 강력한 반발과 포클랜드/말비나스 전쟁 당시 피노체트가 영국을 지원한 사실이 이와 같은 결정의 배경이다.

여전히 피노체트의 영향력에서 벗어나지 못하던 칠레의 정치권은 정파를 초월해 대부분 본국 송환을 원했다. 이 사건으로 인해 가장 큰 이득을 본 세력은 피노체트의 추종 세력인 우파이다. 당연히 빠른 송환을 주장했던 이들 우파는 지도자가 다른 나라에서 수난을 당하긴 했지만 국내적으로 지지 세력을 결집할 수 있었다. 반면에 극좌파는 칠레에서 과거 청산이 쉽지 않기 때문에 해외에서라도 독재자를 처벌해야 한다고 주장하였다. 가장 큰 부담을 안게 된 정파는 집권 콘세르타시온, 곧 중도좌파이다. 이들은 심정적으로는 피노체트의 단죄를 원했지만, 해외에서 이러한 일이 발생했다는 사실에 불편함을 감추지 않았고 어떤 방식으로든 국내에서 처리되기를 원했다.

1998년에 인술사José Miguel Insulza 외무장관은 코피 아난Kofi Annan 유엔 사무총장에게 보내는 서신을 통해, 칠레의 주권을 강조하면서 이 사건의 관할권을 칠레가 갖도록 도와줄 것을 강력히 요청한 바 있다. 과거 학자이며 사회당원으로서 피노체트 집권 시절 15년의 망명 경험이 있는 인술사 장관은 이 편지에서 칠레가 자율적인 과거 청산 노력을 기울여 왔고 앞으로도 그렇게 해야 한다고 강조하고 있다(Insulza, 1998). 무엇보다도 칠레의 중도좌파는 건강이 좋지 않은 피노체트가 해외에서 객사하여 우익의 순교자로 재탄생하게 되면 국내의 혼란이 극심해질 것을 우려했다. 우파가 결속을 다지고 있어서 쉽게 이길 것이라 예상한 1999년 12월의 대통령 선거도 자신할 수 없는 상황이 온 것이다. 선거 결과는 그 우려가 사실임을 보여 주었다. 1차 투표에서 쉽게 승리할 것이라는 예상을 벗어나 라고스(중도좌파연합)와 라빈(우파)의 표 차이는 0.4%에 불과하였고, 2차 투표에서 라고스는 간신히 승리하였다.

다른 한편, 스페인 행정부는 가르손의 기소를 처음부터 못마땅하게 여겼다. 스페인에서 피노체트 재판이 진행된다면 과거 프랑코 시대의 인권유린과 이에 대한 불완전한 청산이 다시금 부각되어 혼란을 불러올 수도 있었기 때문이다. 피노체트에 대한 영장이 발부되자 스페인 검찰은 강력히 반발하기도 하였다. 반발의 근거가 된 논리 중의 하나는 보편적 관할권을 명시한 스페인의 「법원기본법」이 1985년에 제정되었으므로 1973년부터 시작된 피노체트의 범죄에는 적용되지 않는다는 것이었다. 이에 대해 스페인 법원은 이 법이 절차법이며 원칙은 스페인 헌법에 기초하고 있다면서 검찰의 문제 제기를 기각하였다.

물론 스페인 정부는 칠레에 막대한 투자를 하고 있는 자국 기업에 미칠 영향도 고려하지 않을 수 없었다. 예를 들면 스페인 정부는 영국의 석방 결정이 내려진 10일 후인 2000년 1월 21일, 만약 영국 정부가 피노체트를 인도하지 않고 석방하기로 결정하더라도 더 이상 이의를 제기하지 않을 것이라고 밝혔다. 이는 가르손 판사가 즉각 항소할 것이라고 밝힌 지 하루 만에 나온 성명이었다. 결정적으로 외교적 마찰을 피하고자 하는 행정부와 법적인 정의를 확립하고자 하는 사법부가 충돌한 전형적인 모습이다. 물론 스페인의 시민사회는 사법부에 지지를 보냈다. 스페인의 시민 단체들은 가르손을 노벨평화상 후보로 추천하였고, 스페인의 한 주간지는 스페인의 미래가 가르손 판사에 달려 있다고 칭송한 바 있다.

2. '정의 확립' 개념의 정의

'피노체트 사건'은 국제화된 인권 사안을 해결할 때 보편적 관할권의 확립을 통해 '정의 확립'을 이루려는 단계에서 법적인 판결과 실제적 집행 사이에 괴리가 있음을 보여 주었다. 피노체트를 칠레에 돌려보낸 결정은 국내외 정치 상황을 고려한 현실주의를 반영한 결과이며, 앞으로의 법 집행에서도 이와 유사한 결정이 등장할 것이다. 법정에 세우고 상징적인 판결이 난 후 실제의 집행 여부는 현실적인 여건을 감안하여 결정한다는 해법이 자리 잡을 가능성도 있다. 법과 외교가 변증법적 합일점을 찾은 것일까? 아니면 인권 문제 해결에 '시장의 원리'가 적용된 것인가? 그렇다면 엄정한 법 집행까지 포함하는 완전한 '정의 확립'은 국제적인 해결을 통해서도 불가능한 것인가?

물론 정의 확립이 반드시 불가능한 것은 아니다. 대표적으로 카발로 Ricardo Miguel Cavallo의 사례는 제삼국들 사이의 협력과 공조를 통해 완전한 정의가 확립된 사례이다. 가르손은 아르헨티나의 전직 군 장교인 카발로를 스페인으로 송환시키는 데 성공했던 것이다. 카발로는 멕시코에서 위장된 신분으로 살아가고 있다가, 1999년에 가르손 판사가 집단살

해, 고문, 테러 등의 혐의로 영장을 발부하자 (「기소종결법」이 유효한)
아르헨티나로 탈출을 시도했으나 멕시코 경찰에 의해 칸쿤 공항에서
체포되었다.

그 이듬해 가르손은 범죄인 인도를 요청했고, 3년간의 심리를 벌인
끝에 멕시코 대법원은 스페인과 멕시코 사이에 체결된 범죄인 인도
협정이 적법하며 멕시코의 자주권을 침해하지 않는다고 판시하면서
공소시효가 지난 고문 죄를 제외한 집단살해와 테러 혐의로 카발로의
유죄를 인정하며 송환을 명령하였다. 2003년 11월에 6월에 스페인
법원으로 인도된 카발로는 2006년 1월에 기소되어 2007년 말로 예정된
재판을 기다리고 있었다. 그런데 2006년 12월에 스페인 법원은 카발로에
대한 관할권이 없음을 결정하고 아르헨티나로 인도할 의사가 있음을
밝혔다. 아르헨티나에서는 2005년에 「기소종결법」이 무효가 되었기
때문에 카발로에 대한 재판이 가능했다. 따라서 스페인 법원은 아르헨티
나의 인도 요청을 심의하여 송환 여부를 최종적으로 결정하기로 했다.
(Trial Watch, www.trial-ch.org)

그러나 카발로와 피노체트는 엄연히 다르다. 전자가 반인륜적 범죄를
실제 저지른 실무자immediate material author라면, 후자는 이를 사주하고
명령을 내린 배후 인물intellectual and moral author이다. 가르손은 모든
가해자에 대한 처리도 중요하지만 여의치 않을 경우에는 더 책임이
큰 배후 인물을 처리해야 정의 확립이 가능하다고 보았다(Rothenberg
2002, 947~948). 그러나 실제 나타난 결과는 그의 의도와는 정반대였다.
물론 두 사건에 인과관계는 없지만, 아르헨티나 사례의 '실무자'는 처벌
을 받고 있고 칠레 사례의 '배후 인물'은 처벌을 받지 않았다. 법의
영역을 떠나 정치적 해결의 가능성이 높은 '배후 인물'의 경우에는
판결과 집행 사이의 괴리가 불가피하다는 현실에 직면하여, 정의 확립이
라는 개념을 다시 정의할 필요성이 떠오르고 있다. 피노체트는 오로지

죽음으로서 단죄되었는가?

3. 보편적 관할권 행사와 민주주의

"권위주의에서 민주주의로 이행한 칠레와 같은 국가는 과거의 인권
문제를 스스로 해결할 수 있게 기회를 주어야 하는데, 이런 식으로
외부에서 과거 청산을 하면 민주화 자체가 지장을 받을 수 있다." 이렇게
노톤John Norton은 가르손을 강하게 비판하였다.4) 독재자 스스로 민주
세력에 정권을 이양할 뜻이 있다면 이와 같은 단죄는 민주화를 늦추거나
무산시킬 수 있다는 것이 그 까닭이다. 자신에 대한 신변 안전을 확신하지
못하는 상황에서 권력을 내줄 독재자는 없다. 그러므로 가르손의 노력이
피노체트 개인에 대한 법적 단죄에는 성공했다 할지라도, 현재나 미래의
독재자에게 '소중한' 학습 효과가 될 수 있으므로 피노체트가 했던
보호 민주주의로의 전환은 이루어지지 않을 가능성이 생긴 것이다.
이렇듯 민주주의라는 시각에서 보면, 보편적 관할권의 국내 법원 행사가
타당한지 여부는 답을 찾기 어렵다.

그렇지만 이 사건은 과거 청산에서 민주주의의 가장 중요한 원칙인
'시민사회의 참여'를 여러 나라에 확산시키는 데 결정적인 역할을 하였
다. 전술한 바와 같이 피노체트를 기소한 국가는 스페인 이외에도 많이
있다. 각국에는 가르손과 같은 역할을 한 판사가 있었다. 아르헨티나의
쉬프린Leopoldo Schiffrin과 카발로Gabriel Cavallo, 칠레의 구즈만Juan
Guzmán, 벨기에의 반더메어치Vandermeersch, 파라과이의 페르난데즈José

---

4) 가르손이 궐석인 빈 라덴을 기소한 것은 노벨상 수상에 대한 야심이나 정
   치적 야심 때문이라는 비판도 있다. 피노체트 자신도 가르손이 대단한 야심
   가라고 언급한 적이 있다. 그러나 가르손 개인에 대한 비판은 본고에서 논
   외로 한다.

Fernández 등이 그들이다. 이들은 또한 인권 변호사, 희생자 본인 및 가족, 사회운동가 등 시민사회 전반으로부터 사례 수집과 법률 조언 등 가능한 모든 도움을 받을 수 있었다. 예를 들면 스페인의 가르세스는 가르손의 기소가 가능하도록 일찌감치 길을 닦아 놓은 인물이고, 노벨평화상 수상자인 아르헨티나의 에스키벨Adolfo Pérez Esquivel의 존재는 과거 청산에 대한 시민적 열망을 결집시키는 구심체의 역할을 하였다. 이들은 국제법을 국내 법원에 적용시키는 아주 새로운 방식의 소송을 실현하기 위해 전문가의 법 지식과 시민사회의 참여를 접목시켰다. 예를 들면 아르헨티나의 법원은 실종자 가족이 군부가 공개하지 않는 '정보에 접근할 권리'와 유가족들이 희생자의 시신을 찾아 '죽은 이의 넋을 위로할 권리'를 부여하였다. '법의 혁신legal innovation'이라고 부를 만한 이들의 노력은 사법부를 통해 민주주의의 원칙을 구현한 개가라고 평가할 수 있다.

V. 결론

피노체트를 스페인 법정에 세우지는 못했지만 가르손의 노력은 보편적 관할권의 행사, 인권 문제의 국제적인 해결, 국제적인 사안의 국내적 해결 등을 위한 실마리를 제시했다는 점에서 매우 중요한 사례이다. 이를 분석한 이 글은 보편적 관할권의 행사에 있어 나타날 수 있는 다양한 결과, 효과, 한계 등을 과거 청산에서의 법적 해결의 한계, 정의 확립 개념을 재정의할 필요, 보편적 관할권과 민주주의라는 세 가지 효과를 중심으로 논의하였다.

피노체트가 본국으로 송환된 지 3년 뒤 국제형사재판소가 설립되어 국제범죄를 범한 개인을 심리하고 처벌하는 국제재판소로 발족하였다.

국제형사재판소의 규정에 따르면, "2002년 이후에 발생한 범죄를 대상으로 일방 당사국이나 독자적 수사권을 가진 소추관이 제소하는 경우에 범죄 발생국이나 범죄인 국적국이 로마규정의 당사국인 경우에 한하여 재판소는 관할권을 행사할 수 있다. …… 그러나 유엔 헌장 제7장에 따라 안전보장이사회가 재판소에 사건을 회부하는 경우에는 재판소는 범죄 발생국이나 범죄인 국적국이 당사국이 아니더라도 관할권을 실행할 수 있다." 말하자면 일방 당사국이 제소하지 않거나 범죄 발생국이나 범죄인 국적국이 국제형사재판소 회원국이 아닌 경우 유엔 안전보장이사회의 회부가 있어야 관할권을 행사할 수 있다는 뜻이다. 2002년 이전의 범죄도 관할권이 없다. 그러므로 여전히 가르손이 지향하는 확대된 의미의 보편적 관할권은 국제형사재판소 체계에서도 구현되기 어렵다. 그러므로 국제형사재판소의 노력과는 별개로 제2, 제3의 가르손이 출현할 가능성은 얼마든지 있다. 또한 2009년 현재 110개 국가가 회원으로 가입되어 있고 41개국이 비준을 기다리고 있지만 아직 미국, 중국, 인도 등은 회원국이 아니라는 사실도 국제형사재판소를 통한 해결에 한계가 있음을 시사한다.

그러므로 가르손의 노력은 세계적으로 보편적 관할권의 행사라는 선례를 남겼고, 아르헨티나와 칠레의 과거 청산 작업에 결정적인 계기를 마련했다. 아르헨티나의 경우, 메넴 시대의 과거 청산에 한계가 있었으나 1990년대 중반부터 축적된 가르손의 노력은 2000년대에 들어 단행된 키르츠네르Néstor Carlos Kirchner 대통령의 본격적인 청산 작업으로 연결될 수 있는 초석이 되었고 많은 국가의 법조인들이 그의 뒤를 따르고 있다.

물론 가르손의 노력의 더 직접적인 효과는 피노체트가 송환된 이후 칠레에서 나타났다. 칠레의 과거 청산 작업은 런던에서의 '피노체트 사건'이 아니었다면 상상하기 힘들었을 새로운 전기를 맞은 것이다.

칠레로 송환된 뒤, 라고스 정부는 피노체트에 대한 본격적인 사법 처리를
단행했다. 칠레에 도착했을 때 피노체트는 200개가 넘는 죄목으로 기소
되어 있었다. 마침내 2001년 1월 29일 구즈만 판사가 피노체트에게
연금 판결을 내리게 됨으로써 면책특권의 박탈에 성공하였고 피노체트
재판은 막을 내리게 된다. 그러나 법정에 설 수 있을 만큼 건강하다는
법원의 판단에도 불구하고 피노체트는 건강을 이유로 매번 법원의 소환
을 피했다. 결국 피노체트는 2006년 12월에 사망하였고 그에 대한
처벌은 사실상 실패하였다.

참고문헌

강경희 (2006), 「민주화 이후 라틴아메리카의 자유권적 인권 : 아르헨티나, 칠
　레, 브라질의 사례를 중심으로」, 『라틴아메리카연구』, 제19권 제3호.

곽재성 (1998), 「인권의 시각으로 본 칠레의 민주화와 신자유주의」, 『이베로아
　메리카연구』 제9집.

곽재성 (2006), 「피노체트의 죽음이 남긴 교훈」, 『한겨레신문』 2006년 12월
　13일.

김영석 (2005), 「국제범죄를 범한 개인에 대한 사면(amnesty)의 국제법적 효력
　」, 『서울국제법연구』 제12권 제2호.

박병수 (2002), 「민주주의 이행과 인권 : 아르헨티나와 칠레」, 『라틴아메리카
　연구』, 제15권 제2호.

소병천 (2005), 『국제법 관련 용어의 문제점 및 개선방향』, 한국법제연구원.

송기도 (2000), 「피노체트 사태 독자 시각 필요」, 『동아일보』 2000년 3월 10
　일.

정영숙 (2001), 「인권유린에 대한 국제사회의 심판 - 피노체트 심판을 중심으
　로」, 『사회과학연구논집』, 제27권 제3호.

제임스 월랜 (2001), 「피노체트와의 인터뷰」, 역사와 기억팀 인터넷 자료실, 서
　울대학교 인문학 연구원, http://past.snu.ac.kr

BBC (2005) 'Profile: Judge Baltasar Garzón', BBC, 26 Sep, 2005.

Evans, Rebecca (2006), 'Pinochet in London - Pinochet in Chile:
　International and Domestic Politics in Human Rights Policy', *Human
　Rights Quarterly*, No. 28.

Insulza, José Miguel (1998), 'Carta de Canciller chileno, José Miguel
　Insulza, al Secretario General de la ONU, Sr. Kofi Annan', Rojas
　Aravena, Francisco and Carolina Stefoni (eds., 2001), *El 'caso Pinochet',
　visiones hemisféricas de el detención en Londres*, FLACSO-Chile.

Kamminga, Menno (2001), 'Lessons Learned from the Exercise of Universal
　Jurisdiction in Respect of Gross Human Rights Offenses', *Human Rights
　Quarterly*, No. 23.

Morrissey, Siobhan (2001), 'Universal Prosecutor', *ABA Journal*, March 2001.

Rojas, Paz, et.al. (1998), *Tarda pero llega: Pinochet ante la Justicia Española*, Santiago de Chile: LOM Ediciones.

Rothenberg, Daniel (2002), 'Let Justice Judge: An Interview with Judge Baltasar Garzón and Analysis of His Ideas', *Human Rights Quarterly*, Vol. 24.

Tizon, Alvaro (1999), 'The Judge & the Dictator', Consortiumnews.com, 13 Jan, 1999.

Trial Watch, http://www.trial-ch.org

Wilson, Richard (1999), 'Prosecuting Pinochet: International Crimes in Spanish Domestic Law', *Human Rights Quarterly*, Vol. 21.

__________ (2006), 'Book Reviews: The Pinochet Effect: Transnational Justice in the Age of Human Rights by Naomi Rohl-Arriaza' (University of Pennsylvania Press 2005), *Human Rights Quarterly*, Vol. 28.

'La entrevista más franca de Augusto Pinochet', *La Tercera*, Sep 14, 2003.

저항, 새로운 연대, 다문화주의
— 라틴아메리카의 인권을 말하다

지은이 | 임상래, 김은중, 김기현, 우석균, 정혜주, 김영철, 이순주, 곽재성
펴낸곳 | 박종철출판사
주소 | 서울시 마포구 서교동 457-6 성동빌딩 2층 (우)121-841
전화 | 332-7635(영업) 332-7929(편집)
등록번호 | 제12-406 (1990. 7. 12.)

제1판 1쇄 | 2010년 1월 25일

ISBN 978-89-85022-52-1 93950

값 20,000원